中公クラシックス W40

フランクリン

フランクリン自伝

渡邊利雄 訳

中央公論新社

目次

典型的なアメリカ人の自伝

渡邊利雄

ベンジャミン・フランクリンといえば、だれもが彼の『自伝』を思い浮かべることだろう。この自伝文学の古典中の古典は、わが国でも明治時代から広く読まれ、かなりの影響をおよぼしてきた。明治時代の文学者、正岡子規はしばしば引用される有名な読後感を『病牀《びょうしょう》六尺』に残している。

明治とフランクリン

去年の今頃はフランクリンの自叙伝を日課のやうに読んだ。横文字の小さい字は殊に読みなれんので三枚読んではやめ、五枚読んではやめ、苦しみながら読んだのであるが、得た所の愉快は非常に大なるものであつた。費府《ひふ》（引用者注―フィラデルフィア）の建設者とも言ふ可きフランクリンが、其の地方の為に経営して行く事と、且つ極めて貧乏なる植字職工のフランクリンが一身を経営して行く事と、それが逆流と失敗との中に立ちながら、着々として成功して行く所は、何とも言はれぬ面白さであつた。此書物は有名な書物であるから、日本にも之を読んだ人は多いであらうが、余の如く深く感じた人は恐らく外にあるまいと思ふ。

つまり、明治時代のわが国では、フランクリンの『自伝』はもっぱら立身出世のバイブル、成功の教科書として読まれていたのである。そうした事情は、アメリカでもかつては同じであった。アメリカの代表的な財閥の一つメロン家の基礎を築いたトマス・メロンは、一八一八年、アイルランドから移民してきた貧しい少年でしかなかったが、十四歳のとき、偶然、フランクリンの『自伝』を読んで、成功した彼の生涯に感動し、刻苦勉励、その結果、一代で巨万の富を築いたのであった。彼は、後年「フランクリンの『自伝』を読んだことは、わたしの人生の最大の転換点であった」と述べている。

こうした『自伝』の読み方は、フランクリン自身が『自伝』の冒頭で、貧しい名もない家に生まれた自分が社会的に成功するまで用いた「有益な手段」を子孫に伝えることを自伝執筆の動機の一つに数えているとおり、彼の本来の意図であり、また昔から最も広く行なわれてきた読み方であった。明治時代は立身出世ということが大きな意味をもっていた時代であるし、十九世紀までのアメリカは経済的に成功し、社会的に頭角を現すことが積極的な価値をもつ発展途上の若い国であったので、このような読まれ方が一般的になされたのは当然だっただろう。ところが、現在では、わが国でも、アメリカでも、そうした立身出世、あるいは無条件の成功讃美は時代後れとみなされがちである。少なくとも表向きはかつてのような価値をもたなくなった。そういう時代に、フランクリンの『自伝』はどのように読めばよいのか。そして、どのような意味をもちえるのか。

しかし、その前に順序として、フランクリンを考える場合、そういったことをまず問題にしなければならないだろう。彼はここに訳出した『自伝』を残しているので、その必要はないと思われるかもしれないが、彼の自伝は一七五九年、かれが五十三歳の時点で未完に終っていて、後半生の三〇年は『自伝』には書かれていない。しかも、自伝というものは本来そういうものであろうが、その人のすべてを語っているとはかぎらない。したがって、『自伝』では語られなかった後半生を含め、全生涯を、一応、頭に入れてから読むと、大成したフランクリンの「人間形成期」を中心とした『自伝』はますます興味深い人間記録として現れてくる。

フランクリンはしばしば「典型的なアメリカ人」と呼ばれる。彼の生涯と思想のなかにアメリカ人すべての性格や特徴が体現されているというのだ。イギリスの十九世紀の歴史評論家トマス・カーライルは彼の肖像画をみて、ここに「すべてのヤンキーの父がいる」といったと伝えられている。また、フランクリンと同時代人、独立戦争後、パリで彼と外交折衝で協力したジョン・アダムズ（第二代大統領）は、政治外交の多くの点でフランクリンと対立することがあったが、その彼も「フランクリンの名声が、ライプニッツ、ニュートン、フリードリッヒ大王、ヴォルテールといった当時のヨーロッパの代表的な人物よりも一般の人びとのあいだで知れわたっていた」と認めた。彼の名は、王侯貴族、聖職者、科学者のみでなく、台所の下働きの者たちにも「人類の友」として知られていたというのである。フランスの政治家・経済学者であるチュルゴーは、フランクリンを評して「あの男は天から稲妻を奪いとったが、やがて専制君主から王権を奪いとるであろう」といっている。

フランクリンの『自伝』は、自伝に語られた波瀾万丈の物語として読むだけではなく、同時代や後世の有名人が残した言葉から察せられる彼の後半生の活動を背景にして読むべきもので、そうすることで、この『自伝』の価値は倍増することになるのである。彼の自伝は、フランクリンという個性的な人間の成長物語であるだけでなく、「理性の時代」と呼ばれる十八世紀と独立をめざすアメリカを知るための古典として、興味の尽きない貴重な記録となっている。十三の徳目の実践の手引き書、成功のバイブルとして読まれてきたこの『自伝』で勤勉と節約の効用をあまりにも力説したため、彼は成功主義や資本主義の使徒というレッテルを貼られることになったが、彼の八四年の生涯そのものは、『自伝』以上に彼が残したより大きな遺産であり、全生涯を前もって頭に入れて読むのが望ましい。それを知る手がかりとして、まず最初、彼の生涯の概略をまとめておこう。

その生涯

彼は、一七〇六年、ボストンの名もない蠟燭《ろうそく》・石鹼づくりの息子に生まれた。一七人きょうだいの一五番目。そして、十歳のときから家業を手伝い、教育らしい教育はほとんど受けなかったが、向学心の強い彼は、印刷屋の兄のもとで年季奉公をしながら、手あたりしだい本を読み、文学修業に励んだ。十六歳のときには早くもハーヴァード大学の教育を批判したり、女性の権利を擁護したりする文章を「サイレンス・ドゥーグッド」という未亡人名で兄の新聞に発表する早熟ぶりを発揮する。一七二三年には、兄と衝突して家をとびだし、フィラデルフィアで印刷工として自活することになったが、その後、渡英の機会を得て、約一年半ロンドンに滞在し、海外の新しい時代の空気に触れた。ある意味では、植民地の総督に騙されてイギリスに渡ったのであったが、将来、植民地アメリカの数少ない国際人に成長する彼にとっては願ってもない貴重な体験となった。帰国後の一七三〇年、かつてフィラデルフィアに出奔したとき下宿していたリード家の娘デボラと結婚する。

その後、独立して印刷屋をはじめた彼は、一七三二年、『貧しいリチャードの暦』と称する暦を発行し、その暦の余白にあしらった「早寝早起き、健康、財産、知恵のもと」「天は自ら助くる者を助く」といった実践的な道徳を簡潔かつ魅力的に説く諺や金言で評判になった。とりわけ一七五八年度の暦（暦はこの年で廃刊）につけた序文は、のちに『富にいたる道』と題され、彼の勤勉と倹約の思想のエッセンスとして、当時はもとより、後世にまで大きな影響をおよぼした。

一七四八年、経済的に安定したことを確かめると、印刷業の第一線から退き、それ以前から活動をはじめていた地域社会の指導者、政治家としてフィラデルフィアの道路舗装や、消防組合、病院、学校設立など、数多くの公共事業に尽力した。また科学にも興味をいだき、一七五二年には、雷雨のなかで凧をあげる有名な実験で稲妻と電気の同一性を証明した。こうして、人生の半ばにして、政治家および科学者として、国の内外にその名が知られるようになった。

生涯の最後の三〇年あまりは、一七五七年に植民地の課税権をめぐる対英交渉のため植民地代表として渡英し（『自伝』はこの辺りの記述で終る）、それ以来、三たび大西洋を横断し、植民地と英本国との関係が悪化の一途をたどるなか、英仏との外国折衝にあたり、外交官として非凡な才能を示した。独立戦争中、フランスから経済援助を取りつけた彼は、建国の父と呼ばれる当時の植民地指導者のなかで、おそらく独立達成のために最大の貢献を果たした。ともかく、アメリカ合衆国の骨組みをつくった「独立宣言」「米仏同盟条約」「対英講和条約」「連邦憲法」の四つの文書のすべてに署名した唯一の人間となった。

一七八五年、外交面での大役を果たして帰国した彼は、七十九歳の高齢にもかかわらず、ペンシルヴェニア州知事に選ばれ、また連邦憲法制定会議にも出席し、独立したばかりの祖国発展のため最後の努力を惜しまなかった。一七九〇年、フィラデルフィアで八四年の波瀾に富んだ生涯をとじたが、その多方面にわたる活躍と、個性的な性格と、当時の思想状況を明快に表現した文章によって、彼は十八世紀アメリカを最も代表する人物となった。連邦下院は国葬を決議し、葬儀には二万人が参列した。フランスでは、彼の死を悼んで国会は三日喪に服した。

しばしば十八世紀アメリカのレオナルド・ダ・ヴィンチと称されるフランクリンは、印刷業者、ジャーナリスト、哲学者、発明家、慈善事業家、政治家、外交官、科学者、文学者という多彩な肩書をもっており、そのいずれの分野においてもその時代の第一人者であったが、そのなかで文筆家、文学者としての活躍は「多面的」と称される彼の生涯に一貫して変わることのない、彼の中核をなす最も基本的な特徴であった。彼自身このことは十分意識していて、『自伝』でも「文筆の才が役立った例」を何度か取り上げている。ここでは、そうした実際の事例ではなく、文学者として彼が後世に残した最大の贈り物『自伝』を考えているのであるが、彼の場合、晩年まで公務に忙しく、まとまった時間がとれなかったので、少年時代から努力して身につけた「文筆の才」とこまめに筆をとる習慣がなかったら、『自伝』はついに書かれずに終ったかもしれなかった。

フランクリンの『自伝』(彼自身は『回想録《メモワール》』と称していた)は、このような経歴をもった彼が、三回目に渡英したさいの一七七一年の七月の末ハンプシャーの小さな村にある友人シップリー主教の屋敷で休養しながら書きはじめ、中断のあと、三度、書き足しながら、結局は未完に終った。第一部、つまり結婚と会員制図書館の設立までの部分は、かなり教訓的な意図をもって、二週間ほどで一気に書きあげ、毎晩、その日書いた部分をシップリーの娘たちに読んで聞かせたと伝えられている。この部分は自分の息子にあてた手紙形式(実際は、後世のすべての読者に語りかけている)で、非公式に自分の生涯を語っており、構成も文体もくつろいだ親しみやすいものになっている。

第二部は、この後、約一三年たった一七八四年、外交官としての大任を果たし帰国命令を待ちながら、パリ近郊のパッシーに滞在中に、原稿で『自伝』を読んだ二人の若い友人に手紙で勧められて(この手紙は『自伝』に収録されている)筆をとったものであるが、この頃には、息子のウィリアムが独立戦争のさいイギリス支持に回ったため、親子の間は疎遠になっていて、一般の読者を念頭に書かれているため、全体の調子、内容は第一部のそれとはかなり違って、公人としての性格が強くなっている。第三部は、一七八八年、フィラデルフィアで執筆し、最後の第四部(ほんの数ページ)は、死の半年たらず前に書き加えられたもので、原稿の筆跡には力の衰えが感じられるという。こうして、彼は多忙な公務の間をぬって、一九年間、この貴重な『自伝』を書きついだのであった。この後、『自伝』の原稿は行方不明となり、その追跡、発見の物語は推理小説以上に興味があるが、ここでは、残念ながら、紙数の関係で、割愛せざるをえない。彼の『自伝』は忘却の淵に置き去りにされたかもしれなかったのである。

いま、どう読むか

ここで、フランクリンの『自伝』にかんして冒頭で出した宿題にもどることにしよう。現代の私たちはどのようにこの『自伝』にアプローチすればよいのかという問題である。

フランクリンの『自伝』は、くりかえしになるが、昔から勤勉と節約の効用を説いて世俗的な成功の秘訣を明らかにした立身出世のバイブルとして、彼の執筆の当初の意図どおりに、読まれてきた。しかし、その反面、彼のあまりにも世俗的な関心、功利主義、物質至上主義、そして、押しつけがましさ、自己満足的な態度などによって、メルヴィルや、マーク・トウェイン、ロレンスなど、後代の文学者たちから猛烈な反発、批判を受けることになった。メルヴィルは彼を「詩人にだけはなれない人間」だと罵倒し、トウェインは、夜も寝ないで勉強をし、本を読むフランクリンを、のびのびと自然に育つ少年の「不倶戴天の敵」と攻撃した。確かに、勤勉に働き、節約を旨とする彼のような人間を認めようとしない人間がいることは事実である。しかし、彼らの反発や批判は『自伝』の世俗的な一面のみをことさら誇張し、誤解した結果でもあって、彼の『自伝』をアメリカ社会の伝統のなかに位置づければ、単なる立身出世のバイブルではなく、また新しい読み方が可能になるのではないだろうか。つまり、『自伝』にみられるフランクリンの性格と思想にアメリカ精神の源流を探ってみるのである。

そうしたアプローチの第一は、アメリカ人のアイデンティティの問題と関連させて読むことであろう。周知のように、アメリカ人というのは、元来、世界中のあらゆる民族が移民としてアメリカに渡ってきてできあがった国民であり、そういう彼らには過去の伝統、彼らのアイデンティティの基盤となりうる一つの共通する民族的かつ文化的な「根」は存在しない。この根無し草の「新しい人間、アメリカ人」は、したがって、過去の伝統に安住しているわけにはゆかず、つねに未来に向かって自分自身を形づくってゆかなければならない運命にある。アメリカ人であるということはどういうことなのか。つまり、イギリス人、イタリア人、日本人であった人間が、移民することによってアメリカ人になる、そして現在はアメリカ人であるということはどういうことなのか。それを意識的に追究したり、記録したり、あるいはほかの国の人々にアメリカ人として自己を主張しなくてはならないのである。

地縁、血縁を絶たれた根無し草のアメリカ人は孤独な、不安に曝《さら》された存在で、常に海の彼方にある自分のルーツを意識し、それを求める。フランクリンも例外ではなく、『自伝』の冒頭でイギリスのハンプシャーにあるフランクリン家のルーツを求めるが、一五五五年以前は空白になっており、彼の場合は、ボストンをとびだして以来、過去に目を向けるのではなく、未来に向かってアメリカ人としての自分自身を意識的に形成しようとする。それにもかかわらず、イギリスに長く暮らした彼は、自分のアイデンティティにかんして不安を覚えることがあったようで、ある手紙で、自分はイギリスではアメリカ人と思われているが、アメリカに帰ると、イギリス人のように扱われると嘆いている。しかし、最後は、独立革命の闘士としてアメリカ人のアイデンティティを確立する。彼の『自伝』はそうしたアメリカ人の成長、自己形成の過程を記録した最初の、そして最も重要な、文献の一つなのである。

第二には、立身出世という功利的な次元ではなく、アメリカ特有の「成功物語」として『自伝』を読むことである。アメリカは階級的に固定した封建的なヨーロッパなどの社会とは違って、社会階級はなお流動的であり、したがって、能力のある人間は家柄や学歴などとは無関係に社会的に頭角を現すことができると信じられていた。貧しい環境に生まれた人間も努力をし、幸運に恵まれれば、独力で成功することができる。過去からの伝統や因襲をもたない若い国アメリカでは、成功の機会がすべての人に平等に与えられていて、才能があり、それなりの努力をすれば、だれでも金と地位が得られるという夢があった。フランクリンは、この夢を実現したのであり、その夢によって後世の若い人びとを魅惑する。アメリカの成功に現実的な打算がまったくないわけではないが、しかし、それ以上に一つの夢、いわゆる「アメリカの成功の夢」として現れる。フランクリンの『自伝』が、一見、時代後れの要素をもちながら、いまなお若い読者に訴える力をもっているのは、彼の生涯に夢をはぐくむ魅力が潜んでいるからであろう。

魂の問題と日常の問題

ところで、フランクリンはただ夢をさずけるだけの夢想家ではなく、つねに、そうした夢を実現させるための手段を具体的に示す現実家でもあった。成功するために必要とされる徳目を説く場合も、ただそのような徳目を身につけるよう勧めるのではなく、どのようにすればそれが身につくか、その具体的な方法を示すことを忘れなかった。『自伝』でも、ただ「温かなれ、飽くことを得よ」という「言葉の上だけの親切」の虚しさを指摘している。そして、そういった場合の彼の考え方を特徴づけているのは、第一に合理主義、第二には、彼自身はおそらくその名を知らなかったと思われるが、のちにプラグマティズムとして体系化される思想方式、行動様式であった。彼の合理主義は、彼自身が生活体験から直接学びとったものであろうが、同時に、十八世紀の時代精神と結びついていて、その限りでは、フランクリンの理解は彼を十八世紀の精神風土のなかに置いて考察しなければならない。

アメリカの十八世紀は、思想的にはヨーロッパの啓蒙主義の影響を受け、理性の時代であった。そこには自然の法則と人間の理性によって、人間社会は無限に向上し進歩するというゆるぎない信頼があった。人間の本質的な善良さを認め、人間が自らを改革することによって完全な社会が到来すると信じていた。この人間の未来に対する肯定的な態度はこの時代の最大の特徴であり、傾向であったが、フランクリンはそうした時代精神を完全に体現する存在だった。そして、これが彼の大きな特徴である合理主義となって現れてくる。彼の合理主義は自然の法則と人間の理性に基づく、あくまでも人間中心の世界を前提にしているが、それは十七世紀のピューリタニズムにみられる合理性を超越した人間の信仰を重視し、絶対的な神を中心とした世界観とあざやかな対照を示す。そうしたフランクリンの発想法が最も典型的に現れているのが『自伝』の中で最も有名な次の一節である。

私は人間と人間とのあいだの関係においては「真実」「誠意」、それに「高潔さ」の三つが幸福な生活をするために絶対欠かせないものであると確信するようになっていた。そこで私は生きているかぎり実行するつもりで、いくつかのことを決意し、それを書きとめておいた。この決意はいまなお日記帳のなかにのこっているはずだ。神の啓示は、私にとって、それ自体としてはなんら重要な意味をもたなかった。そして私は、ある種の人間の行為は、神が禁じているから悪いのではなく、また、神が命じているから善いのでもなく、おそらくそういった行為は、そのこと自体の性質から、そしてまた、あらゆる事情を考慮したうえで、私たち人間にとって悪であるから神は禁じているのであり、私たちに有益であるから神は命じているのだ、といった考えをいだくようになっていたのである。

こうして、キリスト教の教義の中核をなす「神の啓示」すら、それ自体「なんら重要な意味をもたなかった」と大胆に述べるフランクリンは、この点だけでも、彼が生まれ育ったかつての正統的なピューリタニズムとは完全に関係を絶っているといってよいだろう。彼にとって重要なことは「人間と人間とのあいだの関係」という横のつながりであって、人間と神という縦の関係ではなくなっている。そして、道徳的な善悪の判断も、人間にとっての効用を基準にして相対的かつ合理的に人間の立場から考える。神の意図も、人間の側から合理的に推測し、解釈する。といっても、彼がまったく宗教に無関心だったというのではない。彼なりに信仰をもっていたし、そのエッセンスは『自伝』に要約されている。それによると、彼の宗教観は次のようなものだった。

私は長老会派の会員として、宗教的な雰囲気のなかで教育されていた。ところで、この宗派の教義のなかには「神の永遠の意志」「神の選び」「永遠の定罪」といった、私には理解できないものがいくつかあり、また、私が疑問を感じているものがほかにもいくつかあったけれど(中略)それだからといって、私が宗教上の主義主張をまったくもたないということは一度もなかった。私は、たとえば神が存在するということ、その神がこの世界を創造し、みずからの摂理に従って世界を治めておられること、神のみ心にもっともかなう奉仕は、人に善をほどこすことであること、人間の霊魂は永遠不滅であること、そして現世ないしは来世で、あらゆる罪は罰せられ、あらゆる徳行は報いられるということ、そうした点にかんしては一度も疑問をいだいたことはなかったからである。

私はこういった点をあらゆる宗教の本質であると考えていたが、それがわが国のすべての宗派の宗教にもみいだされるので、私はすべての宗派に敬意をはらっていた。しかし同時に、それぞれの宗派には、この本質的なもののほかに、人間の道徳性を鼓吹したり、助成したり、強化したりする働きをもたず、逆に私たちを分裂させたり、おたがい憎みあったりさせるだけの信仰箇条が、多かれ少なかれ混在しているので、私はその程度に応じてそれぞれの宗派を尊敬することにしていた。

私は、どんなに悪い宗派にも多少は役立つところがあるという考えにたって、このようにあらゆる宗派を尊敬していたため、ほかの人の宗教について、その人の信仰心を弱めかねないような議論はいっさい避けることにしていた。

このように長い引用をあえて行なったのは、この文章にフランクリンの宗教意識だけでなく、彼のものの考え方全般が典型的に示されているからである。彼は長老会派の基本といってよい教義をも、合理的でない、理性的に理解しがたいという理由で斥ける。彼は、神が存在し、その摂理に従って世界を統治していると述べるが、この部分も宗教的な確信というよりは、彼なりに宇宙の構造を合理的に説明したといったほうがよい。そして、神のみ心にかなった奉仕が人間に善をほどこすことだというとき、彼の関心は人間と神の関係ではなく、「人間と人間とのあいだの関係」に向けられている。そのことは、現世であれ、来世であれ、善行は報われ、悪は処罰されるというきわめて道徳的な主張によっても示される。

要するに、この一節から明らかになるのは、フランクリンの宗教が個人の内面的かつ主観的な体験に基づく、直接、人間の魂にかかわるものでなく、人間が社会生活を円滑に行なってゆくうえで必要とされ便宜的なものになっているということである。その点、同時代の聖職者ジョナサン・エドワーズにみられる神と直接交わったような恍惚感を中核とした、燃え上がる、魂を揺さぶるような宗教意識とはあざやかな対照をなしている。そしてまた、彼が宗教のエッセンスとみなす特徴が最悪の宗教にも多少みいだされうるので、それに応じて他の宗教も、宗派も認めるという彼の考え方。それはいかにもフランクリンらしい寛容の精神、相対主義を示しているが、しかし、それは宗教を宗教たらしめている条件をみたすことができるのであろうか。宗教は、たとえばピューリタニズムのように、それを信じる者たちにとって、絶対に譲ることのできない、排他的、非妥協的な精神、さらにはもっと神秘的な要素を必要とするのではないだろうか。フランクリンの合理精神は、もちろん、彼の最大の特徴であったが、同時に、彼の限界でもあったように思われる。

フランクリンにとっては、結局、自らの魂に関する永遠の問題よりも日常生活における幸福、植民地住民の福祉のほうがはるかに重要な意味をもっていたのである。『自伝』の彼によると、「人間の幸福というものは稀にしか起こらない大きな幸運よりは毎日起こる小さな便利さから生じるものなのだ。したがって、貧しい青年に髭の剃り方と剃刀の研ぎ方を教えてやったほうが、一〇〇〇ギニーの金をあたえるよりも人生における彼の幸福により大きく貢献することになる」。確かに社会生活においては、こうした些細なことが幸福を形づくる。それは事実であろう。しかしそれにしても、なんとみみっちい幸福感であろうか。もちろん、これはフランクリンの一面でしかない。彼はアメリカの独立の理想実現のために、生涯の後半すべてを捧げ、その際は高邁なデモクラシーの理念、自らの政治信念にあくまでも忠実であり、いささかの妥協も譲歩も認めないという点では、彼が生まれ育ったピューリタニズムの伝統を思わせる。少年時代、印刷所で兄の無理解に反抗し、家をとびだした彼は、「私は兄から厳しい暴君的なとりあつかいを受けたために、専制的な権力にたいするあの反感が私の記憶にこびりついて、一生離れなくなったのかもしれない」と述べているが、彼の「専制的な権力にたいするあの反感」は、庶民のささやかな幸福に対する配慮とともに、彼の生涯を通していささかも変わることがなかった。

フランクリンは、すでに述べたように、「多面的な」人間である。そして、そのなかでひときわ目立つのは、アメリカの建国精神を体現する独立の闘士という一面とアメリカの成功の夢を実現した苦学力行の少年という一面であろう。前者が彼の後半生の活躍を重視し、独立後まもないアメリカ人が強調する彼のイメージであるとしたら、後者は、彼の前半生に焦点を合わせ、十九世紀後半以降に目立ってくる彼のイメージである。そして、アメリカがもし自主独立と機会平等の国であるとしたら、フランクリンの生涯はその両者がアメリカの現実であることを身をもって証明する。その意味で、フランクリンはまさしく「典型的なアメリカ人」であった。最初に述べたように、トマス・カーライルはフランクリンを「すべてのヤンキーの父」と呼んだが、彼はアメリカという特殊な社会が生み出した、そして、そうした社会しか生み出せない、いかにもアメリカ的なアメリカ人であった。彼の生涯と著作はアメリカ人の生活と思想の原点の一つとなっているのである。

自己発見と自己宣伝

これまで、フランクリンをアメリカ文化ないしは社会のなかに置いて、アイデンティティ、成功の夢、あるいは彼の合理主義、プラグマティックな傾向、功利主義などを取り上げ、その特徴を考えてきたが、しかし、彼を文学者として考えると、『自伝』そのものをもう少し分析的に考察する必要があるだろう。その場合も、さまざまな問題が考えられるが、なかでも自伝の構造、自伝の語り手である自己と語られる対象としての自己の微妙な関係が最も興味ある問題となってくる。自伝では、一般的にいって、自伝執筆中の晩年の人間が成長し変化するかつての自分自身を、いわば舞台上の人物に監督が演技をつけるように、自らの望む自己のイメージに再現するのであるが、その一方では、こうして再現された若き日の自己によって、逆に、晩年の、いま自伝を書いている自分が規制されるという一面がある。こうした自伝執筆の過程にみられる相互関係、循環関係によって、自伝は第三者によって書かれた伝記にはみられないダイナミックな性格をもつことになる。

フランクリンの『自伝』も、基本的にはそうした特徴をもっている。彼の『自伝』には複数のフランクリンが現れ、それぞれが自分に与えられた役割を演じる。『自伝』の背後に常に存在して、自分の生涯のさまざまな事件や、過去にめぐりあった人間を語る、というよりは、失われた過去からそれらを連れもどしてくるフランクリンは、一週間ほどイギリスの片田舎にひきこもってだれにも邪魔されない余暇をみいだした人生体験豊かな年配のアメリカ人、若き日の自分自身をある程度余裕をもって眺められる成熟した人間である。しかし同時に、自伝執筆が自分の「過去の自慢ばなし」に終りかねないことを十分意識している、自分の「虚栄心」にこだわって、できればこの自伝でそうした欠点をいかに克服したかを示そうとする、自意識の強い人間でもある。

彼の自伝執筆の表向きの動機は、成功するために利用した「有益な手段」を具体的に示して、後世の若者たちに便宜を図ろうとすることであったが、それ以上に、自己の生涯を弁護し正当化するとともに、それを宣伝しようとしているのである。自伝執筆は、本来、きわめて自意識過剰な行為であるが、フランクリンも、その点、例外ではない。そして、彼は生涯を語ることによって、彼自身はそれを意識していないであろうが、現在の自分を作りかえているのである。

彼の生涯、彼が演じてきた役割は、十八世紀イギリスのピカレスク小説の主人公のそれのように波瀾に富むものであった。しかし、彼はそうした自分の体験をただ時間的にすべてを羅列してゆくのではなく、つねに選択し、自分の生涯が一つの意味をもった、まとまりのある全体として、一つの究極的な目的をもった必然の展開として提出しようとする。一つのパースペクティヴの下に生涯の事件を選択し、再構成し、解釈、意味づけをしているのである。その意味で、自伝は一人の人間が自分の生涯を自ら記してゆく文学形式でありながら、全体の見通しをもたず、その日その日の時点で書き記してゆく日記や覚え書とは本質的に違っている。自伝は一つの虚構、世界の創造であり、単なる事実の集積ではない。それは統一原理によってそれ自体一つのまとまりをもった文学作品といってよいのである。

フランクリンの『自伝』は、彼が晩年の一九年間、断続的に執筆しながら、結局は、未完に終り、その限りでは、形式的に完結したまとまりのある作品ということはできない（もっとも、生涯の終りが自伝の完結であるとしたら、自伝には、本来的に、完結などありえないのである）。しかし、それにもかかわらず、彼の『自伝』には、文学的な統一と秩序を与えている原理が少なくとも二つ認められ、それによって、未完の断片という印象は比較的小さい。つまり、前半の「自己発見」と後半の「自己宣伝」という原理に従って、彼の生涯の事件と体験は、あたかも必然性と方向性をもった一連の事件ででもあるかのように再構成されているのである。そして、この二つの要素は彼の『自伝』で対比されているだけでなく、さらに両方ともが執筆時の彼の意識と対比されるようになっている。フランクリンの『自伝』は、この二重の対比によって有機的かつ立体的な構造をもつことになる。

ボストンの生家をとびだし、孤立無援の状態でフィラデルフィアに到達したときの様子について、彼は次のように書く。

私はこのときの旅行のいきさつをずいぶんこまかく書いてきたし、またこのあとも、フィラデルフィアの町にはじめて入ったときの模様を、くわしく書くつもりにしているが、それというのも、そうすれば、おまえがこのおよそ成功とは縁がなさそうにみえる私の最初の姿と、その後この町で成功した私の姿を、心のなかで思い比べることができるのではないかと思ったからである。（中略）私は作業着を着たままだった。そして旅行中のことで、あかだらけの姿になっていて、（中略）一人も知り合いをもたなかったし、また泊まり場所をさがそうと思っても、どこへ行けばよいのか見当さえつかなかった。（中略）私がもっていた現金は、わずかにオランダ・ドルが一枚と、銅貨がおよそ一シリングだけだった（後略）。

彼はこのあと三本の「巻き長パン」を買って、フィラデルフィアの町の通りを「両脇に一本ずつかかえ、残りの一本をかじりながら」歩いてゆく。『自伝』中最も有名な挿話である。この挿話自体きわめて印象的だが、さらに重要なのは、この姿に「その後この町で成功した」自分の姿を重ねるところである。また「商売人としての信用と評判を維持するため、ただ〝実際〟に勤勉と倹約を心がけるだけでなく、〝外観〟からも、その反対にみえることがないよう気を配」り、身分相応に商売をやっていることを示すために、卸商人から仕入れてきた紙などを手押し車にのせて、町の通りをこれ見よがしに押して帰る。

そして、『自伝』の最大の見せ場として知られる十三の徳目の樹立が語られる。道徳的な完璧さをめざしたのであるが、それに加えて、これらの徳目がその後の生涯にどのような影響をおよぼしたかということを誇らしげに語る。

この物語を書いている数え年で七十九歳になる今日《こんにち》まで、私が、ずっと幸福な生活を送ってこられたのは、神のみ恵みもさることながら、私がこんなふうにささやかながら工夫してきたためである。（中略）私が長いあいだ健康を保って来られたのも、現在なお強健な身体をもっていられるのも、「節制」の徳によるものである。私が、若いうちに生活が楽になり、財産ができ、そのうえ、知識を身につけて有能な市民となって、有識者のあいだで、ある程度、名を知られるようになったのは、勤勉と節倹によるものである。私が自分の国の人びとの信頼を得て、名誉ある任務を託されたのは、誠実と正義の徳によるものである。

このように、彼は、単に若いころ十三の徳目によって道徳的な完璧さを目指したという事実を記録するだけでなく、五〇年後の自分と対比して、これらの「徳目全部が全体として自分におよぼしてきた影響」から、その意義を彼の子孫たちに伝えようとするのである。しかも、「謙譲」の徳については「この徳を〝真に〟自分のものにしたなどと大きな口はきけないながらも、〝外観〟にかんしては、かなり成功したと思っている」と、彼自身気づいていないだろうが、自分の「謙譲」さを自慢する。そして、本質（〝真に〟）よりも外観、自分の外に現れたイメージにこだわる。自伝であるので、当然といえば当然だが、彼はあくまでもイメージにこだわり、その成長発展のあとが浮かび上がってくるよう、その時々の自分の姿（おそらく、それは客観的なものではなく、後年、そうであったろうと推定する、あるいはそうあってほしいと願望する、自分の姿でしかないだろうが）、それを描くのである。

自伝においては、語る主体と語られる客体が同一であるという奇妙な関係がある。成功した晩年のフランクリンは、成功を求めて奮闘する若き日の自分自身を描くのであるが、その関係は、自伝執筆中の彼がかつての自分を思い出しながら若き日の自分を作りかえるだけでなく、この作りかえられた、多分、現実の彼とは異なったと思われる若き日の彼が、今度は自伝執筆中の彼に影響をおよぼし、彼を作りかえてゆくのである。その結果、自伝の「自己発見」と「自己宣伝」の自己の境界線は曖昧になってゆく。それだけではない。自分自身を自分で語る自伝は、ある意味では、自分のことは自分がいちばんよく知っているとすると、他人の伝記より書きやすいといえるが、別の意味では、自分自身ほど知ることが困難なものはないわけで、自分自身を客観視することは、走っている人が、走っている自分の姿を自分の目でみることができないように、不可能だともいえるのである。すべてを語ったつもりでも、自分にみえてこない自分があるかもしれないのだ。

それに、自伝執筆者は、自分に不都合な事実は意識的に伏せているかもしれないのである。この解説の冒頭で、フランクリンの『自伝』は必ずしもすべてを語っているとはいえないと書いた。事実、彼には結婚する前にこしらえた私生児の息子がいたが（この『自伝』はその彼のために書かれている）、そのことはこの『自伝』にはまったく触れられていない。当然であろう。自分の若い頃のセックスの悩みについては、確かに「抑えがたいあの青春時代の情欲にかられて、道であったいかがわしい女たちとしばしば関係を結んだ」と正直に白状してはいるが、彼にとっては、私生児がいたという事実のほうがはるかに重要なのではないだろうか。しかも、この問題は道徳的な観点から言及されているのではない。「この関係にはいささか費用がともない、なにかと不便が多かっただけでなく、悪い病気をうつされて健康をそこなう危険がたえずつきまとい、その点がなによりも恐ろしかったが、まことに幸いにして、私はそういった悪い病気だけはうつされずにすんだ」という彼にとって、それは「費用」「便利さ」「健康」の問題にすぎず、彼は若い人びとへの教訓として取り上げているふしがある。いささか脱線したが、彼の『自伝』は彼についてすべてのことを語っているのではない。語られていることも『自伝』執筆の目的に適《かな》うよう、随時、脚色されている。不透明なところもある。しかし、それにもかかわらず、彼の生涯は、彼に中断していた自伝執筆を勧めた友人の手紙にもあるように、「きわめて注目に値するもの」であり、その『自伝』は「ただ単に限られた少数の人たちにとってだけでなく、何百万という人たちにとっても有益で興味深い著作」となっている。「プルタルコスの『英雄伝』の伝記すべてを一まとめにしたほど価値あるもの」とされてきた。それほど豊かな世界が盛りこまれている。これはだれしも認めるところだろう。

面白いから読まれてきた

このように豊かな世界をもった『自伝』はさまざまな読み方が可能であり、事実、時代とともにさまざまな読み方がなされてきた。日本では、最初に紹介したように、正岡子規は彼の『自伝』に自分の見果てぬ夢をみいだしていた。明治天皇の后の昭憲皇太后はフランクリンの十三の徳目を教えられ、それに基づいて「弗蘭克林《フランクリン》十二徳の歌」（徳目が十二になっているのは、性にかんする「純潔」の徳目を省いたため）を作り、「勤勉」についての「金剛石もみがかずば」はやがて華族女学校の校歌「金剛石の歌」となっていった。明治時代、小学校の修身の国定教科書には「自立自営」「公益」「勤労」などの項目で『自伝』の要約といってよい彼の生涯が紹介されている。中等学校の英語副読本にも『自伝』の抜粋が採用されており、当時の意欲的な学生たちは、正岡子規同様、英語力をつけるとともに、フランクリンにあやかって、自らの立身出世を夢みていたと思われる。また、時代の変換期に活躍した福沢諭吉は、生涯の軌跡も、思想的にも、フランクリンと共通するところが多くあって、彼の『福翁自伝』とフランクリンの『自伝』の比較研究もいくつかなされている。ドイツでは、周知のとおり、マックス・ウェーバーが『プロテスタンティズムの倫理と資本主義の精神』を発表して、フランクリンの『自伝』などにみられる彼の勤勉、節約などの禁欲的な態度に「資本主義の精神」を認めた。フランクリンは、直接的に、資本主義を提唱したわけではないが、結果的には、彼が代表する生き方が資本主義の発達を支える営利心を生み出したというのである。こうした彼の『自伝』にまつわる周辺の歴史的事実は、『自伝』理解に大いに参考になるが、紙数の関係で、これは事実を指摘するだけにとどめて、詳細は省略せざるをえない。

それにしても、このフランクリンの『自伝』はどうしてこのように広く読まれてきたのだろうか。自伝の古典として、読まなくてはならない必読書として読まれてきたのではないだろう。アメリカの小説家マーク・トウェインは、かつて、古典とはだれもが読まなくてはならないと思いながら、だれも読んでいない偉大な書物だ、という警句を発したが、例外がないわけではない。フランクリンの『自伝』はその例外にあたる。ともかく面白いのである。なまなかの小説などよりも、読み物として、一人の人間の記録として、理屈抜きに面白く、強烈な印象を残す。復習すれば、少年時代、印刷工として徒弟奉公をしていた兄と喧嘩して、生まれ故郷のボストンを出奔して以来、見知らぬ町フィラデルフィア、ロンドンで独立自活の生活を送りながら、さまざまな体験と冒険を重ね、その恵まれた才能と性格ゆえに周囲の人びとに認められ、愛されることもあるが、同時に何度も欺かれ、また、彼自身が印刷屋らしく「誤植《エラータ》」と称する過ちをおかす。しかし、それにもかかわらず、逆境であれ、順境であれ、つねに明るく、逞しく、前向きに自分の人生を生きてゆく。そして、この物語の背景を彩るさまざまな階層の人びとの生き生きとした姿。年寄りの「自慢ばなし」ととられるのをたえず気にしながらも、同じ生涯をもう一度くりかえすことに異存はないと断言する自信にみちた語り口。彼の『自伝』は、執筆の時点からいうと、ルソーの『告白』と重なっている。近代人の自己の姿を赤裸々に記録したものとして、両者は自伝文学の双璧とみなされている。そのような意味で、この『自伝』は、余計な解説などは必要とせず、直接、本文を読みはじめたほうがよいのかもしれない。

最後に、決定版といわれる一千ページをこえる詳細なフランクリンの伝記を書いたカール・ヴァン・ドーレンの結論の言葉を引用しておこう。彼によると、フランクリンは「ただ単に時代に恵まれたということで偉大になった人間ではない。彼であれば、いかなる時代、いかなる国に生まれようと偉大な人間になっていただろう」という。そして「フランクリンの行為を知る者はだれでも、その行為とともに、それを行なった人物を忘れずにいる。そしてときには、彼独特の個性にもかかわらず、そのすばらしい人間的な幅によって、彼はあらゆる個人をこえた人間、つまり一つの調和のとれた集合体的人間であったように思われる」というのである。フランクリンをとおして、私たちは、アメリカ人だけでなく、人間全体を知ることができるのである。（この解説を書くにあたって、以前〈世界の名著〉の解説資料として書いたものなどを部分的に利用したことをお断わりします）

（東京大学名誉教授）

凡　例

一、ここに訳出したのは、フランクリン『自伝』の完訳で、途中、省略した部分はない。前半と最後の部分およそ全体の十分の一は中央公論社〈世界の名著〉40『フランクリン　ジェファソン　ハミルトン　ジェイ　マディソン　トクヴィル』（一九八〇年）所収の「自伝」の訳文に大幅な修正を加えたものである。

二、『自伝』のテキストは、すでに数種類が編集出版されていて、版によってかなりの異同があるが、ここでは Carl Van Doren が編集した *Benjamin Franklin's Autobiographical Writings*（1945）を底本に使用し、同時に、イェール大学から出版された Leonard W. Labaree ら四人の編集になる *The Autobiography of Benjamin Franklin*（1964）、J. A. Leo Lemay と P. M. Zall が編集した Norton Critical Edition の *Benjamin Franklin's Autobiography*（1986）を参照した。

三、原文には章および小見出しはないが、読者の便を考えて、訳者の責任であらたにつくった。また、改行も原文にとらわれず、随時行なった。本文中の〔　〕は原文にあるもので、フランクリンの補足説明である。注は Carl Van Doren の伝記 *Benjamin Franklin*（1938）、前記のイェール版、Norton Critical 版などの注を参考にして作成した。

フランクリン自伝

第一章　少年時代

一七七一年　トワイフォード村[1]
セント・アサフ主教[2]の屋敷にて

はじめに

愛する息子[3]よ。

私は昔から自分の先祖のちょっとした逸話がみつかると、どんなものでもうれしく思ったものである。おまえが私といっしょにイギリスに滞在していたころ、私が当時はまだそのイギリスに残っていた親類縁者のあいだをあれこれたずねまわったり、そのため旅行に出たりした[4]のを、おまえは覚えているだろう。

ところで、そういう私の生涯についてであるが、おまえはまだ知らないことがたくさんあるので、その詳細を知るのはやはりおまえにとって楽しいことだろうと思っていたが、私はこのところ田舎《いなか》にひきこもって一週間だれにもじゃまされず暇でいられそうなので、それならひとつおまえのために、私のこれまでのことを書きとめておこうと、いま机に向かったところだ。それに、こんなものを書こうという気になったのには、ほかにも理由がいくつかある。

私は貧しい名もない家に生まれたが、やがてそこから身を起こし、今では裕福で、ある程度、社会的にも名が通るようになっている。それにまた、これまでのところ、かなり幸運に恵まれて生涯をおくってきた。そんなことから、私の子孫の者たちは、私がそうなるまで利用してきた、そして神のみ恵みによってかくもすばらしい成功をおさめた、有益な手段を知りたがるのではないかと思ったのである。そうした手段のなかには、彼らの目からすると、自分たち自身の境遇にあてはまり、したがって真似をしたくなるものがあるかもしれないからだ。

こうした幸運な生涯をふりかえってみるとき、私はその幸運のゆえに、もし自分の好きなようにしてよいといわれたら、もう一度これと同じ生涯を最初からくりかえすことにまったく異存はない、ただし本の著者が初版の間違いを再版で訂正するあの便宜だけは認めてほしいけれど、といいたくなることがときどきあった。そして、ただ間違いを訂正するだけでなく、できることなら、生涯の忌わしいできごとをもっとましなものに書きかえたいと思ったのである。しかし、そうした書きかえが認められないとしても、私はやはり、同じ生涯をもう一度くりかえさないかと勧められたら、その申し出に応じるだろうと思う。しかしながら、そのような人生のくりかえしは、もとより望みえないことであるから、自分の生涯をもう一度生きるのにもっとも近いことといえば、それはやはり生涯を回想し、その回想した生涯を文字に書き記して、できるだけ長く残るかたちにすることではないかと思うのである。

そしてまた、私はこうした文章を書くことによって、老人にありがちなあの自分の身の上ばなしや過去の自慢ばなしをするという癖を満足させることになるだろう。しかし、このように書いたものならば、それを読む読まないは読む人の気持にまかされているのだから、話をしたら、老人に敬意を表して拝聴しなければならないと思う人がいるにせよ、そういう人たちに迷惑をおよぼすこともなく、それができるだろうと思うのである。

そして最後に「これだけはいくら否定しても、だれも信用しないだろうから、ここではっきり白状しておくが」たぶん私は自分自身の「虚栄心」を思うぞんぶん満足させることになるだろう。まったくの話、世の中には「自慢するつもりなど毛頭ありませんが」と、ひとこと断わってから話をはじめる人がいるが、そういう人にかぎって、そのすぐあとには自慢ばなしがつづく。そしてまた、たいていの人は、自分自身どんなに虚栄心が強かろうと、それはいっさいたなにあげて、ほかの人の虚栄心を嫌うものである。しかし私はそういった他人の虚栄心に出くわしたときは、いつもできるだけ寛大な態度をとることにしている。それというのも、人間の虚栄心がその当人にもその人に接する人たちにも、しばしば利益をもたらすものであると信じているからである。したがって、多くの場合、神が虚栄心というものを人生のさまざまな楽しみのなかにつけ加えてくださったことを神に感謝したとしても、あながち不合理でないと思っている。

ところで、私はいま神に感謝するといったが、ついでに先ほど述べた私のこれまでの幸運が、恵み深い神のおぼしめしによるものだったことを、謙虚に認めたいと思う。というのは、神のお導きがあったからこそ、私は前にいった手段を利用したのであり、その手段が成功したのである。そして、このように信じていればこそ、私は神のみ恵みがこれからも変わることなく私の上に働いて、今までと同じ幸福が将来もつづくことを、そしてまた、ほかの人びとと同様、万一、運命の逆転がわが身に起こったとしても、その運命に耐えられることを、当然のこととして〝期待〟するわけにはいかないにせよ、〝希望〟はしたいと思っている。私のこれからの運命がどのようになるか、それは神のみが知りたもうところである。そして、私たちに不幸をさずけてくださることさえ、いつに神のみ心いかんにかかっているのである。

フランクリン家のルーツ

私の伯父の一人が⑤〔この伯父は私と同じような好奇心から一族の逸話を集めていた〕、あるとき私にゆずってくれた覚え書によって、私は先祖にかんするいくつかの事実を知ることになった。

それによると、私たちの一族は、ノーサンプトンシャーのエクトン[6]という村に少なくとも三〇〇年は住んでいたことになっている。それ以前どのくらいそこに住んでいたのかは〔おそらく私たちの先祖が、それまで一つの階級を示す名称であったフランクリンという名を[7]、イギリス全土で姓が用いられるようになったさい、自分たちの姓にしたときからだと思うが〕、伯父も知らなかった。私の先祖は、およそ三〇エーカーの自由保有地《フリーホールド》で生活し、そのかたわら鍛冶屋の仕事で家計をおぎなっていた。この鍛冶屋というのは、伯父の代まで私たちの一族に伝わっていた仕事で、一家の長男は必ずこの商売をやるようしこまれており、伯父も私の父も、自分の長男にかんしては、この習慣を受けついでいた。

フランクリン一族と両親

私はエクトンへ行って戸籍簿を調査したことがあるが、一族の出生、結婚、埋葬にかんする記録は、一五五五年以降のものしかみつからなかった。これは、それ以前の戸籍簿が、そこの教区に保存されていなかったからであるが、しかし、その戸籍簿によって、私は自分が五代にわたって末子のそのまた末子であることを知った。私の祖父のトマス[8]は一五九八年の生まれでエクトンの村に住んでいたが、年をとってこれ以上仕事ができなくなると、オックスフォードシャーのバンベリ[9]で染物屋をやっていた息子のジョンの家に身をよせて暮らしていた。私の父が年季奉公をやったのはこのジョンのところである。祖父はこの村で死んで、この村に葬られることになったが、おまえも、一七五八年、私といっしょに、この祖父の墓をみているはずである。

　エクトンの家には、祖父の長男のトマスが住んでいたが、彼が死んだあと、その家は地所とともに一人娘⑩の手にわたった。ところがウェリンバラ⑪出身のフィッシャーという男と結婚していたこの娘は、夫に従って、この家屋敷を現在の荘園の領主アイステッド氏⑫に売りわたしてしまった。祖父は、トマス、ジョン、ベンジャミン、それにジョサイアという、全員そろって無事に成人した四人の息子をもっていたが、彼らについては、覚え書類がいま手元にないので、記憶しているだけのことを書き記すことにしよう。私の留守のあいだに書類が紛失していなければ、こまかいもっと多くの事実がそのなかにみつかるはずである。

　長男のトマス⑬は、この祖父のもとで鍛冶屋の仕事をしこまれていたが、利発な少年だったため、そしてまた、当時その教区きっての有力者だった郷士のパーマー⑭という人に学問をおさめるよう勧められて、学問にはげみ〔そういえば彼の三人の弟たちも同じように学問をおさめるよう勧められていた〕、公証人の資格をとり、その州で重きをなす人物の一人になった。彼はノーサンプトンの州と町のために、そしてまた自分の村のために積極的に中心となってあらゆる公共事業を推進した。そういった彼の活動については、おまえも私とともにいろいろな話をエクトンの村で聞いているはずだ。この伯父は当時のハリファックス卿⑮にずいぶん重用されるとともに、うしろだてにもなってもらっていたが、私が生まれるちょうど四年前の一七〇二年、旧暦の一月六日に世を去った。エクトンの村で、そこの老人たちから私たち二人は、彼の生涯や性格について話を聞いたが、そのとき、彼らの話があまりにもおまえが知っている私の生涯や性格に似かよっていたので、おまえがじつにふしぎだといわんばかりの顔をしたのを、私はいまも覚えている。そしておまえは、「もしもこの伯父さんが四年後の同じ日に亡くなっていたら、それこそ人は生まれ変わりと思っただろうね」といったことだった。

二番目の伯父のジョン[16]は、たしか毛織物をあつかっていたと思うが、染物屋にしこまれていた。三番目の伯父ベンジャミン[17]は、ロンドンで徒弟の年季をつとめあげ、絹織物の染物屋になっていたが、聡明《そうめい》な人で、私が少年だったころ、ボストンの父の家にやってきて数年間同じ屋根の下で暮らしたことがあるので、私も彼のことはよく覚えている。とても長命な人だった。彼の孫にあたるサミュエル・フランクリン[18]はいまボストンに住んでいるはずだ。この伯父は、四つ折判で二冊、自分の友だちや親戚の者たちにおりあるごと雑感を述べて送った短い詩の原稿を死後残したが、次にあげる私あての詩がその一つの見本である[19]。伯父はまた彼独自の速記法を考案していて、それを私にも教えてくれたが、私のほうはぜんぜん練習しなかったので、いまではすっかり忘れてしまった。私はこの伯父のベンジャミンという名前を受けついでいるが、それはこの伯父と私の父のあいだにとくに親しい関係があったからである。

この伯父はまた、たいへん信仰心のあつい人だった。それで、一流の牧師の説教というと、必ず教会へ出かけていって、その説教を例の速記術で筆記し、そうしたノートを何冊も手元にもっていた。伯父はそのうえ政治が大好きで、彼の社会的な地位からすると、たぶんゆきすぎと思われるほどの熱狂ぶりだった。私は最近、偶然のことから、この伯父が蒐集《しゅうしゅう》した、一六四一年から一七一七年にいたる公共問題にかんする政治パンフレットの一揃いをロンドンで手にいれた。番号を調べると、冊数はだいぶ欠けているが、それでも、二つ折判が八冊、四つ折判および八つ折判が二四冊残っていた。ある古本屋が、たまたまこれをみつけ、私がときどきその本屋から本を買っていたので私の名を覚えていて、私のところにもってきてくれたのだが、伯父は、いまからおよそ五〇年前アメリカに来ているから、そのときにこれをロンドンで手放したにちがいない。欄外には伯父の書きこみがたくさん残っていた。

このような名もない私たちの一族は、早くから宗教改革運動に加わっていて、メアリ女王[20]の在位中も、カトリック教会に強硬に反対したため、迫害を受ける危険があったが、それにもかかわらず、プロテスタントの信仰をずっと守りつづけた。私たちの一家は、英訳の聖書を一冊もっていたが、[21]これを没収されないようかくしておくため、ページを開いたまま、組み立て式の腰かけの裏側のカバーのなかに紐《ひも》で結びつけてあった。私の祖父のそのまた祖父が、家族の者に聖書を読んで聞かせるときは、膝のうえにその腰かけをさかさに置き、紐をつけたまま聖書のページをめくった。子供の一人が、宗教裁判所の下役人の送達吏を見はるため戸口に立っていて、送達吏が姿をみせると合図し、読んでいた祖父の祖父は腰かけをふたたびひっくりかえして床に置き、聖書はもとどおり腰かけの下にかくれてみえなくなるようにしてあった。この話はベンジャミン伯父から聞いたものである。

一家の者はチャールズ二世[22]の治世の終りごろまで、全員そろってイギリス国教会に属していたが、ベンジャミン伯父と私の父のジョサイアの二人は、イギリス国教会に従わないために教会を追われた数人の牧師が、ノーサンプトンシャーにやってきて秘密の集会を開くようになったとき、この一派に加わって、終生、この信仰を守りつづけた。一家のほかの者は、そのまま監督教会[23]にとどまった。

私の父ジョサイアは、若くして結婚していたが、一六八二年ごろ、妻と三人の子供をつれてニューイングランドへ移住することになった[24]。非国教会派の秘密集会は、法律で禁止されていただけでなく、たびたび妨害されたため、父の知り合いのおもだった人たちが、ニューイングランドへ移住する気をおこし、父も彼らに説得されて同行することになったのだ。彼らはこのニューイングランドで、自由に自分たちの宗派の信仰に生きることができると期待していた。

ニューイングランドで最初の妻とのあいだに、さらに四人の子供が生まれた。そのうえ、再婚した妻とのあいだにも、一〇人の子供ができて、子供は全部で一七人になった。私はこの一七人の子供のうち一三人までが、父をかこんで食卓にずらっとならんでいたときの光景㉕をいまも目に浮かべることができる。この一三人は一人も欠けずに成人し、結婚して家庭をもった。私は下に二人の妹がいたが、男の子のなかではいちばんの末子で、生まれたのはニューイングランドのボストンだった。

私の母は、父の後添《のちぞ》いで、アバイア・フォルジャーといい、ニューイングランドへ最初に移住してきた者の一人であるピーター・フォルジャー㉖の娘だった。このフォルジャーという人は、コトン・マザーが、『アメリカにおけるキリストの大いなるみ業《わざ》㉗』と題したニューイングランド教会史のなかで、言葉そのものは違っているかもしれないが、「敬虔《けいけん》で学識ゆたかなイギリスからの移住者」と敬意を表している人だった。私が聞いたところによると、時事問題にかんしてさまざまな短い詩を書いていたということであるが、活字になった詩はそのなかの一篇だけで、私もずいぶん昔になるが、みたことがある。

その詩㉘は一六七五年に、その時代と、当時の人びとらしい素朴な韻文体《いんぶんたい》で書かれ、内容は当時のニューイングランドの政府当局者に呼びかけ、信教の自由を守る立場にたって、そのころ迫害を受けていたバプティスト派やクエーカー教徒などの宗派を弁護するとともに、インディアンとの戦いや、そのほか、当時その地方をおそった災害の数々はいずれもこういった宗派の迫害によって引き起こされたものであり、こうした凶悪な罪を罰する神の裁きを示しているのであるから、これらの無慈悲な法律はただちに撤廃すべきである、そんなふうに勧告するものだった。私にはこの詩全体が、低俗でなく平明で、しかも男性的な大胆さをもっているように思われた。最後の一節の最初の二行はどんなだったか忘れてしまったが、結びの六行はいまも覚えていて、作者はその部分で、自分の批判は善意から出ているものであるから、自分が筆者であることをはっきりさせておこうというのだった。

誹謗者《ひぼうしゃ》などとよばれることは〔と、その詩に書いてあった〕
心から憎むところなれば
わが住まいのシャーバン㉙の町より
あえてわが名をここに記さん。
悪意をもたぬまことの友
それはピーター・フォルジャーなり。

私の兄たちは、みんなそれぞれが違った職業を覚えるよう年季奉公に出されていたが、私は八歳になったとき、ラテン語文法学校に入れられた。父が一〇人いる息子の一人を、いわば一〇分の一税㉚として、神につかえる仕事にささげようと思ったからである。私は小さいときから書いた文字を覚えるのが早かったので〔私は文字が読めなかったときの記憶がないところからすると、ずいぶん早くから文字は読めたに違いない〕[31]、それに、父の友人たちがそろいもそろって私のことをきっと学校では優等生になるだろうといっていたので、父もそういったことに勇気づけられて、私を学校へやる気になったのだ。伯父のベンジャミンもこのことには賛成だった。そして、もし私が自分の速記法を覚えるつもりだったら、その速記で書きとった説教集をそっくり私にゆずってやるといってくれた。私が牧師の商売をはじめるさい、それが資本として役立つのではないかと思ったのだろう。

それにもかかわらず、私がこのラテン語文法学校に通ったのは一年たらずでしかなかった。しかし、その短い期間に、新入生のクラスの中位からしだいに成績をあげ、最後はクラスでトップになったばかりか、さらにそのあと一年上のクラスに移って、その年の終りには三年のクラスの生徒といっしょに三年生に進級することになっていた。ところが、そうこうしているうちに、父は、こんなに大ぜい子供をかかえていたのでは、とても高等教育の費用など出す余裕はないし、また、父が私の耳にはいるところで友人たちに話していた理由によれば、牧師の教育を受けて牧師になったところで、牧師の暮らしは、多くの場合、ろくなものでないので、最初の意図をかえて、私にラテン語文法学校をやめさせ、当時有名だったジョージ・ブラウネル氏[32]が経営していた読み書きと算術の学校に私を入れることにした。このブラウネルという人は、学校教育全般において、おだやかであると同時に、生徒に自信をもたせる教え方をして成功した人だった。この人に教わると、ずいぶん早く文字の書き方がきれいになったが、算術のほうはうまくゆかず、いっこう進歩しなかった。

十歳になると、私は家につれもどされ、父の商売を手伝うようにいわれた。父の商売は獣脂ろうそくと石鹸の製造だったが、この商売は父が年季奉公をして身につけた仕事ではなく、ニューイングランドにきてから、本職の染物屋に需要らしい需要がなく、家族を養うことができないことがわかり、それから、新しくやりはじめたものだった。こうして私は、ろうそくの芯を切ったり、ろうそくの型に獣脂を流しこんだり、店番をしたり、走り使いをしたりする仕事をやることになった。

しかし、私はこのろうそく屋という仕事がいやでいやでならなかった。私は海に強いあこがれをもっていて、船乗りになりたかったのである。しかし、この船乗りの仕事には父がはっきりと反対だった。だがしかし、私は海の近くに住んでいたので、海の近くで遊ぶことが多く、幼いころから水泳が上手だったし、ボートをあやつることも知っていた。そして仲間の少年とボートやカヌーに乗って遊ぶとき、私はたいてい仲間のリーダーになっていた。とくになにか手におえないやっかいな事件が起こったときは、私が先頭にたって指揮をとることになった。それ以外の場合でも、仲間を引きつれて遊びまわることが多く、仲間をひどい目に遭わせることも一度ならずあった。そういった例を一つだけ述べておこう。この事件は、そのやり方こそ間違っていたが、私には少年時代から公共のためにに計画をたてるという精神があったことを示しているからである。近くに水車用の貯水池の一部と境を接して、海の潮がさしてくる干潟があり、私たちは満潮のとき、その干潟の岸に立って小魚を釣ることにしていた。ところが、あるときそのあたりをあまり踏みつけたため、地面が泥沼みたいになってしまった。そこで私はその場所に、立って魚釣りをするのに都合のいい足場をつくろうじゃないかと提案するとともに、仲間の者に山のように積んであった石材のありかを教えた。この石材は沼のそばに家を新築するため積んであったのであるが、私たちの目的にはあつらえむきだった。それで、夕方になって、職人たちが帰ったあと、私は遊び仲間を大ぜい集め、全員が蟻《あり》のように、ときには一つの石を二、三人がかりで運んだりしながら熱心に働き、最後にはそこにあった石材を全部運んで、小さな足場をつくりあげた。

翌朝、大工たちは石材が姿を消しているのをみてびっくりしたが、やがてその石が私たちがこしらえた足場にあることがわかり、だれが運んだのかと調べはじめた。そして私たちがやったことが明らかになると、彼らは苦情をもちこんできた。こうして私たちの何人かは、父親に叱りつけられることになった。私の父は、私がみんなのためを思ってこれをやったのだと抗弁したにもかかわらず、正直な方法でやったことでなければ、ほんとうに人のためになるものではないと諄々《じゅんじゅん》と説いてきかせるのだった。

父の風采《ふうさい》や性格について、おまえはいくらか知りたいと思うだろう。父はすばらしい体格の持ち主で、中背ではあったが、がっちりしていて、とても強健だった。またすぐれた頭をもち、絵を上手にかき、音楽の心得も多少もっていた。それに澄んだ感じのよい声をしていて、一日の仕事が終ったあとの夕暮どき、よくヴァイオリンをひきながら讃美歌を歌ったりしたが、それがまた聞いていてじつにすばらしかった。そのうえ機械類をあつかう才能にも恵まれていて、ほかの人の商売道具でも、時に応じて上手に使いこなしていた。

しかし、父がとりわけすぐれていたのは、個人的な問題であれ公共の問題であれ、慎重に判断しなければならない問題に健全な理解と堅実な判断を示したことであった。父は自分の大ぜいの子供を教育しなければならず、また生活にゆとりがないため、いつも自分の商売にかかりきりでいなければならなかったので、公共の仕事にたずさわることはついに一度もなかったが、それにもかかわらず、町のおもだった人びとは、私はいまでもよく覚えているが、足しげく父のところへやってきて、町の問題や父が属している教会㉝の問題について父の意見をもとめるとともに、父の判断と助言に心から敬意を払っていた。同様にして、個人的な問題でなにかやっかいなことが起こった場合も、父はよく人びとから相談をもちこまれていたし、また、争っている二人の仲裁役に引っぱり出されることも多かった。

父は分別のある友人や近所の人をできるだけ食事に招待し、いろいろ話をするのが好きだったが、そんなときはいつも、子供たちの知的な面を向上させるのに役立つような、知的でためになる話題をとりあげるよう気くばりをしていた。父はそういった方法で、私たち子供がこれから生活してゆくさいに、なにが善いことであるか、なにが正しいことであるか、そして、なにが良識あることであるか、そういった問題に私たちの注意を向けていたのだった。父は食卓に出ている食べものについては、調理の仕方がうまくいっているかどうか、季節のものであるかどうか、味がよいかわるいか、あるいは同じ種類のほかのものと比べてすぐれているか劣っているか、そういったことにもほとんど、いや、まったくといっていいくらい、注意を払うことがなかった。

その結果、私は食べるものにはまったく気をつかわないように育ってしまい、どんな料理が目の前に並んでいようとまったく無関心でいられるし、またぜんぜん注意してみたこともないので、今日にいたるまで、食事が終ったあと数時間して、先ほどなにを食べたかたずねられても、ほとんど答えられないのではないかと思う。このことは、旅行しているとき、私にとって、ずいぶん便利なことになった。反対に、私の友人たちは、食べるものの味に気をつけるよう育てられ、味覚と食欲と好みがうるさく発達してしまったので、旅行に出たりすると、その上品な口にあうものがみつからず、ずいぶんみじめな思いをしている。

私の母も、父と同様、体格のよい女性で、一〇人生まれた子供を一人残らず自分の乳で育てた。父は八十九歳、母は八十五歳でこの世を去ったが、私の知っているかぎり、父も母もこの死ぬときの病気以外に病気らしい病気はしたことがなかった。両親はいま二人いっしょにボストンに葬られているが、私は数年前その墓に大理石の碑をたて、次のような墓碑銘を刻んでもらった。

ジョサイア・フランクリンと
その妻アバイア　ここに眠る

二人はむつまじい夫婦として
五五年の結婚生活をおくった
財産もなく実入りのよい仕事もなかったが
不断の労働と勤勉によって　二人は
神の祝福を受けつつ
なんの不足もなく
大ぜいの子供の養育にあたり
みごとに
一三人の子供と七人の孫を
育てあげた

これを読む人よ　この二人の例にならって
自分の心をはげまし天職にいそしみ
神の摂理を疑わないようにせよ
ジョサイアは信仰心あつく思慮深い人
その妻はつつましく貞淑な婦人
両親の思い出のため
いまここに　二人の末の息子が
子としての敬愛の思いをこめて
この墓碑をたてる

ジョサイア・フランクリン　一六五五―一七四四㉞
享年八十九歳
アバイア・フランクリン　一六六七―一七五二
享年八十五歳

こんなふうに、とりとめもなく脱線するところからすると、われながら年をとったものだと思う。私も昔は、もっと整然とものを書いたものだった。しかし、そうはいうものの、公式の舞踏会に出かけるときのような意気ごみで、内輪の集まりのために正装する人もいないだろうから、これは、もしかすると、ただ気のゆるみによるものかもしれない。

兄ジェイムズの印刷所で年季奉公

話をもとにもどすと、私はこうして二年間、つまり十二歳になるまで、父の仕事を手伝っていたのだった。そして父のこの仕事をしこまれていた兄のジョン[35]が父のもとを離れて結婚し、ロードアイランド[36]植民地で自分の店を出していたので、私がその兄にかわってろうそく屋になるということは、どうみても避けがたい運命であるように思われた。ところが、私のほうはあい変わらずこの仕事が嫌いだった。それで父は、私にもっと好きになれる仕事をみつけてやらないと、兄のジョサイア[37]の例にならって家をとび出し、船乗りになってしまうかもしれないと心配するようになった。父はこの兄に家出をされるという、じつにいまいましい経験をしていたのだった。そういうわけで、父はときどき私を外へつれ出し、建具屋や、れんが職人、ろくろ師、真鍮《しんちゅう》の細工師などの職人が仕事をしているところをみせるようになったが、こうして父は、私の好みを観察することによって、ともかく陸上でできる仕事に私の気持をむけようとしていたのだった。

腕のよい職人が自分の道具を自由に使いこなすのをみるのが、このとき以来私の楽しみになったが、同時に、その見学は役にも立っている。というのは、このときいろんな仕事をみて覚えたために、職人がすぐみつからないような場合、家のなかのちょっとした仕事だったら、自分の手でやれるようになったからであり、また、なにか実験をやってみようという気持が起こったときも、その気持がうすれないうちに、実験に必要なちょっとした機械だったら自分でこしらえることができるようになったからだ。

そして最後に、父は、刃物屋の仕事が私にむいていると判断した。それに、ちょうどそのころロンドンでこの仕事を覚えて帰ってきたベンジャミン伯父の息子サミュエルがボストンでこの商売をはじめたので、父は私をサミュエルの店にしばらく見習いに出すことにきめたのだが、そのサミュエルが要求する見習い料の金額が父には気にいらない額だったので、彼はふたたび私を家につれもどした。

子供のころから、私は本を読むのが大好きで、少しでも金が手にはいると、それを残らず本代に使った。私は、『天路歴程』[38]が気にいっていたので、まず最初に集めた本は小型の分冊本で出ていたジョン・バニヤンの作品だったが、のちに私はこれを売って金をつくり、R・バートンの『歴史叢書』[39]を買うことにした。この『歴史叢書』というのは行商人が売りあるいていた小さな値段の安い本で、全部で四〇冊ほどのものだった。父がもっていたわずかな蔵書は、おもに弁証神学にかんする書物からなりたっていたが、私はそうした本をほとんど全部読んでしまっていた。

そのころは、もう牧師にならないことに決まっていたのだから、これほど知識に飢えていたこの時代に、もっと適当な本が手元になかったのはなんとしても残念であり、私はその後もしばしばくやしく思ったものである。父の蔵書のなかにプルタルコスの『英雄伝』があったので、これはゆっくり時間をかけて読んだが、今でもこれを読むために使った時間は大いに有益だったと思っている。このほかデフォー[40]の『企業について』とマザー博士[41]の『善を行なうために』という本があったが、おそらくこの二冊は、私のものの考え方に一つの転機をもたらし、このあと私の生涯に起こった重要な事件のいくつかに影響するところがあったと思う。

私のこうした本好きの性質をみた父は、ついに息子の一人〔ジェイムズ[42]〕がすでに印刷屋になっていたにもかかわらず、私を印刷屋にする決心をした。私の兄のジェイムズは、一七一七年、印刷機と活字をもってイギリスから帰り、ボストンで商売をはじめていたのである。私は、父の仕事に比べれば、印刷屋のほうがまだましだと思ったが、それでもなお、海にたいするあこがれは失っていなかった。私がそうした気持をもっているかぎり、私がこのあとどういうことをやりだすか不安に思った父は、そうした事態を避けるべく、私を一刻も早く兄のところで年季奉公させようとした。一方、私はしばらくのあいだ反対してみたものの、結局は父に説き伏せられて年季奉公の契約書に署名した。私はそのとき、まだ十二歳にしかなっていなかった。そのときの契約書によると、私は二十一歳になるまで徒弟として働くことになっていて、一人前の職人として給料が認められるのは、最後の一年だけだった。私が印刷屋の仕事を身につけ、兄の役にたつ助手になるのには、ほとんど時間はかからなかった。

そのころ、私はもっとためになる書物に接する機会をもつようになった。というのは、本屋の奉公人たちと知りあいになって、ときどき小型の本を借りることができたからである。私はそのようにして借りた本を早く汚さず返すよう気をつけるとともに、しばしば夕方借りた本が次の日の朝みあたらないとか、入用だといわれたりしてはいけないので、借りたばかりであっても、翌朝早く返す必要がある場合は、自分の部屋でほとんど徹夜で、その本を読みつづけたものだった。その後しばらくしてからであるが、私たちの印刷所にしょっちゅう出入りしていた知的な商人で、かなりの蔵書を自分でもっていたマシュー・アダムズ氏㊸が、私に目をとめて、自分の書斎に私を招待し、親切にも私が読みたいと思っていた本を何冊か貸してくれた。

私はそのころ詩が好きになっていて、短い詩をいくつか書いていたが、兄は、そうした私の詩が金になるかもしれないと考え、私をおだてあげ、ニュースバラッドをつくらせた。その一つは「灯台の悲劇」と題した詩で、二人の娘とともに溺死したワージレイク船長の物語㊹をあつかい、もう一つは、有名な海賊ティーチ〔またの名は黒ひげ〕が最期をとげた事件㊺をうたった船乗りの歌だった。どちらの詩も低俗なはやり歌に類したつまらないものであったが、兄はこの詩を印刷し、私に町をまわって売ってくるようにといった。最初のほうの詩は、題材にした事件が最近のもので、しかもセンセーションを引き起こしたものだったので、それこそ飛ぶように売れた。

私は自分が書いた詩がこのように成功したため、内心得意になっていたが、父はせっかく書いた私の作品を笑いものにするとともに、詩などをつくる人間というのはだいたい乞食みたいな連中だといって、私のはやる気持に水をさすようなことをしたが、そのおかげで、私は、詩人、それもまず間違いなくなるところだったへぼ詩人にだけはならずにすんだ。しかし、文章を書くということは、生涯をとおして私にとってたいへん有益なものであったし、また、出世の手段としても絶対に欠かせないものであったので、私がいまわずかながらもっている文章の才能を、こうした境遇にありながら、どのようにして身につけたか、そのことをおまえに話しておこうと思う。

この町にジョン・コリンズという本好きの青年がもう一人住んでいて、私はこの青年と親しくつきあっていた。私たちはおたがい議論をたたかわすことが多かったが、二人とも議論がなによりも大好きで、おたがいなんとか相手をやりこめたいと願っていた。ところで、ついでにいうと、この議論好きという性質は、これを実際に行なうとなると、いやおうなしに相手の言葉に反対しなければならず、またそのように反対すれば、どうしても仲間に感じの悪いやつだと思われるようになることが多く、ややもすると、きわめて悪い癖になりかねないものなのである。そのうえ、この議論好きの性格は、会話の楽しみをそこなったり、ぶちこわしたりするだけでなく、友情がめばえたかもしれないせっかくの機会にも、不愉快な気持や、場合によっては、敵意すらを相手にいだかせることになるのである。私がこういった議論好きの癖をもつようになったのは、父の蔵書のなかにあった宗教にかんする論争の書を読んだからであるが、その後私が観察したところによれば、思慮ある人びとはほとんど――弁護士とか大学関係者とか、各方面にいるエディンバラ出身者たちは例外であるが[46]――こうした悪癖におちいることはない。

あるとき、なにかある事件をきっかけにして、コリンズと私のあいだに、女性に学問をさせることは適当かどうか、そしてまた、女性に学問をするだけの能力があるかどうか、といった問題にかんし議論が起こった。コリンズは、女性が学問するのは適当でないし、また女性は生まれつき学問に耐える力をもっていないという意見を述べた。私は、議論のための議論というところも多少あったと思うが、反対の立場をとった。ところがコリンズは生まれつき私より能弁で、言葉がいくらでも立て板に水とばかりに出てきて、ときには論理の力によってではなく、むしろ私にはそう思われたのだが、たくみな弁舌で私をいい負かすのだった。このとき、私たちは結論を出すことをせずに別れ、そのあとしばらく、おたがい顔をあわせる機会がなかったので、私は自分の主張を文章に書き、それを清書してコリンズに送った。彼がこの私の手紙に反論してきたので、私はもう一度反論に反論を加えた。

こうして、私たちはおたがい三、四通の手紙をやりとりしたが、たまたま、私の書いた手紙が父の目にふれ、父がそれを読むことになった。すると父は、この機会をとらえて、議論の内容にたちいることはせず、私の文章の書き方について、単語の綴りと句読点の使い方が正確であるという点では、私のほうがコリンズよりすぐれているが〔この点は印刷屋にいたおかげだった〕、表現の洗練度、論旨の展開、そして明快さという点では、私のほうがはるかに劣っているという意見を述べるとともに、そういった場合の実例をいくつかあげて、私に納得のゆく説明をしてくれた。私は父の意見が正しいことを認め、それ以来、自分の文章の書き方にいままで以上注意を払って、いっそうよい文章を書く努力をしようと決心した。

このころ、私は偶然のことから、完本ではないが、『スペクテーター』紙[47]の合本を一巻みつけた。第三巻であったが、このときまで私はこの新聞を一巻もみたことがなかった。私はこれを買いもとめ、何度もくりかえし読み、すっかり気にいった。私は文章がすばらしくりっぱだと思い、できることなら、この文章を真似したいと思った。そのように考えて、私は同紙の文章を何篇か選びだし、それぞれの文章について、その内容を示す短い要約をつくり、それを数日放っておいたあと、今度はもとの文章をみないで、そのとき自分の頭に浮かんできた適当な言葉を使って、それぞれ要約しておいた原文の内容を、原文と同じ長さで詳細に表現しながら、『スペクテーター』紙の文章を復元しようとした。そしてそのあと、自分が真似て書いた自分の文章と、『スペクテーター』紙の原文とを比較検討し、いくつか自分の文章の欠点をみつけ、それを訂正した。私はこうして自分の手もちの言葉の数がいかに少ないか、しかも、その知っている言葉すら即座に思い出して使えないことに気づいた。そして、もし詩をつくりつづけていたら、このころまでに言葉を自由に使いこなせるようになっていたのではないかと思ったりもした。それというのも、詩をつくるためには、韻律《いんりつ》を合わせたり、脚韻をそろえたりしなければならないので、意味は同じでも長さや音の違った言葉がたえず必要になり、さまざまな言葉をさがしもとめる必要にいやでも迫られて、自然にそういった言葉が頭に刻みこまれてゆき、自由に使いこなせるようになっていただろうと思ったからである。それゆえ私は、『スペクテーター』紙に載っている物語を何篇か選んで韻文に書き直しておいて、しばらくたって原文の散文をおおかた忘れてしまったころ、これをまたもとの原文にもどす練習をした。

またときには、書きとめておいた文章の要約をごちゃまぜにして、数週間たったのち、まず最初、それをできるだけ正しい順序に並べかえ、そのうえで完全な文章に直し、さらに文章全体をまとめる練習もした。これによって、私は自分の考えを整然と表現するための方法を学ぶつもりだった。こんなふうにして私は、自分が書いた文章を原文と比較することによって、多くの自分の文章の欠点を発見するとともに、その欠点をあらためていったのだが、ときには、それほど重要な部分ではなかったが、ある特定の点で、私の論旨の展開や表現のしかたのほうが、思いがけず原文よりよくなっているように思われることもあり、私は気をよくし、このことに勇気づけられて、自分も、もしかすると、やがて恥ずかしくない文章が書ける人間になれるかもしれないと思ったものである。私はそういった文章の達人にぜひともなりたいと思っていたのだ。

私がこういった文章の練習と読書にあてていた時間は、一日の仕事が終ったあとの夜か、仕事がはじまるまえの早朝か、あるいは日曜日であったが、この日曜日はいつもなんとか適当な口実をつくって、教会の礼拝にほかの人びとといっしょに出かけることはできるだけ避けて、一人印刷所に残るようにした。私が父のもとにいたころ、父はいつもきびしく日曜日の礼拝には出席するよういっていたし、また私自身もまだそのころは日曜日の礼拝が義務であると考えていたが、しかし、それにもかかわらず、私には教会に出かけるだけの時間の余裕が、いまの自分にはないと思っていたのだった。

十六歳のころ、私は偶然、トライオンという人が書いた菜食を勧める一冊の本[48]を読んで、その菜食なるものをやってみようと決心した。兄はそのころまだ独身で、一家をかまえておらず、食事は奉公人たちといっしょによその家ですることにしていたので、私が肉を食べないというのは都合の悪い話であり、このため兄は何度も変なまねはよせといって私を叱った。しかし私はトライオン氏の調理法をある程度勉強していて、じゃがいもやライスを水で煮たり、即席のプディングをこしらえたりする方法を覚えたほか、二、三種類だったら料理ができるようになっていたので、毎週、兄が私の食費としてその家に払っている金額の半分を私にくれたら、自分は自炊したいと兄にいってみた。兄はふたつ返事でこれに同意してくれたが、私のほうも、このあと兄がくれる金の半分を節約できることを発見し、残った金は本を買うための資金にまわすことができるようになった。しかし、それよりも、自炊すると、私にはもう一つの利点があったのである。

兄とほかの職人たちは、食事をするために印刷所を出ていったが、そのあいだ私は一人だけ印刷所に残って、大急ぎで軽い食事〔たいていの場合は、ビスケットと呼ばれる小型のパン一つないしは普通のパン一切れと、ひとにぎりの乾ぶどうないしはパン屋から買ってきたパイが一つ、それにコップ一杯の水にすぎなかった〕をすませ、残りの時間を兄たちが帰ってくるまで、自分の勉強にあてることができたからだった。しかも、飲食の面で節制するとたいていの場合、頭脳は明晰《めいせき》になり、理解力もよくなるので、それだけに、私はこの時間の勉強で大いに能率をあげたことだった。

そして、私は算術がだめなものだから、ときどき恥ずかしい思いをしていたし、またこの算術というのは学校で教わりながら二度も失敗していたので、これではいけないと思い直し、私はあらためてコッカー[49]の算術の本をとり出してやってみたが、今度は独学でぜんぜんむずかしいと思わず全部を終えてしまった。そのうえ、セラーとスターミー[50]の航海術にかんする本も読んで、この二冊に書いてある程度のものだったら、幾何学もわかるようになった。しかし、それ以上には幾何の勉強に深入りすることはしなかった。また私がロックの『人間知性論』[51]や、ポール・ロワイヤル修道院の学者たちが書いた『思考の方法』[52]を読んだのもこのころだった。

　こんなふうに私が文章の上達に熱中していたころ、私は偶然一冊の英文法の参考書〔たしか、グリーンウッドの文法書[53]だったと思う〕をみつけたが、この本の巻末には修辞学と論理学の大要を記した二篇の短い解説がついており、論理学の解説の終りにはソクラテス式論法の見本が一つあがっていた。このあとすぐに、私はクセノフォン[54]の『ソクラテスの思い出』を手にいれたが、このなかにも、同じソクラテスの論法の例が数多く出ていた。そして私は、この論法に魅力を感じて、いままでのように頭から反対したり、まともに議論をふっかけたりすることをやめにしてこの方法を使い、謙遜《けんそん》な態度でものをたずね、どうも自分は納得がゆかないのだが、といった様子をよそおうようにした。

　それに私は、このころ、シャフツベリ[55]やコリンズ[56]を読んで、キリスト教の教義の多くの点についても根本から疑問をいだくようになっていたので、この方法が自分にとっていちばん安全であるばかりか、この方法を使うと、相手がこのうえなくまごつくことを知った。それゆえ私はいい気持になって、つねにこの論法を使い、しまいには、自分よりすぐれた知識をもつ人びとを相手にした場合ですら、私の主張の正しさを相手が認めざるをえないような方向に議論をもってゆくのがすごく上手になり、反対に、相手は予想もしない結論がでてくるので、みずから窮地におちいり、そこから脱け出すことができなくなるのだった。その結果、私自身からいっても、また、私の主張からいっても、ときには不当と思われるような勝利をたびたびおさめたのであった。

私はこの方法を二、三年つづけていたが、やがて、控え目で遠慮がちな言葉で自分の意見を述べるという習慣だけをのこして、あとのやり方はすべてよすことにした。私はもしかすると他人が異論を出しかねないようなことをいいだすときは、「たしかに」とか、「疑いもなく」といった言葉や、意見に断定的な感じをあたえる表現は絶対使わないようにするとともに、「私はこんなふうに理解しています」とか、「私にはこんなふうに思われます」とか、「これこれの理由で、私はこれこれのように考えています」とか、「たぶんそうかと思います」とか、「私が間違っていなければ、こういうことでしょう」などと、いうようにした。この習慣は、自分がある計画をたて、その計画を推進するさい、自分の意見を十分相手にのみこませ、説得によって人びとの賛成を得る必要がある場合、少なからず役立った。そして、私は会話のもっとも大切な目的は、教えたり教えられたり、人を喜ばせたり説得したりすることであるから、人びとに必ず不愉快な思いをさせ、反感を引き起こし、そして言葉というものが、われわれ人間にあたえられた目的、つまり知識と楽しみをあたえたり受けとったりすることをすっかりだめにしてしまう、あの独断的で高飛車ないい方をして、善意と良識をそなえた人びとが、せっかく人のためになる自分の能力をそこなうことがないよう望んでやまないのである。

というのは、なにか人に教えてやりたいと思っても、押しつけがましい独断的ないい方で自分の考えを述べたのでは、相手は思わず反感をおぼえ、すなおに聞いてくれなくなるからであり、また、他人の知識から教えを受け、自分自身がりっぱになりたいという希望をもっていても、それと同時に、自分の現在の考えにあくまでも固執するようなことをいっていたのでは、控え目な思慮ある人は、議論をやりあうのを好まないために、おそらくこちらが間違っていても、その間違いを指摘してくれないからである。さらにまた、こうした態度でものをいったのでは、聞き手に好感をあたえて喜ばれることも、相手を説得してその同意を得ることも、ほとんど期待できないだろうと思う。さすがポープ(57)はうがったことをいっている。

人にものを教えるときは、教えているような顔をするな。
その人が知らないことは、たまたま忘れたことにしてもち出せ。

さらにまた彼は、

自信をもっていても、外見は自信がないように話すこと。

と勧めている。そして彼は、この一行を、

謙遜の不足は良識の不足によるものだから。

という一行とならべて対句にすればよかったのだ。

ところが彼は、それとは違う、そして私には適切だとは思われない一行とならべて対句にしてしまった。なぜあまり適切でないかという質問をする人には、もとの二行、つまり、

不遜な言葉には弁明の余地は認められない、

謙遜の不足は良識の不足によるものだから。

という二行を引用するほかないだろう。そもそも、「良識の不足」というのは〔人間は不幸にして、良識に欠けることが多いものだ〕、「謙遜の不足」のいいわけにある程度までなるのではないだろうか。それだから、この二行は次のようにしたほうが、より適切だっただろう。

不遜な言葉には次の弁明しか認められない、

謙遜の不足は良識の不足によるものなのだ。(58)

しかし、こういった問題は、私よりも賢明な人びとの判断にまかせておくべきであろう。

兄と衝突する

私の兄は、一七二〇年か二一年に新聞を発行しはじめていた。これはアメリカで二番目に古い新聞で、『ニューイングランド・クラーント』と称していた。兄の新聞よりも古い、当時、一つだけあった新聞は『ボストン・ニューズレター』だった。ところが、私はいまでも覚えているが、兄の友人の何人かは、アメリカに新聞は一つあれば十分だという考えをもっていて、兄が新しく新聞を出しても成功する望みはないだろうから、やめたほうがいいと、兄にいっていた。しかしアメリカには現在のところ〔一七七一年〕、少なくて二五の新聞が発行されている。兄は、友人の意見にもかかわらず、新聞発行の計画を推しすすめた。そして私は、新聞の活字を組んで印刷する仕事をやってから、刷り上がった新聞を町の読者に配達することになった。

兄の友人には何人か有能な人がいて、彼らはこの兄の新聞にちょっとした文章を寄稿するのを楽しみにしていた。そしてこの人たちの文章のおかげで兄の新聞の評判がたかまり、また売れ行きもしだいによくなっていった。この人たちはしばしば私たちのところに集まって、世間ばなしをしたり、自分たちの書いた文章が読者のあいだで好評であることなどを話していたが、私はそういった彼らの話に刺戟されて、自分も彼らにまじってなにか腕だめしをしてみたいと思うよう⑲

になった。しかし、私はまだほんの子供だったし、また私が書いたものと知ったなら、兄は新聞に載せることに反対するだろうと思ったので、私は自分の筆跡をなんとか適当にごまかして、匿名の原稿を一篇書き、夜のうちにそれを印刷所の扉の下から内側へ入れておいた。

翌朝、原稿をみつけた兄は、いつものように友人の寄稿者が姿をみせると、その話をみんなにした。そして彼らは原稿に目を通してから、私の耳に入るところでその批評をはじめたが、私は自分の書いたものが彼らに認められただけでなく、彼らがそれぞれ筆者を想像してあげる人の名前が、そろいもそろって、私たちのあいだで学問と才能があるというのでかなり評判の高い人だったので、私はいうにいわれぬ喜びを味わった。しかし、いま考えてみると、私は点数のあまい審査員に恵まれていただけの話で、おそらく彼らは、実際はその当時私が考えていたようなりっぱな審査員でなかったのかもしれない。

そうはいうものの、当時の私はこれにすっかり気をよくして、さらにこのあと何篇かの原稿を書いて、同じやり方で印刷所にとどけたが、やはり評判がよかった。私は、もともとたくさんあったわけではない知恵を使いつくして、これ以上書く種がなくなるまで、このことを秘密にしていたが、結局最後は打ちあけることにした。それからというものは、兄の友人は、私のことをいままでよりもう少し高く買うようになったが、兄からみるとこの事件はあまり面白いことではなかった。兄がそう考えたのも無理ないと思うが、こんな調子だと私があまりにも増長しかねないと考えたからだった。そして、私たち兄弟のあいだには、このころ気まずい感情があらわれはじめていたが、これはその一つだったかもしれない。

私の兄は、血のつながった兄であるにもかかわらず、自分は私の主人であり、私はその奉公人であると考えて、ほかの奉公人と同じ仕事を私にさせるのは当然だと思っていた。一方、私は、兄弟なんだから、もっと寛大にするのが当り前ではないかと考えて、ときには兄がやれという仕事をみて、人をばかにするにもほどがある、などと思っていたのだ。そして私たちは、しばしば兄弟喧嘩をやり、それを父の前にもちだしたが、私のほうが正しいことが多かったのか、それとも私の弁解のほうが上手だったのか、父は、たいていの場合、私に有利な判決を下した。しかし、兄は激しい感情の持主で、しょっちゅう私をなぐりつけるので、私もずいぶん腹の虫がおさまらない思いをしていた。それに私にはこの年季奉公というものが、まことにつまらないものに思われたので、なんとかその期限を短く切りあげてもらう機会を、つねひごろ狙っていたのだった。やがて、その待ちに待った機会が思いがけないかたちでおとずれてきた。[1]

なんの問題だったかいまは忘れてしまったが、ある政治問題について兄が新聞に載せた文章の一つ[60]が、植民地議会の忌諱《きき》に触れるところとなり、兄は議長令状によって逮捕され、譴責《けんせき》を受け、その文章の執筆者の名前を明かそうとしなかったためだと思うが、一ヵ月の禁固刑に処せられた。私もまた逮捕され、参議会で取り調べを受けた。しかし、私のほうは、彼らが満足するような返答をしたわけでもないのに、彼らは説諭だけで満足し、私を釈放することにしたが、おそらくこれは、私が主人の秘密を守らなければならない義務を負わされた奉公人であると思ってくれたからだと思う。

私たちは内輪でこそいがみあっていたが、兄の禁固刑には、私も大いに憤慨し、兄が禁固されているあいだ、自分が新聞の編集の仕事までひきうけるとともに、紙上に当局にたいするあてつけの文章を大胆にも載せたりした。兄はこのことを知って、とても喜んでくれたが、ほかの人びとは、私を小才がきく中傷と諷刺が好きな少年だと考え、白い眼でみるようになった。やがて兄は釈放されたが、それには「ジェイムズ・フランクリンは『ニューイングランド・クラーント』と称する新聞を、今後発行せざること」という植民地議会の命令〔じつに奇妙な命令だった〕が条件としてついていた。

兄の友人は印刷所に集まって、どうしたらいちばんいいか相談をはじめた。何人かの者は、新聞の名前を変えて命令に肩すかしをくわせたらよいだろうと提案したが、兄が紙名を変えるのは都合が悪いというので、結局、それくらいだったらベンジャミン・フランクリンの名義で新聞を発行するのがまだ無難だろうということで話がまとまった。しかし、奉公人の名前を使って兄が新聞の発行をつづけていたのでは、やはり植民地議会に文句をつけられるおそれがあるため、それを避ける細工として、私の古い年季奉公の契約書の裏に私を完全に解雇したむねのことを書いて、いざという場合にはそれを出してみせることができるよう、いちおう私に返しておくが、また同時に、今までどおり奉公人として私を働かせておくために、新しく残りの期間の契約書をつくって私に署名させ、こちらの契約書は二人のあいだだけのものにしておくということにした。それこそみえすいた細工ではあったが、とにかく私たちはただちにそれを実行し、新聞は計画どおり数ヵ月のあいだ私の名義で発行された。

このあとで、また新しい衝突が兄と私のあいだに起こったとき、私は、いくら兄だってあの新しい契約書をもちだす勇気はないだろうと考えて、自分が自由の身であることを主張した。私がこのように兄の弱みにつけこんだことは、正当とはいえず、それゆえ、私は、いま、このことを私の生涯における最初のあやまちの一つに数えているが、しかし、当時の私にしてみれば、それが不当だということで心の負担になるようなことはなかった。というのは、そのころの兄ときたら、感情にかられて発作的に私をなぐりつけることがあまりにもたびたびだったので、私のほうもものすごく腹をたてていたからである。しかしながら、この兄はほかの点では意地の悪い人ではなかったので、もしかすると、私のほうがなまいきすぎて兄を怒らせていたのかもしれない。

兄は、私が本気で兄のところを出るつもりにしていることを知ると、ごていねいに町じゅうをかけめぐって印刷屋の主人たちひとりひとりに話をつけ、私がこの町のほかの印刷屋で仕事をみつけることができないようにしてしまった。そして、それに応じて、町の印刷屋の主人はだれ一人私を雇おうとしないので、私は印刷屋があるいちばん近いところのニューヨークへ行くことを思いたった。それに私はそのころすでに、ボストンの政府当局者にいささか目ざわりな人間になっていたし、また、兄の筆禍事件のさいに植民地議会がとったあの一方的な措置からすると、もし私がこのままボストンにとどまっていたら、自分は近い将来、ひどい目に遭わされることになりそうだ、そんなふうに考えて、できることなら、このボストンは逃げだしたい気持になっていた。そのうえ私は宗教にかんして不謹慎な議論を口にしていたため、信仰のあつい人たちからは、あれは異端者だ、いや無神論者だなどとうしろ指をさされるようにもなっていた。

ボストン出奔

私はボストンを逃げだすことにすっかり腹をきめていたが、今度の場合は、父が兄の側についていたので、もしも私が公然と出て行こうとすれば、父がなんらかの手段を講じて私をひきとめにかかるだろう、そのように感づいていたので、私は親友のコリンズにちょっとした細工をしくんでもらうことにした。彼はニューヨークの帆船の船長に会って、自分の知りあいの若い男が、ある悪い女にひっかかって子供ができてしまい、その女の家族が結婚を迫ろうとしているので、外に顔を出すことも大っぴらに逃げだすこともできないでいるということにして、私をその船に乗せてもらえるよう話をつけてくれた。

そこで私は自分の蔵書の一部を売って少しばかりの金をこしらえ、こっそりその船に乗りこんだ。私の乗った船は順風にめぐまれ、三日でニューヨークに着いた。ほんの十七歳の少年にすぎなかった私は、たった一人で、生まれた家から三〇〇マイルも遠く離れたこのニューヨークに上陸したのだった。この土地には知っている人がいるわけでも、推薦状一通あるわけでもなかった。しかも、ポケットには、ごくわずかな金しかなかった。

　私の船乗りになろうという夢は、このころまでにはもう消えてなくなっていたが、もしそうでなければ、このニューヨークで、このとき、その夢を実現させていたかもしれなかった。しかし、いまや自分は印刷屋というちゃんとした職業をもっているだけでなく、かなり腕のよい職人だと考えていたので、私はこのニューヨークで印刷屋をやっていた老ウィリアム・ブラッドフォード[61]氏に自分を雇ってくれないかと申し出てみた。ブラッドフォード氏というのは、ペンシルヴェニア植民地の印刷屋の草分けで、ジョージ・キース[62]の騒動のあと、このニューヨークへ移ってきていたのである。ブラッドフォード氏は、印刷の仕事がほとんどないうえに、すでに人手が十分そろっていたため、私を雇い入れるわけにはいかないといったが、しかし、「フィラデルフィアにいる息子のところで、最近、中心となって働いていたアクィラ・ローズ[63]という男が死んだそうだから、そちらへ行けばきっと仕事の口がみつかるだろう」といってくれた。フィラデルフィアといえば、ここからさらに一〇〇マイルも離れたところであったが、ともかく、私は小さな船に乗ってアンボイ(64)に向けて出発した。トランクや身のまわりの品はあとから船便で送ってもらうことにした。

ところが、ニューヨーク湾を横断中、突風が私の乗った船をおそい、船の古ぼけた帆はずたずたに引きさかれて、私たちはキル海峡(65)に入ることができず、そのままロングアイランド(66)のほうへ押し流されてしまった。その途中、この船に乗りあわせていた酔っぱらったオランダ人が海に落ちるという事件があった。私はこの男がそのまま海に沈んでゆくので、水のなかに手をのばし、その男のもじゃもじゃした髪の毛をつかんで引っぱりあげた。こうして彼を船につれもどすことができたが、彼のほうは頭から塩水をかぶっていくらか酔いがさめたらしく、まず最初、ポケットから一冊の本を取りだし、この本を乾かしておいてくれないかと私に頼むには頼んだものの、そのあとは、またそのまま眠りこんでしまった。

その本は、みると私が以前から愛読していた作家、バニヤンの『天路歴程』のオランダ語訳で、上質の紙に銅版のさし絵を入れてきれいに印刷してあり、装釘も私がいままでみたどの英語版よりりっぱなものだった。『天路歴程』が、ヨーロッパのほとんどの国の言葉に翻訳されていることは、私ものちに知るようになったが、たぶん聖書をのぞけば、これほどひろく読まれている書物はほかにないのではないかと思う。この誠実な作者ジョンは、私の知っているかぎりでは、地の文章と会話を分けずにまぜて書いた最初の作家であるが、こうした手法を使うと、読者は、もっとも興味深い場面にきたとき、自分がいってみれば作中人物の一人になって会話の席に居あわせたような印象をもつことになり、読者の興味を強くひきつけることができる書き方の一つになる。デフォーは『ロビンソン・クルーソー』や、『モル・フランダーズ』『聖なる求婚』『家庭のための教訓』などの著書で[67]、このバニヤンの手法をたくみに真似しているし、リチャードソンも『パミラ』[68]などの作品で同じように成功している。

ロングアイランドに近づいてみると、そこは石の多い海岸に大きな波が打ちよせていて、とても上陸できそうもなかった。そこで私たちは錨をおろすことにしたが、そうすると、船はぐるっとまわって船首を岸のほうへ向けた。何人かの人たちが波打ちぎわまでやってきて、私たちになにか大声で叫んでいた。私たちもそれに応えて叫んだが、風がはげしく吹き、波の音が高かったため、なにをいっているのかおたがいまったく聞きとれなかった。海岸には何艘かの小舟がみえたので、合図を送って、その舟で救出に来てくれるよう大声で頼んだが、私たちのいうことが通じないのか、通じても波が高いため、舟を出すわけにはいかないと考えたのか、彼らはやがてたち去っていった。そのうちあたりが暗くなり、私たちは、風がおさまるのを待つ以外どうしようもなくなった。船頭と私は、風がおさまるまで眠れるものなら眠っておこう、と話をきめて、まだびしょ濡れのまま寝ている先ほどのオランダ人といっしょにせまい昇降口にもぐりこんだが、私たちも、船首をこえてたたきつけてくる波のしぶきが漏ってくるため、やがてそのオランダ人におとらず濡れねずみになった。

　こんな状態で一晩中横になっていたため、ほとんど休むことができなかったが、翌日は風がおさまり、私たちは日が暮れないうちに、アンボイへなんとか着くことができた。三〇時間にわたって、水の上を漂流していたことになるが、そのあいだじゅう、食べもののもちあわせはなく、また水の上にいるといっても塩水だったので、汚らしい一本のラム酒以外飲む水もなかった。

　その晩、私はたいへんな高熱を出して寝こんでしまったが、ある本で、熱が出たときは、冷たい水をうんと飲めば熱が下がると読んだことがあったので、その処方どおりのことをやってみた。すると、夜どおしといっていいくらい大汗をかいて、熱は下がり、次の日は、朝のうちに渡し場を船で渡り、五〇マイル離れたバーリントン[69]の町まで歩いて旅をつづけることができた。バーリントンまで行けば、あとはフィラデルフィアまで直通で行ける船の便があると教えられていた。

　一日中、ひどい雨が降っている日で、私は全身ずぶ濡れとなり、昼すぎまでにすっかり疲れてしまった。そこで、私はあるみすぼらしい宿屋に足をとめ、その晩はその宿屋に泊まったが、このころになると、家出などしなければよかったという後悔の気持が心中に湧きはじめていた。それに、あまりにもみすぼらしい様子をしていたので、宿の人たちが私にたずねる質問の内容から気づいていたが、彼らは私のことを奉公先から逃げだしてきた少年かなにかとあやしみ、私はそうした疑いでつかまる恐れもあったのである。

それにもかかわらず、私は次の日も旅をつづけた。そして、その日の夕方、バーリントンまであと八マイルか一〇マイルというところにある、一軒の宿屋にたどりついた。これはブラウンという医者[70]が経営している宿屋だった。食事をしていると、ブラウン医師が私に話しかけてきたが、私がある程度本を読んでいることを知ると、すっかり打ちとけてきて、私たち二人は友人のようになった。私たちの交友はその後彼が死ぬまでつづいたが、私は、彼が旅まわりの医者だったのではないかと思っている。というのは、イギリスのどんな町のことでも、ヨーロッパのどこの国のことでも、じつにささいなことまで知っていて、そういった話をしていたからである。彼は学問もいくらかあり、頭のきれる人であったが、神にたいする信仰はほとんどもちあわせておらず、このあと数年して、昔、コトン[71]がウェルギリウスの詩についてやったと同じやり方で、聖書をもじったこっけいな詩を書くという不謹慎なことをやってしまった。こういった詩で、聖書の多くの事実をもの笑いの種にしたのであるが、もしその詩が活字で出版されていたら、善良な人びとの心を傷つけることになったかもしれない。しかし、幸いにして出版されることはなかった。

その夜は彼の家に泊まり、翌日の午前中に、バーリントンに着いたが、残念なことに、私が到着する直前にその日の定期船が出てしまっていた。しかも、その日は土曜日だったので、次の火曜日まで、ほかに出る船はないという。そこで私は、その前に船のなかで食べようと思って、しょうが入りのパンを買ったこの町のあるおばあさんのところへもどっていって、どうしたらよいか相談してみた。すると彼女は次の船が出るまで自分のうちに泊まっていなさいと勧めてくれた。私のほうも歩きづめでくたびれはてていたので、その言葉にあまえて泊めてもらうことにした。彼女は私が印刷工であることを知ると、商売をはじめるのにどのくらい資本が必要かを知らないものだから、このまま町にとどまって印刷屋をやったらどうかなどと勧めるのだった。彼女はとても親切にしてくれて、牛の頬《ほお》肉のご馳走まで出してくれたが、私がそのお礼にといっても、ビールを一本受けとるだけだった。こうして、火曜日までこの町に足止めされるものと思っていた。

ところが、その日の夕暮れ、川のほとりを歩いていると、一艘の小舟が通りかかったので、たずねてみると、これから数人の者を乗せて、フィラデルフィアへ行くという。私はこの舟に乗せてもらった。その晩は風がなく、途中ずっと櫓《ろ》を漕《こ》いで進んだ。ところが夜中近くなってもフィラデルフィアの町がみえてこないので、いっしょに乗っていた者の何人かが、絶対フィラデルフィアを通りすぎたといって、これ以上船を漕ごうとしなくなった。それに残りの者たちも、自分たちが、いまどこまできているのかさっぱり見当がつかないというので、私たちはとりあえず船を岸に向け、ある支流に入り、古い柵がある場所の近くに上陸した。十月のことで夜になると冷えこんできた。私たちはその柵の横木で焚火《たきび》をし、夜が明けるまでその場所を動かなかった。夜が明けてみると、仲間の一人がいま私たちのいる場所はフィラデルフィアよりちょっと上流のところにあるクーパー川だというので、その支流を出たが、そのとたん、フィラデルフィアの町が目に入ってきた。こうして、私たちは、日曜日の朝、(72) 八時か九時ごろフィラデルフィアに到着し、マーケット・ストリートの波止場に上陸した。

〔1〕私は兄から厳しい暴君的なとりあつかいを受けたために、専制的な権力にたいするあの反感が私の記憶にこびりついて、一生離れなくなったのかもしれないと思っている。

(1) イングランド南部ハンプシャーの小村。この村にフランクリンの親友ジョナサン・シップリー（一七一四―八八）の屋敷があり、当時、イギリスに滞在していたフランクリンは「ロンドンの煤煙」を避け、たびたびこの村の「きれいな空気」をもとめて彼の屋敷を訪問したが、一七七一年七月の末から八月にかけて、およそ三週間滞在し、その間に自伝の執筆をはじめた。彼は毎晩その日書いた自伝の部分をシップリーの五人の娘たちに読んできかせたという。このとき、フランクリンは六十五歳。

(2) ジョナサン・シップリーのこと。そのころ、ウェールズのセント・アサフの主教であった。彼がどのような事情でフランクリンと知りあったかは不明だが、二人の交友は生涯つづいた。彼は植民地の立場を理解し、熱心に植民地の主張を支持した数少ないイギリスの主教の一人であった。

(3) フランクリンがあとに残したただ一人の男の子ウィリアム・フランクリン（一七三一ころ―一八一三）のこと。私生子で、その母親については、フランクリンが若いころ関係を結んだ「いかがわしい女」であるとか、彼が使っていた召使であるとか、あとで彼が結婚したデボラ・リードであるとかいわれているが、正確なところは今のところ明らかでない。ニュージャージーの総督にまでなったが、保守的な傾向が強く、独立戦争のさいは、父親とは立場を異にしてイギリス国王側につき、一七八二年、アメリカを去ってイギリスに移り住むことになった。このあとフランクリン親子は最後まで和解することがなかったが、ウィリアムの息子ウィリアム・テンプル・フランクリン(彼も私生子)は、晩年のフランクリンの秘書を務めた。一七七一年といえば、息子は四十歳ほどで、ニュージャージーの総督を務めていた。なお、『自伝』の前半はこの息子にあてた手紙形式で書かれているが、後半は、事実上、一般読者を念頭にして書かれている。

(4) ペンシルヴェニアの総督と植民地議会が、課税問題で対立したさい、フランクリンは植民地議会を代表して領主と直接交渉するため、一七五七年七月渡英したが、そのさい息子ウィリアムを秘書としてともなって行った。その翌年七月、彼は息子とともにノーサンプトンシャーのエクトンとオックスフォードシャーのバンベリをおとずれ、祖先について調べた。この渡英のことは、『自伝』の終わりに近いところ(三六四ページ以下)で言及されている。

(5) あとに出てくる三番目の伯父ベンジャミン。

(6) ロンドンの北西五〇マイル、ノーサンプトンの北東五マイルにある小さな町。

(7) 普通名詞としては、十四、五世紀の「自由保有地主」を意味する。自由保有地というのは、借地の一種ではあるが、世襲あるいは終身の権利として所有できる土地で、事実上、私有地と大差はない。

(8) 一五九八—一六八二。職業は農業、鍛冶屋。周囲の人びとの生き方にも無関心ではいられず、名誉毀損となる詩を書いて投獄されたこともあるというが、九人の子供を宗教的に厳しく育てた。

(9) オックスフォードの北二一マイルにある町。

(10) メアリ・フランクリン・フィッシャー(一六七三—一七五八)。フランクリンは、一七五八年、彼女の死の直前、この従姉にあたる女性に会っている。

(11) ノーサンプトンシャーにある町。
(12) アンブローズ・アイステッド（一七一八―八一）。フランクリンが、一七五八年、エクトンを訪れたとき、彼は「フランクリン・ハウス」に住んでいた。
(13) 一六三七―一七〇二。鍛冶屋から学校教師、公証人、煙草商人となり、教会、町役場の書記を務め、治水対策などに功績があった。音楽にすぐれ、エクトン教会のために自分の手でオルガンを作った。フランクリンは、この伯父に容貌がもっとも似ていたという。
(14) ジョン・パーマー（一六一二―七九）。ノーサンプトンシャーの教会大執事としてトマス・フランクリンを書記に採用。伯父トマスにかんする情報を在英中のフランクリンに伝えたのは彼の孫娘だった。
(15) ハリファックス伯チャールズ・モンタギュー（一六六一―一七一五）。ノーサンプトンシャー出身の政治家で、文学の庇護者としても名高い。大蔵大臣、首相等を歴任。
(16) 一六四三―九一。
(17) 一六五〇―一七二七。一七一五年、ボストンに来て、四年間フランクリンの家に同居。彼は一〇人いた自分の子供のうち九人までを失った不幸な人だった。
(18) 一七二一―七五。ボストンの刃物商人。あとに出てくる（二二ページ）、フランクリンが徒弟になるところだったサミュエル（一六八四―？）は彼の父で、別人。
(19) 原稿には「ここに挿入」と書きこんであるが、詩そのものは引用していない。ただし、版によっては、ベンジャミン伯父の詩を引用してあるものもある。
(20) 在位一五五三―五八。ヘンリー八世（離婚問題にからんで、ローマ・カトリック教会を脱退して、イギリス国教会をたてた）の長女で、スペイン王フィリップ二世と結婚。カトリック教徒であり、在位中は新教徒に弾圧を加え、「ブラッディ・メアリ（血なまぐさいメアリ）」の異名をとった。

(21) 当時、ローマ・カトリック教会では、認可のない各国語訳の聖書を読むことは禁じられていた。

(22) 在位一六六〇—八五。クロムウェルを中心とした共和政治のあと、王制復古で王位についた。なお、一六六二年、祈禱書の統一令を出し、これに従わない長老会派などの牧師多数を教会から追放した。

(23) イギリス国教会のこと。監督制度をとっていたためこのような名でも呼ばれた。

(24) 五一ページ注（34）参照。

(25) 一七一五年ころのことと推定されている。

(26) 一六一七—九〇。一六三五年、マサチューセッツに移住してきた開拓者。後半生は、ナンタケット島に住み、織物屋、粉屋、教師、役人等に従事、そのかたわら詩も書いていた。なお、『白鯨』の著者ハーマン・メルヴィルは、『白鯨』の第二四章「弁護」で、彼の妻、つまりフランクリンの祖母に言及し、彼女が結婚して古くからナンタケットに住みついた、鯨をしとめる銛うちの長い家系のフォルジャー家の祖先となり、みな高貴なベンジャミン・フランクリンと血縁ができた、といっている。

(27) 一七〇二年出版の宗教史で、マサチューセッツ植民地の歴史のなかに神の意図を読みとろうとしたもの。総督、聖職者、大学関係者など植民地の指導者の伝記をも含む。著者マザー（一六六三—一七二八）は同植民地の有名な一族の三代目にあたるピューリタンの代表的な牧師。セイレムの魔女狩りなどに関係したため、偏狭で狂信的なピューリタンの典型とみなされることが多いが、進歩的な面もあり、ことに科学に興味をもち、種痘の普及につとめた。フランクリンは彼の神学は認めなかったが、二三ページに出てくる『善を行なうために』というエッセイの実践的道徳には共鳴していた。

(28) 一六七六年に出版された『時世の鏡』という詩。
(29) マサチューセッツ州の沖合、ナンタケット島にある町。この町は、現在、島名と同じくナンタケットとよばれ、十九世紀には捕鯨業の中心地として栄えた。
(30) キリスト教会では、教会および牧師の経費にあてるため、教徒から収穫物の十分の一を税金として徴収するのがつねであった。
(31) フランクリンの姉によると、彼は五歳で早くも聖書が読めたという。
(32) 一六九〇？―一七三八。ボストンの学校教師。読み書きだけでなく、ダンスや裁縫の学校も経営し、ダンス学校は彼の死後も続いていた。
(33) ボストンで三番目に古い「オールド・サウス教会」。フランクリンはここで洗礼を受けた。
(34) いずれもフランクリンの記憶違いで、それぞれ一六五七年、一七四五年が正しい。フランクリンは、父親について正確な知識をもっていなかったようで、前記の父親のニューイングランド移住の年も正確には一六八三年十月であった。
(35) 一六九〇―一七五六。ジョサイアとアバイアとのあいだにできた最初の子供で、のちにボストンの郵便局長となった。七一ページ参照。
(36) ニューイングランド六州の一つで、マサチューセッツ州の南にある。
(37) 一六八五―一七一五ころ。フランクリンの異腹の長兄。家出して船乗りになり、九年後いったん帰宅したが、また海にもどって海で死んだ。
(38) イギリスの牧師、宗教作家であるジョン・バニヤン（一六二八―八八）の代表作。一六七八年（第一部）出版。主人公クリスチャンが、「滅亡の市」をのがれて、途中さまざまな誘惑や苦難にあいなから、ついに天国に達するまでを描いた寓意物語。

(39) 一六八一年から一七三六年にかけてロンドンで出版された、歴史、旅行記、物語、伝記などを雑然と集めたもので、著者はナサニエル・クラウチという説もあるが、正確なところはわかっていない。

(40) ダニエル・デフォー(一六六〇—一七三一)。イギリスのジャーナリスト、小説家。作品としては四三ページに出てくる『ロビンソン・クルーソー』などがある。『企業について』は一六九七年に出版された彼の最初の重要な著述で、銀行、保険会社、精神病院などの改善案が述べてあり、フランクリンはこうした社会事業のもつ意味をこの書から学んだ。

(41) 五〇ページ注(27)参照。

(42) 一六九七—一七三五。フランクリンとは九年の年齢差があった。

(43) 一六九四?—一七五三。ボストンの商人。兄ジェイムズが発行する新聞『ニューイングランド・クラーント』の常連寄稿者。その蔵書は貴重な書物のコレクションで知られていた。

(44) ボストン湾内のビーコン・アイランドにはじめてできた灯台の番人ジョージ・ワージレイクが、一七一八年十一月、ボストンに出てくる途中、事故で、妻と一人の娘とともに溺死した事件。彼らの葬儀で前出のコトン・マザーが説教を行ない、フランクリンもその葬儀に居あわせたと思われる。「二人の娘」とあるのは、フランクリンの記憶の誤り。

(45) エドワード・ティーチ。当時、カリブ海を荒らしまわった有名な海賊で、やはり一七一八年十一月、ノースカロライナ沖で、植民地警備隊と戦い最期をとげた。

(46) 当時、エディンバラ大学はヨーロッパにおける学問の中心の一つであった。同市に関係のある著名人としては、哲学者デイヴィッド・ヒューム、経済学者アダム・スミス等がいる。

(47) アディソンとスティールの二人が創刊したイギリス十八世紀の代表的な日刊紙で、一七一一年から翌一二年までに五五五号が出た。その典雅な美しい文章のエッセイは、フランクリンにのみならず英語の散文一般に大きな影響をあたえた。
(48) イギリスの菜食主義者トマス・トライオン（一六三四―一七〇三）の著書。『健康、長命、幸福への道』（一六九一年再版）という表題。
(49) イギリスの数学教師エドワード・コッカー（一六三一―七五）の著した『完全な数学者』（一六六〇年ころ出版）。当時、数学書として定評があった。
(50) ジョン・セラーとサミュエル・スターミーのことで、それぞれ航海術の著書がある。
(51) イギリスの哲学者ジョン・ロック（一六三二―一七〇四）の有名な著書。一六九〇年出版。本有観念の説を否定して、人間の心は白紙の状態にあり、観念は経験によってのみあたえられると説いた。
(52) ポール・ロワイヤルはもとパリの近郊ヴェルサイユの近くにあった修道院で、十七世紀にはヤンセン主義派の学者たちが多く集まって研究を行なっていた。この本（一六六二年出版）はこの学派の哲学者、アントワーヌ・アルノーとピエール・ニコルの共著で、論理学の教科書として定評があった。
(53) ジェイムズ・グリーンウッド（?―一七三七）の『実用英文法』で、一七一一年に発行され、当時評判の文法書だった。
(54) 紀元前四世紀のギリシアの軍人、歴史家。彼の『ソクラテスの思い出』は、ソクラテスの死後、彼を非難する人びとにたいして彼を弁護するために書かれたもので、ソクラテスを知る資料として重要なもの。英訳は一七一二年、エドワード・ビッシュのものが出ている。
(55) シャフツベリ伯アントニー・アシュリー・クーパー（一六七一―一七一三）。イギリスの倫理学者で、ギリシア的な徳と美の調和を説いた。
(56) アントニー・コリンズ（一六七六—一七二九）。イギリスの理神論者。
(57) アレグザンダー・ポープ（一六八八—一七四四）。イギリスの新古典主義派の代表的な詩人。『批評について』『愚物列伝』『人間について』などで知られる。なお、引用は古典主義の詩論をうたった『批評について』（一七一一）からであるが、原文どおりの正確な引用ではない。
(58) フランクリンは、この二行もポープからの引用であるようにいっているが、実はポープの先輩ウェントワース・ディロン（一六三三ころ—八五）の詩から引用したもの。
(59) 「二番目に古い」というのは、フランクリンの誤りで、兄の新聞は一七二一年八月に創刊され、アメリカで第四番目の新聞にあたる。なお、『ボストン・ニューズレター』は一七〇四年四月の創刊。
(60) 一七二二年六月十一日の紙上に、海賊がニューポート沖に現れたので、マサチューセッツ政府はこれから船を新造して、今月中には天気のぐあいをみて出動の予定云々という、みせかけの現地便りを載せて、政府の手ぬるい措置を非難したが、この記事が当局の忌諱に触れたのである。
(61) 一六六三—一七五二。ウィリアム・ペンとともにアメリカに来たといわれ、一六八五年、ペンシルヴェニア植民地で最初の印刷屋を開業。次に出てくるキースの事件に関連して、一六九三年、ニューヨークに移り、そこで、アメリカ最初の祈禱書などを含むおよそ四〇〇点の出版物を刊行。また、ニューヨークで最初の新聞も彼が発行した。
(62) 一六三八—一七一六。スコットランド生まれのクエーカー教徒の牧師。以前からペンシルヴェニアにいたクエーカー教徒と教義のうえで対立し、あらたにクリスチャン・クエーカーズという一派をつくった。

(63) 一六九五ころ—一七二三。イギリス生まれのフィラデルフィアの詩人で、新古典主義派の詩を書いた。彼の息子を、あとでフランクリンは徒弟として雇っている。

(64) ニュージャージー州の港町。

(65) ニューヨーク市の南、スタテン・アイランドの西にある細い海峡。

(66) ニューヨーク市の東部に細長く横たわっている島で、その南西端部は、現在、ニューヨーク市の一部、ブルックリン地区となっている。

(67) 五二ページ注(40)参照。

(68) サミュエル・リチャードソン(一六八九—一七六一)は、十八世紀イギリスの代表的小説家。『パミラ』(一七四〇)はその処女作で代表作。小間使パミラが、主家の息子の誘惑をしりぞけ、賢明に身を処して正式の妻となり、夫の品行をもあらためさせるという書簡体の物語。

(69) ニュージャージー州の町で、フィラデルフィアの上流十数マイルのデラウェア川沿いにある。

(70) ジョン・ブラウン(一六六七—一七三七)。ロンドンで医学を学びヨーロッパ各地をまわってアメリカに渡ってきた。バーリントンで開業。兼業で宿屋を経営し、死後、膨大な遺産を残した。フランクリンは、終生、この博学の「自由思想家」と親しく、彼の死に際しては、彼の墓碑銘を書いた。

(71) チャールズ・コトン(一六三〇—八七)はイギリスの詩人。一六六四年、紀元前一世紀のローマの有名な詩人ウェルギリウスの詩をもじった詩を発表した。

(72) 一七二三年十月六日(日曜日)の朝のことだった。

第二章　フィラデルフィアのフランクリン

フィラデルフィアに上陸

私はこのときの旅行のいきさつをこれまでずいぶんこまかく書いてきたし、またこのあとも、フィラデルフィアの町にはじめて入ったときの模様を、くわしく書くつもりにしているが、それというのも、そうすれば、おまえがこのおよそ成功とは縁がなさそうにみえる私の最初の姿と、その後この町で成功した私の姿を、心のなかで思い比べることができるのではないかと思ったからである。

私のよそ行きの服は船便で送ってもらうことにしてあったので、そのとき、私は作業着を着たままだった。そして旅行中のことで、あかだらけの姿になっていて、ポケットは、やたらつめこんだシャツや靴下でふくれあがっていた。私は一人も知り合いをもたなかったし、また泊まり場所をさがそうと思っても、どこへ行けばよいのか見当さえつかなかった。私は歩いたり、船を漕いだりして、休むひまがなかったので、くたくたに疲れていた。それにまた、腹がひどく減っていた。私がもっていた現金は、わずかにオランダ・ドルが一枚と、銅貨がおよそ一シリングだけだったが、その銅貨も船賃として船の人たちに渡してしまっていた。最初彼らは、船を漕いだのだから、船賃はいらないといって金は受けとろうとしなかったが、私のほうがむりやり受けとってもらったのだった。どうも人間というものは、たくさん金をもっているときより、少ししかもっていないときのほうが鷹揚《おうよう》になるようであるが、これはおそらく、金をもっていないと思われるのが恐ろしいからかもしれない。

上陸したのち、私は、周囲に気をくばりながら町の中心部に向かって歩いていったが、やがて市場の建物の近くでパンをもった一人の少年に出あった。私はいままでもパンだけで食事をすませたことが何度もあったので、その少年にどこでそのパンを買ったのかたずねてみた。そしてセカンド・ストリートにある、教えてもらったパン屋へ直行して、ボストンで売っているようなパンのつもりで、ビスケットという小型のパンを売ってほしいと頼んだところ、フィラデルフィアでは、どうやらそういったパンはつくっていないようだった。そこで、私は三ペンス・パンを注文してみたが、そんなパンもないという。最後は、貨幣価値がボストンとここでは違っていること[1]も、この店のパンがひどく安いということも、そしてまたそのパンがどういう名前であるかも知らなかったので、というよりは、そうしたことなど考えもしないで、ともかく、どんなパンでもいいから三ペンス分だけ売ってほしいと頼んだ。するとパン屋がすごくでかいふくらんだ巻き長パンを三本も出してきたので、その分量にびっくりしてしまった。しかしともかく、その三本のパンを受けとり、もうポケットに入れるところがないので、両脇に一本ずつかかえ、残りの一本をかじりながら、その店を出た。こうして私はマーケット・ストリートをフォース・ストリートまで行き、未来の私の妻の父親であるリード氏②の家の前を通りすぎることになったが、このとき戸口に立っていた私の未来の妻③は、こうした私の姿をみて、こうもむさくるしいおかしな格好をした人がいるものかと思ったそうである。たしかに、そのときの私はそんなふうにもみえただろうと思う。

それから私は道を左に折れて、途中パンをかじりながら、チェスナット・ストリートやウォールナット・ストリートの一部を下っていったが、これで、ちょうど町をひとまわりしたことになり、ふたたびマーケット・ストリートの波止場の、乗ってきた船の近くに出てしまった。私はこの船に行って川の水を一杯もらうとともに、巻き長パン一本で満腹になっていたので、残りの二本のパンは、私といっしょにこの船で川を下ってきて、しかもこの先、旅をつづけるため船で待っている女の人と、その子供にわけてやった。

こうして元気をとりもどした私は、ふたたび通りを上っていった。この時間になると、小ぎれいに身づくろいをした人びとが大ぜい通りに姿をみせていて、みんなそろって同じ方向に歩いていくので、私も彼らのあとについて歩いていったが、やがて市場の近くにある大きなクエーカー教徒の礼拝堂のなかに入りこんでしまった。私はこの土地の人びとのあいだにまじってすわり、しばらく周囲をみまわしていたが、人びとはみんな黙って話し声がまったくしない[4]ので、それにまた前の晩、働きづめで眠るひまがなかったため、おそろしく眠く、私はつい眠ってしまって、集会が終り、親切な人が起こしてくれるまで一度も目をさまさなかった。そういうわけで、私がフィラデルフィアで最初に過ごした、というよりは眠って過ごした建物はこの礼拝堂ということになる。

そこを出て、通りがかりの人びとの顔をしげしげと眺めながら川のほうへ下っていったが、その途中、感じのよい顔つきのクエーカー教徒の青年に出あったので、声をかけ、見も知らぬふりの客を泊めてくれる宿屋がないだろうかたずねてみた。そのとき私たちは「スリー・マリナーズ（三人の水夫）」という看板をだした宿屋の近くにいたが、彼は「ここも、ふりの客を泊めるだろうが、評判のいい宿屋じゃないので、もしいっしょにいくようだったら、もっといいところを紹介してやろう」といった。こうしてウォーター・ストリートにある「クルックト・ビレット（T字形の柄のついた杖）」という宿屋を紹介してもらった。私はここで昼食を食べたが、食事をしているあいだじゅう、私の身元をそれとなくさぐろうとする質問を受けた。ここでもまた、年齢や身なりからして、奉公先を逃げだしてきた少年ではないかと疑われていたのだった。

印刷屋さがし

昼食を終えると、またも睡魔がおそってきたので、泊まる部屋に案内してもらい、服もぬがず横になって夕方の六時まで眠った。夕食の時間になると呼び起こされて食事をとったが、そのあとは、またはやばやと寝床にもぐりこんで、翌朝までなにも知らずぐっすりと眠った。朝になると、できるかぎり小ぎれいに身仕度をして、印刷屋のアンドルー・ブラッドフォードのところへ出かけたが、そこで、私はこの店の主人の父で、ニューヨークで出あったあの老人と顔をあわせた。彼は馬に乗ってきたので、私より先にフィラデルフィアに着いていたのだった。彼は私を息子に紹介した。彼の息子も私を丁重に迎えて、朝食を出してくれたが、仕事のほうは最近人を一人雇ったばかりで、いまは人手は必要でない、しかし、この町には、もう一人印刷屋を新しくはじめたキーマー⑤という人がいるから、ことによると彼が雇ってくれるかもしれないと教えてくれた。そしてまた、その話がだめだったら、遠慮しないで自分のうちに泊まっているように、そして、そういうことになったら、もっと本格的な仕事がはじまるまで、ちょっとした仕事をときどきやってもらうことにしようというのだった。

ブラッドフォード老人は、私につきそって、その新しい印刷屋のところまで行ってやろうといってくれた。そして印刷屋のキーマーをさがしだし、「やあ、キーマーさん。あんたに紹介しようと思って、印刷をやるという若い子をつれてきたんだけれど。ひょっとしてこんな子をほしがってるんじゃないかと思ってね」と話しかけた。キーマーは、私に二、三の質問をして、植字架《ステッキ》をもたせ、私の仕事ぶりをたしかめてから、ちょうどいまはやってもらう仕事はないけど、近いうちに雇うことにしようと約束してくれた。そして、ブラッドフォード老人にはいままで一度も会ったことがなかったので、彼のことを自分に好意を寄せている町の人だと思って、自分がいまやっている仕事のことや、今後の見通しなどについて話しはじめたが、ブラッドフォード老人のほうは、キーマーが、近い将来、印刷の仕事の大部分を自分がおさえるようになるだろうと予想しているといった話をするのを聞くと、自分がこの町のもう一軒の印刷屋の父親であることなどおくびにも出さずに、ずるい質問をしたり、ちょっとした疑問をはさんだりして、たくみにキーマーを誘導し、結局、彼の将来の計画や、だれをたよりにしているのか、また今後どのようにやっていくつもりなのか、そういったことをすっかり聞き出してしまうのだった。

そばに立って一部始終を聞いていた私は、一方が老獪《ろうかい》な古狸ならば、片方はまったくの素人であることがすぐにわかった。ブラッドフォード老人が私をキーマーのところに残して先に帰っていったので、私はキーマーにあの老人がだれであるかを教えてやったが、キーマーはびっくり仰天そのものの様子だった。

キーマーの印刷所には、古くさいがたがたの印刷機が一台と、すりへった、数も多くない一四ポイントの活字が一揃いあるだけだった。そして彼はその活字で、みずから、先に述べたアクィラ・ローズの死をいたむ挽歌を活字に組んでいた。ローズは聡明で、性格的にも申し分のない青年で、町の人から非常に尊敬されていた。彼は植民地議会の書記を務める一方、ちょっとした詩人でもあった。キーマーもまた詩をつくるにはつくったが、ぜんぜんいいところはなかった。しかも彼の場合は、詩を書くとはいえないものだった。というのは、頭のなかでできた詩をいきなり活字に組むのが、彼のやり方だったからだ。したがって、今度の場合も、原稿はなく、また活字箱も一対あるだけで、それに、この挽歌を組むには印刷所の活字全部が必要になりそうなので、だれもキーマーを手伝うわけにはゆかなかった。

そこで私は彼の印刷機〔キーマーはこの印刷機をまだ一度も使ったことがないばかりか、印刷機について、まったく知識をもっていなかった〕を調整し、使えるようにしてやった。そして彼がいま組んでいる挽歌が印刷するばかりになったら、すぐにもどってきて印刷するという約束をして、ブラッドフォードの家に帰った。ブラッドフォードは、さしあたっての仕事として小さな仕事を私にあてがってくれた。私は彼の家に寝起きして、食事もそこですることにしたが、その数日後、キーマーから挽歌を印刷してほしいという呼び出しがきた。行ってみると、活字箱がもう一対店にきていた。またパンフレットをリプリントする仕事もできていて、キーマーはこれを私にするようにといった。

やがて私は、この町の印刷屋が二人とも印刷屋などと称するだけの資格のないことを知った。

ブラッドフォードは年季奉公をやって印刷屋の仕事を覚えたわけでなく、まったく無学な男だったし、一方のキーマーは、多少学問をしたことがあるとはいうものの、印刷の仕事はまったく知らず、活字をただ拾うだけの植字工だった。彼はフランスの予言者[6]と呼ばれた人びとの仲間だったことがあり、あの宗派特有の狂信的な興奮状態を示すこともあったようだが、いまはとくにこれといった特定の宗教を信仰している様子はなく、時に応じて少しずつあらゆる宗教を適当に信じていた。まったくの世間知らずで、私もあとで気づいたが、その性格には相当あくどいところがあった。

　キーマーは私が自分の店で仕事をやっていながら、寝泊まりはブラッドフォードの家であるのが気にくわなかった。彼はたしかに一軒家をもっていたが、家具がないため、私を泊めるわけにはゆかなかったのである。そこで彼は、自分の家の家主でもある、先ほど述べたリード氏の家に私を下宿人としておくよう話をまとめてきた。このころには私のトランクと衣類がもう手元にとどいていたので、こんどは、巻き長パンをかじりながら私が町の通りを歩いてゆくのをリード嬢がみたというあの最初のときよりは、私も彼女の目に、もう少しましな、見苦しくない姿の人間に映ったことだろうと思う。

　このころ私は読書を好む町の青年たち数人と友人になり、彼らと夜の時間を非常に楽しく過ごすようになった。そして勤勉に働き、倹約にも心がけたため、金が残るようになり、ボストンのことはできるだけ忘れることにして、じつに快適な生活を送っていた。友人のコリンズだけは、私がどこにいるか知っていたが、その彼は手紙を出しても秘密にしていてくれた。私は彼以外のボストンの人には自分のいまの住所を知られたくないと思い、自分の生活にすっかり満足していた。

ボストンに一時帰る

ところが、ある事件が起こって、私は予想していたよりずっと早くボストンへ帰ることになった。私はボストンとデラウェアのあいだで貿易の仕事をやっている帆船の船長のロバート・ホームズ[7]という義兄をもっていたが、その義兄が、たまたまフィラデルフィアの下流四〇マイルのニューキャッスルにきていたとき、そこで私の噂を耳にしたとみえ、手紙を送ってきたのだ。彼はこの手紙のなかで私がとつぜん家をとび出したため、ボストンの家族の者はとても心配したが、私のことを怒っている者はだれもいないから安心するようにといい、もし帰る気があるのなら、私の気がすむように万事取りはからってやるから、ぜひ帰るようにと熱心に勧めるのだった。私は彼の手紙に返事を書いて、自分が彼の忠告に感謝しているむねをつたえると同時に、なぜボストンをとび出したかという私のほうの理由も十分に説明し、彼が心配しているほど悪かったわけではないことを彼にもわかるよういってやった。

この植民地の総督サー・ウィリアム・キース[8]は、ちょうどこのころ、このニューキャッスル[9]にきていたが、ホームズ船長は、私の手紙が手元にとどいたとき、たまたまこの総督と同席していて、私のことを彼に話し、その手紙をみせた。総督は私の手紙を読んで、私の年齢を聞かされると驚いたような様子をみせて、私のことを才能のある前途有望な青年らしいから、こういう青年こそ激励してやる必要があるとか、フィラデルフィアの印刷屋はどれをとってもひどいやつばかりだから、もし私にそこで印刷屋を開く気があれば、疑いもなく成功するだろうとか、そうなったら自分としては役所関係の仕事を私の店にまわして、自分にできるかぎりの援助をしてやろうと思う、などといったとのことだった。もっとも、これは義兄があとでボストンに帰ってから話してくれたことで、当時の私は、まだぜんぜんそんなことは知らずにいた。ところが、ある日のこと、キーマーと私が二人して窓ぎわで仕事をしていると、総督ともう一人、りっぱな服装をした紳士「この人はあとで聞いてわかったが、ニューキャッスルのフレンチ大佐[10]だった」が、通りを横切りまっすぐ私たちの店のほうにやってきた。やがて戸口に二人の声が聞こえた。

キーマーは自分に会いにきた来客だと思って、すぐ玄関口へかけおりていったが、総督のほうは私に面会をもとめ、二階まで上がってきて、私がいままでまったく経験したことがないほど丁重で低姿勢な態度で、数々の初対面の挨拶の言葉をならべたてるとともに、今後はひとつよろしくご交誼《こうぎ》のほどお願いするなどというのだった。そのうえ彼は、私がはじめてこの町にやってきたとき、なぜ自分に知らせなかったのかとおだやかな口調で私を責めながら、自分はこのあと、すぐそこの居酒屋でフレンチ大佐と、彼の言葉によれば、すばらしいマデーラ酒[11]を飲もうと思っているので、そこまでいっしょにつきあってもらえないかといった。私もこれには少なからず驚いたが、キーマーときたら、それこそ毒殺された豚みたいに、目をひんむいて呆然と、つっ立っていた。

それはともかく、私は総督とフレンチ大佐のあとから、サード・ストリートの角にあった居酒屋に行ってみたが、総督はそこでマデーラ酒を飲みながら、私に印刷屋をはじめることを勧めるとともに、成功する見込みが十分ある理由をいろいろならべたてた。そして総督とフレンチ大佐は、二人そろって、自分たちの顔とつてでペンシルヴェニア、デラウェア両植民地の役所関係の仕事を私の店のために確保するよう約束してよいというのだった。私は開業するといっても、それを自分の父が援助してくれるかどうか怪しいと思うといったが、サー・ウィリアムは、そうだったら、自分が手紙を書いて、私の父に開業したほうが有利なことを説明してやるし、その手紙を読めば父も必ず賛成するだろう、自分はそう信じて疑わないといった。

そういうわけで、私は、船の便がありしだい、総督が書いてくれるという父あての推薦の手紙をもって、ボストンへ帰ることになったが、話が具体化するまで、この計画は当分秘密にしておくことにして、私はいままでどおり、キーマーのところで働きつづけた。総督はときどき私をいっしょの食事に誘ってくれるので、私はこれをたいへんな名誉だと思っていた。そして、そんなときの総督は、ほとんど想像できないほど愛想のいい、打ちとけた、友だちのような様子で私といろんな話をするのだった。

一七二四年の四月の末ごろ、ボストン行きの小さな船がみつかったので、私は家族の者に会いにいくということにして、キーマーから暇をもらった。総督は私に長い手紙を手渡して、そのなかで私の父に、いろいろ私のことをほめそやすとともに、私がフィラデルフィアで印刷屋を開けば、必ずひと財産つくれるにちがいないといって、この計画を私にやらせるよう強く勧めていた。

私の乗った船は、湾を下っていく途中、浅瀬に乗りあげ、水が漏ってきた。しかも外海に出ると、ひどい波で、私たちはほとんど手を休めるひまもなくポンプで水を汲みださなければならず、私もまた交代でその手伝いをした。それにもかかわらず、私たちは約二週間で無事ボストンに到着した。私は七ヵ月のあいだボストンを留守にしていたことになっていたが、そのあいだ、私の家族の者は私の消息がまったくわからずにいたのだった。というのは、義兄のホームズはまだこちらへもどっていなかったし、また、私のことについて手紙を出してもいなかったからである。それで私がとつぜん姿をあらわすと、家族の者はびっくりしたが、しかし、みんな私の顔をみるとたいへん喜び、歓迎してくれた。しかし、兄の場合だけはそうはいかなかった。私は兄に会おうと印刷所へでかけた。私は兄のもとで奉公していた時分に比べると、もっとりっぱな身なりをしていた。頭のてっぺんから足のつま先まで趣味のよい新調のものを身につけ、懐中時計をぶらさげ、ポケットにはイギリスの銀貨でざっと五ポンドがつまっていた。兄は打ちとけた様子で私を迎えることをせず、私の姿をじろじろ眺めまわしただけで、ふたたび自分の仕事にとりかかるのだった。

職人たちは、私がこれまでどこで暮らしていたのか、その土地はどういったところで、そこが気にいっているのか、そういったことをしきりに聞きたがるので、私はその土地とそこでの恵まれた生活を手ばなしで讃美し、このあとまたそこへ帰るつもりにしていると話した。そして職人の一人が、その土地ではどんな種類の金を使っているのかというので、私はポケットからひとつかみの銀貨を取りだし、みんなの目の前に並べてみせたが、ボストンでは紙幣が通貨として使われていたので、この銀貨は職人たちにはみたことのない、いわば見せ物のように映ったようだった。それから、私はころあいをみはからって懐中時計をみせてやり、最後に〔兄はまだ苦虫をかみつぶしたように不きげんだった〕、職人たちにスペイン・ドルを一枚、酒でも飲むようにと渡し、兄の店を出た。

私は、こんなふうに訪問して兄をひどく怒らせていたのだった。というのは、このあとしばらくしてからのことだが、母が兄に私と仲なおりするようにと思って、私たち兄弟が二人仲よく暮らすのをぜひみせてほしい、今後は兄弟は兄弟らしく暮らすようにできないのかといったとき、兄は店の者たちの前であんなふうに兄の自分を侮辱した以上、許すわけにも忘れるわけにもいかないと答えたからである。しかし、この点にかんしては兄のほうが間違っていたと思う。

父は、総督の手紙を受けとると、ちょっと驚いたようだったが、数日間はその手紙についてほとんどなにもいわなかった。そこへホームズ船長がもどってきたので、父は総督の手紙を船長にみせ、キースという人間を知っているかどうか、またどんな人物であるかをたずね、さらに成人に達するまでまだ三年もある青年に、店をもたせようと考えるところからすると、きっとこの総督は思慮のたりない人間と考えざるをえない、そういった自分の意見をつけ加えた。ホームズ船長はこの計画が実現するよういえるかぎりのことをいってくれたが、父のほうはそんな計画がうまくゆくはずがないのは明らかだときめこんでいて、結局、援助の話ははっきり断わってしまった。そのあと父は、サー・ウィリアムに丁重な手紙を書き、自分の息子にこれほど親切に目をかけてくださったことはまことにありがたく思っているが、しかし、父親の自分からみると、息子はまだこういった重大な仕事を独立してやるには年が若すぎるし、それに準備をするとなると莫大な費用がかかるにちがいないから、今のところ援助して息子を独立させる気持はないとつたえたのであった。

私が親しくつきあっていた友人のコリンズは、郵便局員になっていたが、私がこの新しい土地の話をすると、それがすっかり気にいって、自分もそこへ出かけることにきめ、私が父の決断で手間どっているうちに、私をさしおいて陸路経由でロードアイランドまで出かけてしまった。そして数学と自然科学の書物をかなり集めてあった蔵書をあとに残してきたから、私がくるとき、私の本といっしょにニューヨークまでもってきてくれないか、自分は、そのニューヨークで待っている、というのだった。

私の父は、サー・ウィリアムの提案にこそ賛成しなかったが、私がいま住んでいるところで、総督といった名士からこんなに高く評価されるようになったことや、これほど勤勉に働く一方、金の使い方にも気をつけ、これほど短い期間にこれほどまでりっぱな服装ができるようになったことに感心してくれた。それゆえ父は、兄と私にもう和解する見込みがぜんぜんないとわかっていたので、私がふたたびフィラデルフィアにもどることに同意してくれるとともに、私がその町の人たちに礼を失するような振る舞いをせず、周囲の人たちから尊敬を受けるよう努力し、また私にはどうやら人を槍玉にあげてその人を中傷する傾向が強すぎるように思われるから、これは避けるようにと忠告し、さらに堅実かつ勤勉に働き、注意してむだな金を使わないようにすれば、二十一歳までに、私は独立して商売をはじめるのに必要な資金を十分ためることができるだろうし、またあと一息で開業できるところまでこぎつけたら、足りない分は援助してやることを約束するといってくれた。こうして私が二度目にニューヨーク行きの船に乗りこんだとき、両親が私にあたえてくれたものは、父と母の愛情のしるしとして贈ってくれたささやかな贈り物のほかは、こうした父の言葉だけだったが、しかし、今度の場合は、両親から許しをえて、また彼らの祝福を受けながら船出をしたのだった。

船上で女性に誘惑される

私の乗った船は、途中、ロードアイランドのニューポートに立ち寄ったので、私は結婚して数年間この町に住んでいる兄のジョン[12]をたずねた。この兄はいつも私によくしてくれていたが、このときもとてもよろこんで歓迎してくれた。この兄にはヴァーノン[13]という一人の友人がいて、その人がペンシルヴェニアに、植民地の金にするとおよそ三五ポンドになる貸金をとりたてなければならないので、私がそれを彼にかわって受けとり、送金の方法を連絡するまで保管しておいてくれないか、と頼んできた。そして彼は、その支払命令書を私に渡してくれたが、私はこのあと、これがもとでずいぶん不安な思いをさせられることになった。

このニューポートで、私たちの船に、ニューヨークへ行く乗客が大ぜい乗りこんできたが、そのなかに二人連れの若い女性と、召使を何人か連れた落ちつきのある聡明で上品な年配のクエーカー教徒の婦人が一人まじっていた。私はこの婦人に手をかしてやるといったちょっとした親切をしてやったが、その印象がよかったせいだろうか、彼女は私に少なからず好意を示してくれた。それで、私と例の二人連れの女性が日ごとに親しくなり、しかも女性たちのほうから積極的に私に近づこうとしている様子をみて、この婦人は私をものかげに呼び、「あなたのことが心配になってまいりましたのよ。あなたはお友だちをおもちでないし、また世の中のことや、若い人たちを待ちうけている危険な落し穴のこともあまりご存じでないようですので、わたくし、申し上げるのですが、よろしいですか、あの二人の女はどうしようもない女たちなのです。あの振る舞いから、わたくしにはわかります。ですから、あなた、用心なさらないと、とんでもない目に遭わされますよ。ああいった女性に会ったことなどないのでしょう。ですから、あなたのためを思って、一人の友人としてご忠告させていただきます。あんな女たちと交際するのはおやめになることです」というのだった。

しかし、最初のうち私が彼女たちのことをこの婦人が考えているほど悪く思っていないようにみえたようで、彼女はさらにその証拠として、私は気づかずにいたが、彼女がみたり聞いたりしていたいくつかの例をあげるので、私も彼女のいうことが正しいと納得し、彼女の親切な忠告に感謝するとともに、その忠告に従うことを約束した。ニューヨークに船が着くと、この女たちは私に住所を知らせ、遊びにこないかと誘ってきた。私は彼女たちの誘いには応じなかったが、応じなくてよかった。というのは、次の日、私たちの船の船長が自分の船室から銀のスプーンのほか、二、三の品物が盗まれていることに気づき、あの二人が売春婦であることがわかっていたので、二人の宿泊先を捜査する捜索令状をとり、そこに盗まれた品物をみつけだし、この盗みを働いた二人の女を処罰するよう訴えたからである。私たちの船は航海の途中、暗礁をかすめながら、難船の運命をまぬがれていたが、私にとっては、この女たちの難をまぬがれたことのほうが、より重要な意味をもっていた。

私はニューヨークで、そこに私より前に着いていた友人のコリンズと落ちあった。私たち二人は、子供のころから大の仲良しで、同じ本をいっしょに読みあっていた。しかし、彼のほうが読書や勉強をする時間に恵まれていたうえに、数学にすばらしい才能をもっていて、その方面では私よりはるかにまさっていた。私はボストンで暮らしていたあいだ、友人と語りあうことができる暇な時間は、ほとんど彼と過ごすことにしていた。彼はつねに勤勉であるばかりか、酒に手をつけないまじめ一方の青年だったので、牧師をはじめ、ほかの紳士たちからも学問のある青年として大いに期待され、いずれはひとかどの人物になるものと思われていた。

ところが、その彼が、私がボストンを留守にしていたあいだに、ブランデーの味を覚え、身をもちくずすようになっていたのだった。ニューヨークに着いてからも、私は本人の口からそれを聞き、またほかの人の話から知ったのであるが、彼は酒びたりの毎日で、おかしなことばかりをやっていた。そればかりでなく、ばくちにも手を出し、持ち金をすっかりなくしてしまっていたので、私は彼の分まで宿泊料を払い、そのうえ、私にはきわめて迷惑なことだったが、彼のフィラデルフィアまでの旅費とそこでの滞在費を出してやらざるをえなかった。

その当時、ニューヨーク植民地の総督を務めていたバーネット氏⑭〔バーネット主教の息子にあたる〕は、船長から、乗船客のなかに一人ものすごくたくさん書物をもっている青年がいたという話を聞いて、そんな青年にはぜひ会ってみたいと思うから自分のところまで連れてきてほしいと船長にいってきた。それで私は総督のところにうかがったのであるが、もしそのときコリンズが酔っていなかったら、彼も連れていったことだろう。バーネット総督はとても丁重に私をもてなすとともに、自分の蔵書をみせてくれたが、これがじつにりっぱなものだった。私たちは書物や著者などについて、大いに語りあった。このバーネット総督は、名誉なことに、私に目をかけてくれた二人目の総督であったが、このように目をかけてもらうということは、私のような貧しい少年にとって、このうえなくうれしいことだった。

私たちはさらにフィラデルフィアへと旅をつづけた。その途中、私はヴァーノンの例の金を受けとったが、もしもこの金がなかったら、私たちは最後まで旅行をつづけられなかったかもしれない。コリンズは、会計事務所かなにかに就職の口をみつけたいと希望していたが、吐く息に酒くさい臭いがするのか、それとも様子がおかしく思われるのか、すぐに酒飲みであることがわかってしまって、推薦状を数通もっていたにもかかわらず、何度応募してもうまく就職できず、宿泊料と食費を私に払わせたまま、いつまでも私と同じ下宿に寝泊まりしていた。そして私がヴァーノンの金をもっていることを知っているものだから、仕事がみつかったらすぐに返すからといって、つぎつぎに私から借金してゆくのだった。そしてその額が、しまいにはあまりにも大きくなったので、私はもしヴァーノンから送金するようにいってきたら、いったいどうすればよいのか、そう考えると憂鬱《ゆううつ》になってしまった。

コリンズはあい変わらず酒をやめないため、私たちはそのことでよく喧嘩した。というのは、ちょっと酒がはいると、非常に怒りっぽくなるからだった。あるとき、私たちは数人の青年とデラウェア川⑮にボートで出ていたが、コリンズは自分が漕ぐ番になったにもかかわらず、漕ごうとしないで、「おれは漕がないから、うちまで乗せてってくれ」といいだした。私は「だれがおまえなんかのために、漕ぐもんか」といった。彼は彼で「漕ぎたくないんだったら漕ぐな。そのかわり一晩中水の上だぞ。好きなように、やるがいい」という。仲間のほかの者は「漕いでやろうじゃないか。大したことないんだから」といったが、私は、彼のやり方をかねてから面白く思っていなかったので、あくまでも反対した。するとコリンズは、私に漕がせてみせる、でなかったら水のなかにたたきこんでみせる、と毒づきながら、漕ぎ手がすわる場所をまたいで私のほうへ近づいてきたが、私は彼が目の前まできて、ちょうど私になぐりかかろうとした瞬間、いきなり相手の股ぐらに片手をつっこみ、立ちあがりざままっさかさまに川のなかへほうりこんでやった。

コリンズが泳ぎが上手なことを知っていたので、溺れることを心配する必要はなかった。それどころか、私は彼が身体の向きをなおし、ボートにつかまろうと手を伸ばすその直前に、二かき三かきボートを漕いで、彼の手がとどかないところまでボートを進めた。そして、彼がボートに近づくたびに、ボートを漕ぐかどうかたずねて、二かき三かき、またボートを引きはなした。彼はくやしさのあまり死んでしまいたいくらいだったろうに、頑として漕ぐという約束だけはしなかった。しかし、最後は彼も疲れはじめたようなので、私たちはボートに彼を引っぱりあげ、夕方になって、ずぶ濡れの彼をつれて帰った。

それ以来というもの、私たちはおたがい挨拶の言葉すら交さなくなったが、そのうちコリンズは、バルバドス島のある紳士から息子たちのために家庭教師をみつけてほしいと頼まれていた、ある西インド諸島の船長に偶然めぐりあい、そこへ連れていってもらった。こうして彼は、給料をもらったらなによりも先に送金して借りた金を返すと私に約束して出発したが、それっきりで、彼の消息はこのあとすっかりとだえてしまった。

ヴァーノンから預かっていた金を使いこんだということは、私の生涯における、最初の重大なあやまちの一つで、父が大事な仕事の経営を私一人にまかせるにはまだ若すぎると考えたのも、この一件からすると、それほど間違っていなかったことがわかる。ところで、サー・ウィリアムは父の手紙を読むと、私の父があまりにも慎重すぎるのではないかといった。人間というものは大きな個人差があるもので、分別は必ずしも年とともにふえるものではないし、また逆に、青年だからといって分別がないとは必ずしもいえないというのだ。そして「君のお父さんには君を独立させる気持がないようだから、私がかわって援助することにしよう。イギリスから取り寄せる必要がある品物があるだろうから、そのリストをつくって私によこしなさい。私から注文してやろう。そして、その代金は、君が払えるようになったとき、払ってくれればよい。私はこの町にも一軒いい印刷屋がほしいと思っていたが、君だったらきっと成功するだろう」といった。

総督のこういった言葉には、いかにも誠意がこもっているように思われたので、彼の言葉に偽りがあるとは夢にも疑ってみなかった。私はこれまで、印刷屋を開業するという計画をフィラデルフィアでは秘密にしていたが、そして、今度も他人に話さなかったが、もしこのとき、私がこの総督をたよりにしていることが知れわたったら、彼をもっとよく知っている友人のだれかが、あの総督のいうことなどあてにしてはだめだと、忠告してくれたかもしれなかった。私もあとになって聞いたことであるが、この総督は守るつもりなどぜんぜんない約束をやたらすることで有名な人間だったからである。しかし、そのときは私のほうから頼んだわけでもないのにそういってくれたので、彼の親切な言葉が口先だけの約束などとどうして考えられただろう。私は彼が世界でいちばん親切な人だと思いこんでいた。

私は、自分の計算によるとイギリス貨幣で一〇〇ポンドほどになる、小さな印刷所を開くのに必要な品物のリストを総督に渡した。彼はそのリストをみて、これでけっこうだと思うが、それより私自身がイギリスへ出かけ、実際にその場で活字を選んだり、同じ種類のものでも質のよい品が手にはいるようひとつひとつ確かめたりしたほうがいいのではないか、と私の意見をもとめた。「それにまたイギリスへ行っていれば、知りあいができるかもしれないし、また書物や文房具の販売の面でも取引関係ができるだろう」というのである。私はもしそういうことになれば、それにこしたことはないと答えたが、彼のほうは「それだったら、アニス船長の船で行けるよう準備しておきたまえ」というのだった。アニス船長の船というのは毎年定期的に出る、ロンドン—フィラデルフィア間を専門に往復する、当時、唯一の船だった。しかしこの船が出帆する日までにはまだ数ヵ月の時間があったので、私はひきつづきキーマーの店で働くことにしたが、そのあいだじゅう、私はコリンズが私からまきあげていった例の金のことが気になり、ヴァーノンが催促してくるのではないかと、来る日も来る日も不安な思いをしたものだった。しかし、実際にヴァーノンがこの金を催促してきたのは、このあと数年たってからのことだった。

これはきっと書き落としたのではないかと思うが、私がボストンを逃げだした最初の航海の途中、風がなくなって、船がブロック島⑯の沖合で進まなくなり、乗っていた人たちが鱈《たら》釣りをはじめ、ずいぶんたくさん釣りあげたことがあった。このころは、動物性の食べものは口にしないという自分の決意をまだ固く守っていたときのことで、このときも、トライオン氏の教えに従って、どんな魚でも、魚をとるということは、一種のいわれなき殺生《せっしょう》であるという考えをもっていた。というのは、魚は、その魚を殺してもかまわないといえる危害を私たち人間に加えたこともなければ、また加えうるものでもないからで、私にはこういった考え方が、全面的に筋が通っていると思われたからだった。ところが、そうはいうものの、私は以前から魚が大好きであるうえに、フライパンから湯気をあげて現れる鱈の匂いがすばらしくよかったので、しばらくのあいだ、自分の主義と食欲とのあいだをあれこれ迷っていたが、結局最後は、魚の腹を開いたとき、胃袋のなかから小さな魚が現れてきたことを思い出し、「おまえたち魚がおたがい共食《ともぐ》いしているのだったら、私たち人間がおまえを食べていけないという理由はあるまい」と考え直し、鱈をたらふく食べたことだった。そしてこのあとは、ときどき思い出したように菜食にもどることはあるにせよ、私はほかの人たちと同じように魚を食べることにした。〝理性的な動物〟であるということは、このように都合のよいもので、人間はこの理性というものによってなにかやりたいと思えば、どのようなことであっても、それをやるための理由をみつけたり、理屈をつけたりすることができるのである。

奇人キーマー

キーマーと私は、楽しく打ちとけて毎日を過ごし、おたがい喧嘩もしないでやっていた。それというのも、彼は私が独立するつもりでいるなど夢にも疑っていなかったからだった。キーマーは若いころの情熱をいまなお大いにもっていて、議論が大好きだった。それで、私たちは議論をたたかわせることが多かったが、そうした場合、私は例によってソクラテスの論法を使い、一見すると、私たちがやりあっている論点とはまるっきりかけはなれているような質問で相手をまずわなにかけて、そのあとから、しだいに問題の点に彼をひっぱっていって、自己矛盾の窮地におとしいれるようなことばかりやっていたので、しまいにはこっけいなくらい用心深くなって、ごく当り前の質問に答えるのにも、「そんなことを聞いて、いったいどんな推論をやるつもりなんだ」とひとまず聞いてからでないと、返答しなくなった。

だがしかし、こういった議論を交したことで、彼は相手をやりこめる私の論争の才能をものすごく高く評価するようになり、そのあげく自分は新しい宗派を開く計画をもっているので、私もその計画にぜひ加わってくれないかと真剣に申しこんできた。彼が教義を説き、私が彼の教義に反対する人間を一手に引きうけて、論破してほしいというのだ。そして彼がその教義を私に説明するというので、説明してもらったが、そのなかに、やっかいな問題点がいくつかみあたるので、自分にも多少自分なりのやり方があるから、ある程度、私の考えを認めてくれるのでなければいっしょにはやれないといった。

キーマーはモーゼの律法のどこかに「汝ひげの両方を損ずべからず」[17]と書いてあるというので、自分のあごひげをながながと伸ばしていた。また彼は同じ理由から、週の七日目、つまり土曜日を安息日ときめて守っていた。[18]この二点が彼のもっとも重要な教義だったのである。私はこの両方が気に入らなかったが、彼が動物の肉を食べないという教義をとりいれるなら、それを条件にして、彼のいう二点を認めることにするといってみた。キーマーは「わしの体質からいって、そんなことがまんできないと思うが」というので、私は、大丈夫がまんできるよ、それどころか肉食をやめれば、身体の調子がかえってよくなります、といってやった。彼は日ごろからたいへんな食いしん坊だったので、ここで思いきりひもじい思いをさせて、彼をちょっと慰みものにしようと思ったのだ。彼は私が自分につきあって肉をたつのであればやってもよいと応じたので、彼につきあうことにして、私たちは三ヵ月のあいだ肉食をやめることになった。

私たちは、近所のある女の人に三度の食事をつくってきまった時間にとどけてもらうようにしたが、これに先だって、この女の人にそれぞれ違った日につくって出す、魚の肉も獣肉も鳥肉も使わない料理、四〇種類の献立表を渡しておいた。しかも、この気まぐれな思いつきは、食費が安くあがったので、当時の私にはなおのこと好都合だった。なにしろ一週間の食費が、イギリス貨幣で一八ペンス以下におさえることができたからだった。

私はこのあとも何度か四旬節を厳格に守ってきた。そして四旬節がやってくるといきなり普通の食事から菜食に切りかえ、また、四旬節が終ると菜食を一挙に普通の食事にもどしてきたが、それで不便を感じることは一度もなかった。私はこうした食事の変化は一歩一歩徐々にやるほうがよいという人びとの意見にはあまり意味がないと思っている。こうして、私は快調にやっていったが、気の毒なことに、キーマーは、いたいたしいくらいの弱りようで、やがてこの計画にあきてしまい、ぜいたくな肉料理が恋しくなって、ついに焼き豚を注文した。そして彼は、いっしょに食事をしようと思って、私と二人の女友だちを招待したのであるが、料理が食卓に出るのが早すぎたため、誘惑にうちかつことができず、私たちが着かないうちに、彼は自分ひとりでその焼き豚全部をたいらげてしまっていた。

私はこのころ、ある程度自分の気持をリード嬢に伝えてあった。私は彼女にひとかたならぬ尊敬と愛情をいだいていたが、彼女のほうもまた同じような気持を私にもっていると信じる理由があった。しかし、私はこれから長い船旅に出ようとしているときであったし、また二人ともようやく十八歳になったばかりの若さだったので、彼女の母は、いましばらくは私たちがあまり深入りしないほうがいいのではないか、また、もしかりに私たちが結婚するとしても、それは私がイギリスから帰って期待どおりに独立して商売をはじめてからのほうがいまより都合がいいだろう、そんなふうに考えていたのだった。それにまた、もしかすると、彼女の母は、私の将来の計画が私自身考えていたほど確実だと思っていなかったのかもしれない。

友人たちとキース総督

この時期の私の友人のおもだった者は、チャールズ・オズボーン、ジョーゼフ・ウォトソン、ジェイムズ・ラルフの三人[19]で、いずれも読書好きの青年だった。最初にあげた二人は、チャールズ・ブロックデン[20]というこの町の有名な公証人、つまり不動産の譲渡証書をつくる人の書記をやっており、もう一人はある商店の店員だった。ウォトソンは信仰心のあつい聡明な青年で、誠実そのものだったが、あとの二人は宗教上の問題にかんしては少々いいかげんなところがあって、とくにラルフは、コリンズの場合と同様、私に影響されて宗教に疑問をいだくようになり、そのためあとで私はこの二人からひどい目に遭わされることになった。

オズボーンは聡明で率直で淡白で、しかも友だちに思いやりのある誠実な青年であったが、文学上のことになるとあまりにも他人のあらさがしをする癖があった。ラルフはすばらしい頭をもっているし、もの腰も上品で、またとびぬけて雄弁だった。私は彼よりもすぐれた雄弁家をみたことがないように思う。二人とも詩がとても好きで、自分たち自身、短い詩の試作に手を染めていた。私たち四人のグループは、日曜日など、しばしば連れだってスクールキル川[21]の岸辺にある森まで散策に出かけ、その森でおたがい本を読みあったり、読んだものについて語りあったりした。

ラルフは、詩人として名をなし、詩を書くことによってひと財産つくることができると信じて疑わず、あくまでも詩の勉強をつづけるつもりにしていた。そしてどんなにすぐれた詩人でも、最初詩を書きはじめたときは、自分と同様、多くの間違いを犯したにちがいないといいはっていた。その一方では、オズボーンが、そういうラルフに詩人になることを思いとどまらせようと、彼には詩人の才能がないとはっきりいい、自分がならって覚えた商売以外のことは考えないようにしたほうがいいと忠告するとともに、商売の方面だったら、たとえ資本がなくとも、勤勉かつ几帳面な彼のことだから、そのうち認められて代理店をやることもできるだろうし、また代理店をやっているうちに、独立して自分で商売をやる資金をためることもできるではないか、そんなふうにいってきかせていた。私も自分の文章にみがきをかけるために、ときどき詩をつくって楽しむのはよいが、それ以上深入りすることには賛成できなかった。

しかし、こんなことから、今度集まるときはそれぞれ自分でつくった詩をもちより、おたがい意見を述べたり、批評したり、訂正しあったりして、腕をみがこうではないかという話が私たちのあいだでもちあがった。私たちのめざす目的は用語と表現のしかたにあったので、題材のよしあしにかんする考慮はしないことにして、天帝エホバの降臨をえがいた「詩篇」の第一八篇[22]を書き直すことを課題にすることで意見が一致した。

私たちが集まる日が近づいてきたとき、ラルフがまず私のところへやってきて、課題の詩ができあがったといった。私は忙しくしていたので、それにまた、あまり書こうという気持が湧かなかったので、まだなにも書いていないと答えた。すると彼は、自分が書いた詩をみせて、どう思うか私の意見をもとめた。私はとてもよくできているように思ったので、大いにほめた。「それなのにオズボーンのやつは」と彼がいった、「ぼくが書いたものだと、たとえどんなによくできていても、まったく価値を認めようとせず、むやみやたらなんくせをつける。まったくの妬《ねた》みなんだ。ところが、あいつも君のことはそれほど妬んでいない。そこで君にお願いしたいのだが、この詩を今度の集まりにもっていって、君のだといって披露してくれないか。そしてぼくは暇がなかったので、といって、なにも出さないでおく。こうしてあいつがなんというか聞いてみようじゃないか」。私はこの計画に賛成し、私が自分で書いたようにみせかけるため、さっそく写し直した。

四人が顔をそろえた。そしてまず、ウォトソンが自分の作品を読みあげた。彼の作品はよくできているところがないではなかったが、欠点も多かった。つづいてオズボーンが読んだが、このほうがずっとよくできていた。ラルフは、二、三の誤りを指摘したが、よくできているところはほめて、彼の詩に公正な評価を下した。彼自身は、みせたくとも、作品ができていないといった。私は尻ごみしながら、手を入れるのに十分な時間がなかったので、とかなんとかいって、みんなが認めてくれれば遠慮したいと思っているような顔をしたが、いいわけはいっさい認められず、どうしても、もってきた詩を出すほかなかった。私はその詩を読みあげ、さらにもう一度くりかえした。ウォトソンとオズボーンの二人はそれを聞くと競争するのをあきらめ、いっしょになって私の作品を大げさにほめあげた。ラルフ一人がいくつかの点で批評を加え、二、三の修正箇所を提案し、私は自分の作品の字句の弁護にまわった。するとオズボーンはそうしたラルフの意見に反対し、君は詩を書かせてもだめなばかりか、批評をやってもよいところがないじゃないかというので、ラルフは議論をやめてしまった。

オズボーンとラルフはいっしょに帰っていったが、帰り道、オズボーンは、彼が私の作品だと思いこんでいた詩をさらにほめたて、先ほどはお世辞をいっていると私に思われたくないので、わざといわなかったが、「それにしても、フランクリンにあれほどすばらしい作品が書けるとはだれが予想しただろう。あの描写力、あの力強さ、あの情熱。原文よりもさらによくなってさえいる。あの男は、毎日話しているときは、言葉を選んで話しているようにはみえないし、また言葉につまったり、とんでもないい間違いをやったりするというのに、ものを書かせたら、いや、まったく驚いたね」といったそうである。このあと、またみんなが集まったとき、ラルフが私といっしょにオズボーンをだまして一杯くわせたことを発表したので、オズボーンはみんなにちょっぴり笑われたことだった。

こんないきさつがあったため、ラルフはいよいよ詩人になるという決意を固めることになった。私は彼に思いとどまったほうがいいと、できるかぎりの説得をしたが、結局、彼はポープによって迷いをさまされるまで、㉓つまらない詩を書くことをやめなかった。しかし、彼は散文家としてはかなりのところまでいったが、彼についでは、またこのあと述べることがあるだろう。しかし、残りの二人については、もう述べる機会がないかもしれないので、ここでちょっと述べておこうと思う。ウォトソンのほうはこの数年後に私の腕にだかれて死んだが、彼は仲間のなかでいちばん人柄のよい人間だったので、私たちは、彼の死をずいぶん嘆き悲しんだものだった。オズボーンは西インド諸島に出かけて、そこで弁護士として有名になり財をなしたが、若死にしてしまった。オズボーンと私は、二人のうち先に死んだほうが、生き残った者のために、死後できれば友だちのように親しく訪ねてきて、死後の世界がどうなっているか、その様子を知らせることにしようと、まじめに約束していたが、これまでのところ、彼はこの約束を果たさないでいる。

キース総督は、私を相手に話をするのが楽しいらしく、たびたび自分の家に私を招待し、そのつど、独立した店をもたせるという例の件はすでにきまったことであるかのように話すのだった。私は印刷機と活字、それに紙などを買い入れるのに必要な資金をととのえるため、信用状を彼から一通もらってゆくほか、総督の友人の多数にあてた推薦状をたずさえてゆくことにもなっていた。私はこういった手紙類を書いておくからどこどこへ取りにくるようにといった総督からの連絡を何度か受けとって、行ってみたのだが、いつもあらためて別の日時を指定されるばかりだった。

こんなふうにして、総督は約束の手紙を先へ先へとのばしていたが、やがて、これまた何度も出帆がのびのびになっていた出発の船がいよいよ出港することになった。そこで私は、出発の挨拶かたがた、手紙を受けとるつもりで、総督をたずねていったが、総督の秘書であるバード博士[24]がかわりに出てきて、総督はいま書きものがあって、たいそう忙しくしているが、私の船よりも先にニューキャッスルへ行くことになっているから、手紙はそこで渡すことになるだろうといった。

ラルフは結婚して、子供を一人もうけていたが、この船で私といっしょにイギリスへ渡ることにしていた。彼はイギリスで取引先をみつけ、委託販売をする商品をもち帰るつもりなのだろうと思われていたが、私があとで知ったところによると、彼は妻の親戚の者と面白くない事件をひきおこしたため、妻をその親戚の者に押しつけ、自分は二度とアメリカに帰るつもりはなかったのである。

私は友人たちに別れを告げ、またリード嬢ともあれこれ約束を交したのち、フィラデルフィアを出発した。私たちの船はニューキャッスルに寄って錨をおろした。総督はそこに来ていた。しかし私が総督の宿舎に行ってみると、またも秘書が出てきて、総督はいま、きわめて大切な仕事にとりかかっているため会うことができないが、しかし例の手紙は船のほうにとどけることにしてあるとか、それよりも、心から私の無事な航海と一日も早い帰国を祈っているとか、そういった丁重このうえない伝言を伝えるだけだった。私にはちょっと腑《ふ》におちないところがあったが、それでも彼を疑ってみるようなことはせず、そのまま船にもどった。

私と同じ船に、フィラデルフィアの有名な弁護士のアンドルー・ハミルトン氏[25]が息子とともに乗船していたが、彼らはクエーカー教徒の商人デナム氏や、メリーランドで製鉄工場をいっしょに経営しているアニアン、ラッセルの両氏とともに大きな上級船室に陣取っていた。そのためラルフと私は、下級船室の棚寝床でがまんせざるをえなかった。この船には私たちを知っている人がだれもいなかったので、私たちはただの乗客と思われていたのだ。ところがこのハミルトン氏が、差押えを受けたある船の弁護をするため莫大な報酬で呼びもどされ、息子〔ジェイムズという、のちに総督になった〕とともにニューキャッスルからフィラデルフィアへ引きかえしてゆき、そして、船がいよいよ出るというまぎわになって、フレンチ大佐が乗りこんできたが、この大佐が私にたいへんな敬意を表してくれたもので、ほかの人たちもいままで以上に私を丁重にあつかうようになり、私はラルフとともに、上の部屋に今度空きができたからそちらへ来ないかという招待を受けた。そこで私たちは上級船室へ移った。

フレンチ大佐が船に総督の公文書をもって乗りこんできたということを知って、私は船長に、自分が受けとることになっている手紙をいますぐ私に渡してくれないかと頼んだが、船長は、書類の類《たぐ》いは全部ひとまとめにして袋にいれてあるから、いますぐ取りだすわけにはゆかない、しかし、船がイギリスに着く前に、手紙をさがす機会はつくってあげようというのだった。そういうわけで、私もさしあたってはそれで満足し、そのまま航海をつづけることにした。上級船室では、みんなが打ちとけて友だちづきあいをし、ハミルトン氏が大量に仕入れてあった食べものがそっくりそのまま加わったので、私たちはものすごく贅沢《ぜいたく》な毎日を送ることができた。またこの航海中にデナム氏㉖と生涯かわらぬ友情を結ぶことになったが、こうした点をのぞくと、このときの航海は天気の悪い日が多かったため、決して楽しいものではなかった。

私たちの船がイギリス海峡に入ったとき、船長は、私との約束を守って、私に袋のなかを調べ、総督の手紙をさがす機会をあたえてくれたが、私に託する手紙として、私の名前を封筒に書いてある手紙は一通もみつけることができなかった。そこで私は、筆跡から判断して約束の手紙ではないかと思われる手紙を六、七通とりだした。とくにそのなかの一通は、王室指定の印刷屋のバスケット㉗にあてた手紙であり、またもう一通は、ある文房具商にあてた手紙だったので、それが約束の手紙だろうと思って選びとった。

(1) 当時アメリカでは、植民地によって貨幣価値が違っていた。
(2) ジョン・リード(一六七七—一七二四)。ロンドン生まれの大工。一七〇一年、アメリカに移住。一七一一年以来フィラデルフィアに定住していた。
(3) デボラ・リード(一七〇八—七四)。『自伝』にもあるように、陶工ロジャーズとの結婚に失敗したあと、一七三〇年、フランクリンと再婚。二人のあいだには、四歳のとき天然痘で死んだ息子(フランシス）と、あとに子孫を残した娘（セアラ）があった。彼女は夫が成功するまで、家業の面で協力的な妻であったが、夫が社会的な活動や、政治活動をはじめるようになってからは、表面にあらわれず、彼の二回の外遊にも同行しなかった。最後は、長期の外遊中の夫と、一〇年間、会うことなしに世を去った。

(4) クエーカー教徒の集まりでは、霊感を受けた者が祈禱をはじめるまで、会衆は沈黙し心のなかで神との交わりをもとめる。

(5) サミュエル・キーマー（一六八八ころ―一七四二）。イギリス生まれの印刷屋で、青年時代さまざまな宗派と関係し、彼自身、二、三の宗教関係の著書を出している。一七二二年、フィラデルフィアにきて、印刷屋を開業、フランクリンを雇い入れることになった。

(6) フランス南部のセヴェンヌ地方の狂信的な新教徒の一派、カミザール派のことで、ルイ十四世の迫害を受け、ますます狂信的となり、予言力がみずからにそなわっていると信じた。一七〇六年ころ、イギリスにも逃れてきて、「フランスの予言者たち」と呼ばれた。

(7) 一六九四―一七四三？　フランクリンの姉メアリの夫。一七一六年結婚。ボストン―フィラデルフィア間の定期船の船長。一七四三年以前に海上で遭難死。

(8) 一六八〇―一七四九。ペンシルヴェニアの総督（一七一七―二六）を務めたが、最後は、植民地議会側に加担したため領主によって解任された。一一五ページ注(2)参照。

(9) 現在、デラウェア州北部にある都市。一六八二年、ウィリアム・ペンの所有地となり、ペンシルヴェニア植民地の首都であったが、一七八七年、デラウェア植民地が分離独立し、現在にいたる。

(10) ジョン・フレンチ（？―一七二八）。キース総督の取り巻きの一人。遺言検証官、植民地議会議長、植民地最高裁判事など、多くの役職を歴任。フランクリンが彼に会ったときは、最高裁判事だった。

(11)アルコール分を加えて強めた白のデザートワイン。アフリカ北西海岸沖のマデーラ島産。

(12)五一ページ注(35)参照。

(13)サミュエル・ヴァーノン(一六八三―一七三七)。ロードアイランド植民地の銀細工師。フランクリンは、後年、彼の孫が借金で苦しんでいるのを知ったとき、「祖父にたいする感謝の印し」として財政援助をした。

(14)一六八八―一七二九。ニューヨークとニュージャージーの総督を八年間務めたが、後出のように一年務めたマサチューセッツ総督としては、給料問題で植民地議会と対立した。その蔵書は、当時、植民地随一とみなされていた。父親のバーネット主教(一六四三―一七一五)は、イギリスの著名な聖職者で歴史家。

(15)ニューヨーク州の南部に発し、ニュージャージー州とペンシルヴェニア州の境界を流れ、フィラデルフィアを通って大西洋に流れこむ川。

(16)ロードアイランド州の沖合一〇マイルのところにある島。

(17)「レビ記」一九・二七。

(18)「出エジプト記」二〇・八―一一。

(19)オズボーン(生没年不詳)は、その後、西インド諸島で弁護士になったというが、若死にした。ウォトソン(?―一七二八)は、フランクリンの妻デボラの妹フランセスと結婚。この二人は、『自伝』以外、その生涯の細部は不明だが、ラルフ(一七〇五ころ―六二)だけは、ポープの『愚物列伝』のなかで諷刺された群小詩人の一人として、またイギリス史の著者として、その名が文学史上に残っている。『自伝』にあるように、青年時代、フランクリンは彼と喧嘩別れをしたが、一七五七年、ロンドンで再会して、和解することになった。

(20) 一六八三―一七六九。一七〇六年からフィラデルフィアに定住していて、公証人、遺言検証官、領主の書記官など、多くの役職につき、法律関係の仕事に従事していた。元々は、英国国教会に属していたが、その後、クエーカー教徒、ホイットフィールド派、モラヴィア教徒と宗旨がえをした。なお、彼の孫にあたるチャールズ・ブロックデン・ブラウンは、アメリカ最初の「職業作家」となった。

(21) フィラデルフィアでデラウェア川に合流する川。

(22)「詩篇」一八・七以降には「このときエホバ怒りたまいたれば、地はふるいうごき山の基はゆるぎうごきたり。烟その鼻よりたち、火その口よりいでてやきつくし、炭はこれがために燃えあがれり。エホバは天をたれて降りたもう。そのみ足の下はくらきことはなはだし」とある。

(23) 九二ページ注(19)参照。

(24) パトリック・バード。フランクリンの友人で外科医。一四三ページではベアードとなっている。

(25) 一六七六?―一七四一。フィラデルフィアの裕福な弁護士、植民地議会議長。フランクリンは、自分を含め「貧しい青年の味方」として彼を尊敬し、その宗教的な寛容さも高く評価していた。息子のジェイムズ(一七一〇?―八三)はのちにペンシルヴェニア植民地総督になった。娘はフランクリンの政敵の一人ウィリアム・アレンと結婚。

(26) トマス・デナム(?―一七二八)。『自伝』にあるように、破産してブリストルからフィラデルフィアにきて成功した商人。一七年後、負債を全額返済。フランクリンは彼に見込まれて、一七二六年十月から半年彼の店で働き、経済的に独立するきっかけを得た。一七二八年七月四日没。

(27) ジョン・バスケット（?―一七四二）はイギリスの印刷屋。彼が印刷したオックスフォード・バイブルは印刷が美しいことで有名だったが、同時に誤植が多く、彼の名前をもじって、「バスケットいっぱい」の誤植があるといわれた。

第三章　ロンドンのフランクリン

騙されてロンドンへ

私たちは、一七二四年十二月二十四日、ロンドンに到着した。私は道順からいうと最初にあたるその文房具商をたずね、キース総督からあずかってきた手紙だが、といって、例の手紙を渡した。彼は「そんな男は知りませんね」といいながら、手紙を開いてみて、「なんだ、これはリドルスデン[1]からじゃないか。わしは最近、あいつがとんでもない悪党であることを知ったので、あんなやつとは縁を切ろうと思ってたところですわ、手紙なんかまっぴらごめんだ」、こういってその手紙を私の手につっかえすと、くるりと背を向け、私には目もくれず、店のほかの客のほうへ行ってしまった。私はさがし出した手紙がみんな総督の手紙でないことを知って驚いた。そして、今までの事情をあれこれ思い起こし考え直してはじめて総督の誠意を疑いはじめたのだった。

私は友人のデナム氏に会って、いままでの事情をなにからなにまで打ちあけた。そうすると彼は、キースという人間の性格を話すとともに、総督が私のために手紙を書くなど、まったく考えられないことであるし、また、彼を知っている人であの男のいうことをこれっぽっちだって信用する者はいないといった。彼によると、人にあたえる信用などぜんぜんもっていないあの総督が、私に信用状を書くなんて考えただけでもおかしいと思わないか、と笑うのだった。それで私はこの先どうしたらよいのか、不安に思っている、というと、デナム氏は、私の商売の印刷屋関係で仕事の口をみつけるようにしたらよいのではないかと助言して、「ロンドンの印刷屋のあいだでもまれたら、君の仕事の腕もあがるだろうから、そうなれば、アメリカに帰って店を開くさい、もっと有利になるだろう」といった。

私たち二人は、偶然のことから、あの文房具商と同様、リドルスデンという弁護士が文字どおりの悪人であることを知っていた。この男はリード嬢の父親をむりやり自分の保証人にさせ、なかば彼を破産させたことがあったからだが、この手紙によると、ハミルトン氏〔本来ならば私たちといっしょに、こちらへ来ているはずだった〕に損害をあたえるため、どうやらある陰謀がたくらまれているようだった。しかもキース総督は、この陰謀にリドルスデンとともに関係しているらしいのだ。

デナム氏は、ハミルトン氏の友人であったので、彼にこのことを知らせてやらなければいけないと考えた。それで、ハミルトン氏がこのあとすぐイギリスへやってきたとき、私はひとつにはキースとリドルスデンにたいする憤慨と恨みから、またひとつにはハミルトン氏にたいする好意から、彼をたずね、その手紙を渡してやったが、この情報は彼にとって重要なものだったため、彼は心から私に感謝してくれた。そして、このとき以来、彼は私の友人となり、その後いろいろな機会にずいぶん私のために便宜をはかってくれた。

それにしても、総督ともあろう者が、こんなにあさましい策を弄《ろう》して、貧しいなにも知らない一人の少年をこれほどひどく騙すなんて、どう考えたらよいのだろうか。しかし彼の場合は、それが身にしみついた習慣だったのだ。彼はすべての人に喜ばれたいという願望をもっていながら、人にあたえるものはほとんどなにももっていないので、ただ口約束だけをあたえていたのだ。しかし、その彼も、この点をのぞけば、聡明で、ものわかりのよい男で、かなり筆もたった。この総督は、彼を任命した領主たちからみれば、その命令をときどき無視することがあったために、望ましい総督でなかったかもしれないが、植民地の住民にはよい総督であった。[2]そしてペンシルヴェニア植民地のいちばんすぐれた法律のいくつかは、彼が立案し、彼の在任中に成立したものである。

ロンドンでのラルフとフランクリン

ラルフと私はおたがい離れがたい友人となり、週三シリング六ペンスを出して、リトル・ブリテン地区[3]に二人いっしょに下宿した。この家賃がそのころの私たちに出せる精いっぱいの家賃だった。ラルフは数人の親類縁者にめぐりあったが、彼らはみんな貧しく、ラルフを援助する力をもっていなかった。彼はこのころになって、自分はこのままロンドンに腰を落ちつけるつもりにしていること、最初からフィラデルフィアへ帰るつもりはなかったことを私に打ちあけたが、ぜんぜん金はもっていなかった。彼はやっとかき集めた金を全部渡航費に使っていたのだった。一方、私のほうは一五ピストール④もっていたため、彼は就職口をさがしてあるいているあいだじゅう、生活費として私から何度も金を借りていった。ラルフはまず最初、自分には俳優になる素質があると自分で信じこんでいて、劇団に入ろうとした。ところが、頼んでみたウィルクス⑤に、おまえには俳優として名をなす可能性はないように思われるから、俳優という仕事だけはあきらめたほうがよいと歯に衣《きぬ》きせずいわれてしまった。そこでつぎに、パターノスター・ロー⑥の出版者ロバーツに、これこれの条件で『スペクテーター』紙のような週刊の新聞を編集したいという話をもちこんだが、ロバーツはその条件をのまなかった。そこで彼は、このあと法学院《テンプル》のまわりにある文房具商や弁護士にやとわれ、代書の仕事をやる下働きの口をさがしたが、ここにも空きをみつけることができなかった。

私自身は、すぐバーソロミュー・クロース⑦にある当時有名だった印刷所のパーマー⑧の店に仕事をみつけ、一年近く、その店で働いた。私はかなり勤勉に働くことは働いたが、稼いだ金の大半はラルフといっしょに芝居小屋へでかけたり、ほかの娯楽場へかよったりするために使ってしまった。そして私がもっていた一五ピストールも二人ですっかり使いはたし、いまではまったく、その日暮らしをするまでになった。ラルフは自分の妻子のことなどすっかり忘れたような様子だったが、私のほうも、しだいにリード嬢との約束を忘れて、彼女に手紙を書いたこともただ一度あるだけだった。しかも、その手紙というのが、当分帰れそうもないということを彼女に知らせるための手紙だった。これは私が生涯において犯したもう一つの大きなあやまちで、もしかりに生涯をもう一度くりかえすことがあったら、ぜひともあらためたいと思うあやまちである。が、じつをいうと、私は自分たちの生活費のために、いつまでも帰りの渡航費ができないでいたのだった。

パーマーの印刷場で、私はウラストン[9]の『自然の宗教』の第二版を活字に組む仕事をやらされたが、彼の論理にはいくつかの点で、根拠が十分とはいえないように思われるところがあったので、私は形而上学にかんするちょっとした論文を書き、そこでそういった問題を論じてみた。私はこれに『自由と必然、および快楽と苦痛についての論考』[10]という表題をつけ、友人のラルフに献じた。そして私はこの論文を印刷したが、これをきっかけにして、パーマー氏は私のことをかなり才能のある青年とみなすようになった。しかし同時に、このパンフレットのなかで説いている私の主張は彼には忌わしいものに思われたらしく、本気になってその点にかんして私をたしなめるのであった。このパンフレットを印刷したということは、これまた、私のもう一つのあやまちだった。

リトル・ブリテンに下宿していたころ、私はすぐ隣で店を出しているウィルコックスという本屋と知りあうようになったが、この本屋は膨大な数の古本を集めてもっていた。当時はまだ巡回文庫などが一般に行なわれていない時代だった。しかし私は、どういう条件だったかもう忘れてしまったが、あるしかるべき条件で、彼の店にある本はどれでも借りだして、読んでから返せばいいようにしてもらった。私はこの取りきめがとても有利だと思ったので、できるかぎりこれを活用した。

私のパンフレットは、どういう経路を通ってか、ライアンズという外科医の手に渡った。この人は『人間の判断の無謬性《むびゅうせい》』という書物の著者であったが、私たちはこのパンフレットをきっかけに知りあうことになった。彼は私のことを大いに認めて、しばしばやってきては、こういった問題について私と語りあうのだった。彼はまた、チープサイド(11)のある小路にあったホーンズというみばえのしない居酒屋へ私をつれてゆき、そこで『蜜蜂物語』の著者のマンデヴィル博士(12)に引きあわせてくれた。マンデヴィル博士はこの居酒屋にクラブをもっており、彼自身がこのうえなくおどけた愉快な人物で、そのクラブの中心人物となっていた。さらにライアンズはバトソンのコーヒー・ハウスで、私をペンバートン博士(13)に紹介してくれたが、このペンバートン博士が、こんどは適当なおりに、サー・アイザック・ニュートンに会うための機会をこしらえてやろうと私に約束するのだった。それで私はニュートンに会える日を楽しみにしていたが、これはついに実現せずに終った。

私は珍しい骨董品《こっとうひん》を二つ三つたずさえてきていた。そのなかでとくに珍しいものといえば、火にあぶると白くなる石綿でできた財布だったが、サー・ハンス・スローン⑭は、その話をどこかで聞きつけ、私に会いにきた。そしてブルームズベリ・スクウェア⑮の自宅に私を招待するとともに、自分が所蔵している骨董品をすっかりみせて、私を口説きおとし、この石綿の財布を彼のコレクションに加えさせてしまった。しかし、彼はその代金をたっぷり払ってくれた。

私たちが下宿していた家には、クロイスターズ⑯だったと思うが、そこに婦人用の装身具店を出している若い女性が一人下宿していたが、彼女は上流階級の家庭に育ち、頭も悪くなく、ほがらかで、いっしょに話をするのがとても楽しい女性だった。ラルフは、夕方、この彼女に芝居の本を読んで聞かせたりしていたが、いつのまにか二人は親密な関係になっていて、彼女が別の下宿に移ると、ラルフも彼女のあとを追って出ていった。こうして二人は、しばらくのあいだ、いっしょに暮らしていたが、ラルフにはまだ仕事がないうえに、彼女には一人子供がいて、彼女一人の収入では三人が生活していくには不十分だったため、彼はロンドンを離れて田舎で学校を開く決心を固めた。彼は字がきれいであったし、また算術と計算にもよく通じていたので、自分には学校を開く資格が十分あると考えたからだった。

それにもかかわらず、ラルフは田舎の教師という仕事が自分にふさわしくない卑しい仕事だと考えていた。そして将来必ず運が開けてくると確信していて、そうなったとき、自分が過去にこういった卑しい仕事をやっていたことが知られては困るとでも思ったのだろう、自分の名前をかえて、光栄なことに、私の名前を使ったのである。私がこのことを知ったのは、このあとまもなく、彼から一通の手紙がとどき、その手紙で、彼がある小さな村〔バークシャーだったと思うが、そこで一〇人ほどの少年たちに一人あたり週六ペンスの謝礼で読み書きを教えていた〕に落ちついたこと、T夫人の面倒は私にみてほしいということ、そして自分に手紙を書くときは、これこれの土地の校長フランクリン氏あてに出してほしいなどと知らせてきたからだった。

ラルフはその後も矢つぎばやに手紙をよこすとともに、そのころ自分がつくっていた叙事詩の長い見本の断片を送ってきて、私の批評と訂正をもとめるのだった。私はもとめられた批評や訂正をときどき送るには送ったが、それよりもむしろ、彼に詩作を思いとどまらせようと一生懸命になっていた。ちょうどヤング⑰の諷刺詩の一つが出版されたときだったので、私はその諷刺詩の大半を写して彼に送ってやった。この詩のなかに立身出世を夢みて詩の女神を追いかけまわすことがいかにおろかなことであるかということが強調されていたからだったが、しかし、すべてはむだだった。彼の詩の原稿が、あいも変わらず、手紙がとどくたびに送られてきたからである。

一方、T夫人のほうは、ラルフとの関係がもとで友人と仕事の両方を失うことになり、しばしば生活費にも困って、私を呼びだし、私から私に融通できる程度の金を借りだし、その場その場をなんとかしのいでいた。私のほうも彼女とつきあえることをうれしく思うようになっていた。そのころは、私も宗教的にそれほど束縛されていなかったので、そしてまた、自分が彼女にとってなくてはならぬ人間であることをいいことにして、私は「これまた生涯のあやまちの一つである」彼女に馴れ馴れしく近づこうとしたことがあった。しかし、彼女は、当然のことであったが、憤然と私のそうした振る舞いをはねつけ、そのことをラルフに手紙で知らせた。これが原因で、私とラルフのあいだは決裂することになったが、その彼はロンドンへもどってくると、自分がこれまで私から借りていた負債はこの一件ですべて帳消しになったものと考えるといってきた。こうして私は、彼に貸したり、たてかえたりした金を返済してもらうことは、もう期待できないと知ったのだった。

印刷所で人望を得る

だがしかし、ラルフはもともと返済する能力などぜんぜんなかったので、この知らせは、その当時、私にとって大した意味をもたなかった。むしろ彼との交友関係がなくなって、肩の重荷をおろしたように感じたものだった。そして、このころ私は、多少でも貯金しようという考えをもちはじめ、さらにわりのよい仕事をみつけたいと考えて、パーマーの店をやめ、リンカンズ・イン・フィールズ[18]の近くにあった、ずっと大きな印刷屋であるウォッツ[19]の店で働くことにした。このあとロンドンに滞在していたあいだ、私はずっとこの店を離れなかった。

はじめこの印刷所で働くことになったとき、私は印刷のほうの仕事を選んだ。というのは、アメリカにいたころは印刷の仕事も植字の仕事もいっしょにやるようになっていたので、そういった心配はなかったが、ここでは運動不足になりそうだと感じたからだった。私は飲みものは水以外なにも飲まなかったが、五〇人近くいるほかの職人たちは、ビールをがぶ飲みしていた。私はおりあるごとに両手に一つずつ大きな組版をもって、階段をのぼったりおりたりしたが、ほかの職人たちは両手でたった一つを運ぶのが精いっぱいで、彼らはこうした私の例をみて、自分たちが〝水飲みのアメリカ人〟と呼んでいるこの私が、〝強い〟ビールを飲んでいる自分たちより〝強い〟のはおかしな話だとふしぎがっていた。そして印刷所には、こうした職人の注文に応じるため、いつもビール店の男の子が一人ひかえていた。

私といっしょに印刷の仕事をやっていた男は、ビールを毎日、朝食の前に一パイント、朝食のときチーズをはさんだパンとともに一パイント、朝食と昼食のあいだに一パイント、昼食のときに一パイント、午後の六時ごろに一パイント、そして一日の仕事が終ったあと、さらに一パイント飲んでいた。私はこれをまことに嘆かわしい習慣だと思ったが、彼は彼なりに、はげしい労働をするのに身体を〝強く〟するため〝強い〟ビールを飲むことが必要だと考えていたのだった。

私は、ビールを飲んで生じる体力は、ビールの原料である水に溶けこんだ大麦の粒、または粉の分量に比例するのであり、一ペニー分のパンのなかには、一クォートのビールよりもっと多くの大麦の粉が含まれているので、一パイントの水といっしょに一ペニー分のパンを食べたほうが、一クォートのビールを飲むより体力がつくと彼に説明し、説得しようとしたが、彼のほうはあいかわらずビールをやめず、毎週土曜日の夜、せっかく稼いだ給料から四シリングか五シリングをこの気狂い水のために払わなければならなかった。この経費は私には縁のない出費だった。そしてこのため、ここの職人たちは気の毒なことに、いつまでたっても、うだつがあがらなかったのである。

数週間たったころ、主人のウォッツが植字室のほうにきてくれないかというので、私は印刷工たちと別れることになった。ところが植字工たちは、あらためて新入りの挨拶料として五シリングの飲み代を出すよう要求してきた。私は一階の印刷室ですでに一回払ってあったので、この要求は人をだますぺてんであると考えた。そしてまた、主人もそのように考えて、そんなものは払う必要ないというので、私は二週間か三週間、挨拶料を払わずがんばっていた。しかし、そのために私は、仲間はずれの人間とみなされ、ほんのちょっとでも部屋を留守にすると、すぐ活字をごちゃまぜにされたり、組んでおいた一ページ分の組版をおきかえられたり、組版をこわされたりする小さないやがらせを何度もくりかえしされるので、しかも彼らは、そうしたいやがらせはみんな印刷所の主《ぬし》のしわざであり、この印刷所の主は、ここのしきたりを破って入ってきた者にいつもつきまとい、こうしたいたずらをするなどと空とぼけるので、結局、主人はかばってくれていたけれども、これからずっといっしょに生活しなければならない仲間との折りあいを悪くしていることこそおろかではないか、そう自分にいい聞かせ、彼らのいい分をのんでその金を払った。

これで植字の連中ともうまくゆくことになり、やがて私は仲間のあいだでかなりの勢力を得るようになった。そこで私は、印刷所内のおきてをいくつか合理的にあらためることを提案し、あらゆる反対を押しきってこの改革を実行した。そしてまた、植字工の大部分の者は、私の例にならって、ビールとパンとチーズという頭の働きを鈍らせるような朝食をやめ、私の分といっしょに隣の家から、ビール一パイントの値段、つまり一ペニー半で、胡椒《こしょう》をふりかけ、パン粉を入れて濃くしたうえに、バターをちょっぴり加えた熱い水粥《かゆ》を大きなどんぶりにいれてとどけてもらうようになった。こうした朝食は安くあがるだけでなく、味もよく、またあとで頭がぼんやりすることもなかった。

一方、一日じゅうビールを浴びるように飲みつづけていた連中は、ぜんぜん代金を払わないため、しばしばビール店でのつけがきかなくなったが、そうなると今度は、印刷屋仲間特有の言葉を使っていえば「明かりが消えちまった」からといって、私の顔でビールを手に入れるのだった。

それで私は、土曜日の夜になると、会計係のテーブルを見はっていて、私が保証人になって借りた金を徴収することにしたが、ときによると、彼らにかわって一週三〇シリング近く払わせられていることもあった。こうしたことや、私がなかなかすみにおけない〝リギット〟、つまりおどけた口達者な皮肉屋として名が通っていたため、私は印刷所の仲間のあいだでしだいに顔がきくようになった。また私は休むことをせず働いていたため〔私は聖月曜日[20]などと称して仕事を休むこともなかった〕、自然と主人の目にとまるようになり、また私は植字が人並はずれて速かったため、一般に手間賃が高い急を要する仕事は、全部私が手がけることになった。こうして、私はじつに快適な日々を過ごしていたのだった。

つましく生きる未婚の老女

リトル・ブリテンの下宿は遠すぎたので、私はデューク・ストリートに新しい下宿をさがしだした。カトリックの教会の向かいにあるイタリア食料品店の三階の裏手の部屋であったが、そこは、主人に先だたれたある婦人がやっている店で、彼女のほかに娘が一人と女の召使が一人住んでいた。それに男の雇人が一人通勤しながら店の仕事をやっていた。彼女は、私がこれまで住んでいた下宿に人をやって私の人柄を調べたうえで、今までと同じ下宿料、つまり一週三シリング六ペンスの部屋代で私を下宿させることに同意してくれたが、これは、家のなかに男性が泊まっているとよくなるのではないかと考えて、ほかの下宿よりも安くしてくれたのだった。

彼女はかなり年配の未亡人で、牧師の娘に生まれ、プロテスタントとして育てあげられていたが、結婚後、夫に従ってカトリックに改宗したとのことだった。彼女はこの亡くなった夫をいまもなお心から尊敬していた。そしてまた、かつては上流階級の人たちにまじって暮らすことが多かったということで、チャールズ二世の時代にまでさかのぼる有名人の逸話をずいぶん知っていた。彼女はいま、痛風で膝をいためて足の自由がきかず、したがって部屋を出ることがほとんどなく、ときどき話し相手をほしがっていたが、私は彼女の話し相手をするのがとても楽しかったので、彼女のほうから誘ってきたときは、いつもかかさず夕方の時間を彼女の話を聞きながら過ごした。私たちの夕食というのは、バターを塗ったとても小さい一切れのパンと酢につけたいわし半尾、それに二人で飲むビール半パイントにすぎなかったが、じつは彼女の話こそなによりのご馳走だったのである。

私は、夜遊びをして夜遅く帰ることも、家族の者たちに迷惑をかけることもなかったので、彼女のほうは私を手ばなしたくないと思うようになった。そのため、あるとき、ここより勤め先にもっと近い場所に週二シリングの下宿があるという話を耳にし、そのころはなんとか金を残そうと一生懸命になっていたので、それだけでも多少は違ってくると思って、その下宿の話をもち出してみたところ、彼女はそれだったらこちらは今後週に二シリング値下げすることにするから、下宿をかえないでほしいと私に頼むのであった。こうして私は、ロンドンに滞在しているあいだじゅう、ずっと一シリング六ペンスで彼女の家に下宿することになった。

この家の屋根裏部屋には、七十歳になるある独身の婦人が、まったく人目をさけ、ひっそりと暮らしていた。私の下宿の女主人は、この婦人についてこんな話を聞かせてくれた。それによると、彼女はカトリックの家に生まれ、若いころ外国へやられ、そこで修道女になるつもりで修道院に入ったのが、その国の気候が身体にあわなかったため、ふたたびイギリスへ帰ってきたのだ。そして、このイギリスには修道院がなかったので、そういった環境でも、できるかぎり修道女に近い生活を送ろうという誓いをたて、その誓いに従って、自分が生活するために必要な年額一二ポンドの金だけとっておいて、あとの財産はすっかり慈善事業に寄付してしまった。そのうえ彼女はこのわずかな生活費をもさいて、ずいぶん慈善に寄付をし、自分は水粥だけを食べて生活し、その水粥を煮るためをのぞいて火すら使わないでいるのだった。

彼女は何年もこの屋根裏部屋で暮らしていたが、これはこの家の階下をつぎつぎに借りたカトリック教徒たちが、このような婦人がこの家にとどまっているのは神のみ恵みであると考えて、みんな部屋代なしで部屋を提供していたからだった。毎日、一人の司祭が、彼女の懺悔《ざんげ》を聞くためにおとずれてきた。それで「あのような生活をしておられる方が、どうしてこんなにたびたび聴罪師にきてもらわなければならないのでしょう、そんなふうに、あの方におたずねしたことがあるのですよ」と下宿の女主人が私に話したことがあるが、その婦人は「〝悪しき思い〟を避けることなどできないのですよ」と答えたとのことだった。

私もたった一度だが許されて彼女の部屋をおとずれたことがあるが、彼女は明るく、礼儀正しく、楽しそうに私の話に応じてくれた。部屋はきれいに片づけてあり、家具といえるものは、ベッドのマットレス、十字架と聖書を置いてあるテーブルと、私に腰かけるようすすめてくれた腰かけが一つあるだけで、煖炉《だんろ》の上のほうには、聖ヴェロニカ㉑がハンカチをひろげている一枚の絵がかけてあった。この聖ヴェロニカのハンカチには、血を流しているキリストの顔が奇蹟のように現れていたが、彼女はとても厳粛なおももちで、そのいわれを私に説明してくれた。彼女は顔色こそすぐれなかったが、一度も病気にかかったことはなかった。それで私は、人間の生命と健康がいかにわずかな収入で維持できるかということのもう一つの実例としてここにこのことをあげておこうと思う。

ウォッツの印刷所で、私はワイゲイトという聡明な一人の青年と知りあうようになった。彼は金持の親戚をもっていたので、普通の印刷工よりも高い教育を受けており、ラテン語がかなりでき、フランス語が話せ、しかも読書家であった。私は彼とその友人の一人に、二度ほどテムズ川へでかけ、水泳を教えてやったが、二人ともすぐ上手に泳げるようになった。

この二人が田舎からでてきた数人の紳士に私を紹介してくれたことがあった。そのあとみんなつれだって船でチェルシー[22]まで行き、そこでチェルシー王立病院[23]をたずねたり、ドン・サルテロの珍しい陳列品[24]を見物したりしたが、その帰り道、ワイゲイトが私の水泳について同行の人びとの好奇心をあおるような話をしたため、みんながぜひ私の泳ぎをみたいと所望するところとなり、私は着ていたものを脱いで川に飛びこみ、チェルシーの近くからブラックフライアーズ[25]まで、途中、水面や水中でさまざまな泳法をやってみせながら泳いで渡った。彼らはこれをみて、これまで水泳というものになじみがなかったため、驚くとともに大喜びしていた。

私は子供のころから、この水泳という運動が好きで、テヴノー[26]の泳法にある手足の動かし方や身体の位置を全部研究したり練習したりするとともに、自分でも、実際に役立つ泳法だけでなく、みた目にもきれいで楽に泳げる泳法をめざし、いくつか自分独自の泳法を考えだしていた。私はこの機会に、そういった泳法を全部一行の者に披露したのであるが、彼らがすっかり感心してみている様子に私も大いに気をよくしたものだった。ワイゲイトは、私たち二人の研究分野が似かよっていたせいもあるだろうが、それよりも、水泳の達人になりたいという望みをもっていて、ますます私に近づくようになった。そして最後には、二人でいっしょにヨーロッパを旅行してまわらないかと誘ってきた。行くさきざきで印刷の仕事をやれば生活費は稼げるというのだった。私もいったんは出かける気になったが、当時、私は暇な時間をみつけると、親切な友人であるデナム氏と一時間ほどいっしょに過ごすことにしていたので、今度も、このことを相談してみた。

すると彼はよしたほうがいいだろう、といった。そして自分は、近いうちにアメリカへ帰るつもりにしているので、私もペンシルヴェニアへ帰ることだけを考えたほうがよいと忠告してくれた。

デナムの人柄

私はデナムというこのりっぱな人物の性格の一つの特徴をここに記さずにはいられない。この人はもともとブリストル[27]で商売をやっていた人であったが、商売で失敗して借金を多くの人につくってしまった。それで借金の返済を示談にしてもらいアメリカへ渡ってきたのだった。彼はアメリカで商人としての仕事に専心し、数年のうちにひと財産をきずいた。彼は私と同じ船でイギリスへもどってきたのだった。そして自分の昔の債権者を宴会に招き、その席でかつてむずかしい条件をださず示談にしてくれた彼らの好意に感謝の意を表した。出席した人たちは、宴会のご馳走のほかはなんら期待していなかったにもかかわらず、最初の料理が片づけられたとき、まだ未払いのまま残っていた負債の全額に利子の分までそえた銀行為替一枚が、それぞれの皿の下にかくされていることを知ったのだった。

ところで、私がたずねていったこのとき、デナム氏は、自分はこのあとすぐフィラデルフィアへ帰るつもりにしており、そのフィラデルフィアで店を開くために大量の品物をもって帰らなければならないので、ついては、このさい、帳簿をつけたり、手紙の写しをとったり、店番をしたりする店員として私を連れて帰りたいと思っているがどうだろう、といった。そして帳簿のつけ方などは、いずれあとで教えてやるというのだ。そのうえ、私が商人の仕事に精通するようになったら、すぐにでも昇進を認め、小麦粉やパンなどを船に積んで西インド諸島に行けるようにとりはからうとともに、ほかの人たちから儲かりそうな委託販売の仕事を私のためにもらってきてやろう、そしてもし、私がそうした仕事をうまくやってのけたら、そのときは私が一人立ちできるようにしてあげようという話までつけ加えてくれた。

私はこの話をありがたく思った。というのは、ロンドンの生活にはもう厭《あ》きがきていて、ペンシルヴェニアでの楽しかった月日を思い出し、もう一度その土地をみたいと思っていたからであった。それで私はその場で、ペンシルヴェニアの金で年額五〇ポンドという条件で彼の話を承諾した。たしかに、この収入は植字工としてそのとき稼いでいた収入に比べると少なかったが、将来のことを考えると、こちらのほうが有望だと思われたからだった。

こうして私は、印刷の仕事と永久に、とそのときは思ったのであるが、縁を切って、毎日、今度の新しい仕事に従事することになった。私はデナム氏のあとについて、さまざまな商品を仕入れるため商人たちのあいだをあちこちかけめぐったり、荷造りの監督をしたり、走り使いをしたり、人夫に発送の連絡をとったりしていたのである。そして積荷がすっかり完了したあと、数日なにもすることのないひまな日ができた。

その間のことであるが、ある日、サー・ウィリアム・ウィンダム[28]という、名前だけは聞いたことのある偉い人が、私に出迎えの者を送ってきたので、びっくりしたが、ともかく彼のところへうかがうことにした。この人は、どこからか、私がチェルシーからブラックフライアーズまでを泳ぎ切ったということや、ワイゲイトともう一人の青年にたった数時間で水泳を教えたことなどを聞きつけ、ちょうどそのころ、二人いる息子が旅に出かけようとするところだったので、その旅に出かける前、まず水泳を習わせておこうと考えたのだった。彼は、もし教えてもらえるのであれば、じゅうぶん謝礼をするつもりだといった。しかしながら、その息子たちがまだロンドンへ出てきていないうえに、私のほうもいつまでここにいられるか、はっきりしないときだったので、引き受けるわけにはゆかなかった。しかし、この一件から考えて、もしかりに私がこのままイギリスに残って水泳学校を開いたら、大儲けできたかもしれないのだった。この考えに私の心は強く動かされたので、もしも彼からの依頼がもっと早くきていたら、私はこれほど早くアメリカへ帰ることはなかったかもしれなかった。後年、おまえと私はこのサー・ウィリアム・ウィンダムの息子の一人で、エグルモントの伯爵になった人[29]と、もっと重要なことで関係ができるようになったが、それはいずれまた適当な場所で話すことにしよう。

こうして私は、およそ一年半をロンドンで過ごしたわけだが、その大部分は、自分の仕事に精を出して働き、芝居をみたり本を読んだりするためをのぞけば、ほとんど自分のことで時間を使うことはなかった。しかし友人のラルフがいたため、私はいつまでも貧乏だった。彼は私に約二七ポンド借金していたが、もうそれは返してもらえそうになかった。これは私のわずかな稼ぎからすれば、たいへんな金額だった。しかし、そうしたことがあったが、私は彼という人間が好きだった。というのは、彼には、愛すべき性格がいろいろあったからである。こうして、私は財産こそできなかったが、数人の非常に聡明な友人をみつけて、その人たちと語りあい、大きな収穫を得たのだった。それに私は本をずいぶん読んでいた。

(1) ウィリアム・リドルスデン（一七三三年以前に没）。凶悪犯としてメリーランドに追放された人物で、偽名を使って植民地を渡りあるいていたという。

(2) 当時アメリカにおけるイギリスの植民地には、イギリス国王直属のもの、国王の許可をえてみずから総督を選んだ自治植民地、土地の下付を受けた領主が所有する領主植民地の三種類があった。ペンシルヴェニア植民地はこの最後の種類に属するもので、領主ウィリアム・ペンはイギリス本国にあって、総督をアメリカに派遣して統治していたが、総督は領主と植民地の住民の利害が衝突するなかにあって、板ばさみに悩むことが多かった。キースは住民の要求を認めたため、一般には評判がよかったが、領主によって総督の地位を追われた。九一ページ注(8)参照。

(3) ロンドンの中心部にあるもっとも古い地区の一つで、近くにはセント・ポール寺院がある。かつては古本屋街として有名だった。

(4)スペインの古金貨で、およそ一八シリングにあたる。
(5)ロバート・ウィルクス（一六六五？—一七三二）。当時有名なロンドンの喜劇役者で、同時に劇場も経営していた。
(6)セント・ポール寺院近くの通りで、印刷出版業の中心。
(7)パターノスター・ローの近くにあり、やはり出版関係者が多く住んでいた。
(8)サミュエル・パーマー（？—一七三二）。ロンドンの印刷屋。『グラブ・ストリート・ジャーナル』を編集、イギリス王室の私設印刷所の監督もしていた。
(9)ウィリアム・ウラストン（一六六〇—一七二四）。イギリスの倫理学者。『自然の宗教』は一七二二年出版。この著書で彼は、理神論者にこたえて宗教と道徳が同一であることを論じた。
(10)一七二五年出版。このなかでフランクリンは、人間には自由意志はなく、その行動は苦痛を避け、快楽を求める欲望から生じるのであり、また全能の神はそうした現在あるがままの世界を肯定しているのであるから、人間の行動は善悪を超越していると主張した。一三八ページ注(15)参照。
(11)セント・ポール寺院からマンション・ハウス（ロンドン市長官邸）までロンドンの中心部を東西に走る有名な大通り。
(12)バーナード・マンデヴィル（一六七〇ころ—一七三三）。オランダに生まれ、イギリスに移住した医師、諷刺作家。代表作『蜜蜂物語』（一七一四年出版）において、人間の制約されない利己的な活動こそ、公共の利益をもたらすという説を唱えて、当時、物議をかもしたが、十九世紀の功利主義思想に強い影響をあたえた著作として注目すべきものである。
(13)ヘンリー・ペンバートン（一六九四—一七七一）はイギリスの化学者、オックスフォード大学教授。ニュートンの依頼を受け、その大著『プリンキピア・マテマティカ』を校訂出版した。
(14) 一六六〇―一七五三。イギリスの医者（ジョージ二世の侍医）、博物学者。ニュートンのあとをついでイギリス王立協会の会長を務めた。大英博物館は、彼の膨大な標本や文献の蒐集品がもとになってできたものである。
(15) ロンドン最古の広場の一つ。
(16) 前に出た法学院の近くにある地名。
(17) エドワード・ヤング（一六八三―一七六五）。「生と死と永生についての夜想」で知られるイギリスの詩人。ここでいう諷刺詩は「万人共通の熱情、名誉欲」（一七二五―二八年発表）のこと。
(18) ロンドン最大の広場の一つ。このあたりは弁護士関係者が多いことで有名。
(19) ジョン・ワォッツ（一六九八―一七六三）。十八世紀前半のロンドンの代表的な印刷屋。フランクリンの共同経営者デイヴィッド・ホールもここで仕事を覚えた。
(20) 日曜日に酒を飲みすぎた職人たちは「聖月曜日」と称して休むことが多かった。
(21) 中世の伝説によると、十字架にかけられるために歩いてゆくキリストをあわれんで、ハンカチをあたえたエルサレムの女性で、キリストがそれで血にまみれた顔をぬぐったところ、そのハンカチに彼の顔がしるされていたという。
(22) ロンドン南部の一区で、文学、芸術に関係の深い地区。サー・ハンス・スローンもこの地区に住んでいた。
(23) 一六〇九年、ジェイムズ一世の創立による病院で、最初は傷病兵を収容するためのものだった。
(24) スローンの召使ジェイムズ・ソールターは、ドン・サルテロの名でコーヒー・ハウスを開き、主人からゆずってもらったウィリアム征服王の短剣などの骨董品を陳列公開していた。

(25) ロンドンの中央部にあって、テムズ川沿いの地名。チェルシーからここまではおよそ三マイルである。

(26) 一六二〇—九二。フランスの水泳家。『水泳の方法』（一六九五）の著書がある。英訳は一六九九年、ロンドンで出版。

(27) イングランド西南部の町。

(28) 一六八七—一七四〇。イギリスの著名な政治家。トーリー党に属し、ボリングブルック子爵の代弁者として、サー・ロバート・ウォルポールを向こうにまわして活躍。

(29) チャールズ・ウィンダム（一七一〇—六三）のことで、彼は一七五〇年、エグルモント伯に叙せられた。一七六一年、植民地担当の大臣となったことから、フランクリンと接触があったと思われるが、その関係は『自伝』には書かれずに終った。

第四章　フィラデルフィアで独立

デナムと帰国

私たちは、一七二六年七月二十三日、グレイヴゼンド①から船出した。この航海中に起こったできごとについては、私の日記を調べてみてほしい。日記をみれば、あらゆることが、ことこまかに書きつけてあるはずだ。その日記で、おそらくいちばん重要な部分は、このあと、人生における自分の行動を自分で規制しようと思って、私が航海中にたて、その日記に書きとめておいた「計画②」ではないかと思う。この計画は、私があのように若かったときにたてた計画であるにもかかわらず、ずっと晩年にいたるまで、かなり忠実に守ってきたものであるから、それだけにいっそう注目すべきものである。

私たちは、フィラデルフィアに、十月十一日、上陸したが、町にはさまざまな変化がみうけられた。キースはもはや総督でなく、ゴードン少佐③がかわって総督になっていた。私は一市民として町の通りを歩いているキースをみかけたが、彼は私の顔をみると、ちょっときまりが悪そうな様子をみせたが、なにもいわずに通りすぎていった。私もリード嬢と顔をあわせるようなことがあったら、やはり同じように恥ずかしい思いをしたであろうが、じつをいうと、彼女は私の留守中に、ロジャーズ[4]という名の陶工とすでに結婚していたのだった。彼女の家族の者は私から例の手紙を受けとって、無理もないと思うが、もう私は帰ってくることはないだろうとあきらめ、彼女にこの男との結婚を勧めていたのだった。

しかし、このロジャーズとの結婚生活はしあわせなものではなかった。彼女はその後、結婚したロジャーズには別に妻がいるという噂があるのを知って、同居することも、彼の姓を名のることもこばんで、そのうち彼と別れることになった。彼は職人としてはすぐれており、そこに彼女の家族がほれこんだのだったが、人間としてはみさげはてた男で、借金でどうしようもなくなり、一七二七年か二八年、町から逃げだし、西インド諸島に渡り、そこで死んだ。キーマーは、前よりもりっぱな家と、文房具類のほか、たくさん新しい活字をそろえた店をもち、一人として腕のよい者はいなかったが、大ぜい職人を使って、大いに商売は繁盛しているようにみえた。

デナム氏はウォーター・ストリートに店を出すことにし、私たちはそこで仕入れてきた商品の荷をといた。私は脇目もふらず仕事に精を出し、簿記の勉強をやり、短期間のうちに販売の仕事でも一人前になった。デナム氏と私は下宿も食事もともにしていた。彼は心から私のことに気をつかってくれ、私の相談ごとには父親のように応じてくれた。また私のほうも彼を敬愛していた。

それでこのままの調子でいったら、私たち二人は申し分なく幸福にやっていけたと思うが、一七二七年〔旧暦では一七二六年〕の二月のはじめ、私がちょうど二十一歳の誕生日を迎えたばかりのとき、二人そろって病気にかかったのだった。

私のほうの病気は肋膜炎で、もうすこしで私は命を落とすところだった。ずいぶんひどく苦しみ、心のなかではもう助からないと覚悟をきめていたので、自分が回復しつつあることを知ったときは、むしろあてがはずれたような気持になった。そして、こんなにつらい思いを死ぬ前にもう一度くりかえさなければならないのだろうかと思うと、私はいささか残念な気さえしたものだった。デナム氏の病気がなんだったか覚えていないが、彼は長いあいだその病気に苦しめられ、最後は命まで奪われてしまった。彼は私にたいする好意の一つのしるしとして、口頭による遺言で少額の遺産を残してくれた。しかし店のほうは遺言執行人が管理するところとなって、彼と私の雇用関係はそれでおしまいとなり、私はもう一度この広い世間に、ただ一人ほうりだされることになった。

キーマーの店の仲間たち

そのころ、義理の兄のホームズがフィラデルフィアに来ていたが、彼は私に印刷の仕事にもどったらどうかと助言してくれた。そしてまた、キーマーも、年ぎめの契約で相当の給料を払うから印刷所のきりもりをやってくれないかと誘いの声をかけてきた。そうすれば自分はもっと文房具店のほうに力をいれることができると思っていたのだ。私はロンドンにいたころ、彼の妻やその身内の者から、彼についてよからぬ噂を聞かされたことがあり、これ以上そんな男とはかかわりをもちたくないと思っていたので、このまま商店で働ける店員の口をさがそうとしたが、すぐにはそういった仕事の口をみつけることができず、結局、キーマーのところでまた契約を結ぶことになった。

キーマーの印刷所には次の職人たちが働いていた。まず、ヒュー・メレディス。[5]ウェールズ出身のペンシルヴェニア人、年齢は三十歳、田舎の農家に育った男だったが、誠実でものわかりもよく、また世間をしっかりした目でみてきているし、本もかなり読んでいた。しかし、酒に目がなかった。スティーヴン・ポッツ。[6]成年に達したばかりの田舎の青年で、同じくもとは農家育ちであった。彼は生まれつきすぐれた才能にめぐまれ、機知にとみ、ユーモアを解したが、ちょっと怠け者のところがあった。キーマーはこの二人を、仕事が上達すれば昇給させるのは当然であろうから、三ヵ月ごとに一シリングずつ給料をふやしてやるという約束で、いまはおそろしく安い週給で雇っていた。キーマーは、このように将来は高給がもらえるという期待をえさに、彼らを勧誘したのだった。メレディスは印刷の仕事をやり、ポッツは製本を受けもつことになっており、キーマーは自分自身そのどちらの仕事も心得ていないくせに、契約の約束では、彼がこの二人にそれぞれの仕事を教えることになっていた。

ジョン・何とかという男は、荒っぽいアイルランド生まれの男で、身につけた職はなにもなかったが、キーマーは彼を、ある船の船長から四年間は年季奉公をするという契約で買いとり、[7]これまた印刷工にしこむつもりにしていた。ジョージ・ウェブ。[8]彼はオックスフォード大学の学生で、キーマーはこの男の四年間の年季奉公を同じように、ある船長から買いとっていた。この男については、すぐこのあとでもっと話すことにする。そして最後に、デイヴィッド・ハリー[9]という田舎の少年が一人いたが、彼はキーマーが見習奉公人として雇い入れたものだった。

私は、キーマーがいままで出したことがないほど高額の給料を出して私を雇い入れた意図が、こういった未熟で安い職工を私の手で一人前に育てあげることにあるということをすぐに見破った。そしていったん私が彼らを一人前に教育してしまえば、彼らはすべて契約の証文で身をしばってあるので、そのあとは、すぐ私を追いだしてもやっていけると考えていたのだ。しかし、私はとても楽しく仕事をやって、それまで乱雑そのものだった印刷所を整頓し、職工たちがしだいに自分たちの仕事に身をいれ、仕事をうまくやっていけるよう手ほどきしてやった。

オックスフォード大学の学生が、金で買われた奉公人のような境遇にいることを知って、私は奇妙に思った。彼はせいぜい十八歳ぐらいだったが、[10]私に自分の身の上をこんなふうに話した。それによると、生まれたのはグロスターで、その土地のラテン語文法学校にかよっていたが、あるとき学校で生徒たちが芝居を上演したさい、彼がやった役がどうやらだれよりも上手だったとみえて、生徒たちのあいだで評判となり、そんなところから、学内のウィッティー・クラブに加わって散文や詩をいくつか書き、それがまたグロスターの新聞に掲載されたりしたのだ。そしてこのあと、オックスフォード大学へ進学し、一年ほど在学したが、なにがなんでもロンドンへ出て俳優になるという望みをもっていたため、大学ではどうしても満足できなかったというのである。

そこで最後に、彼は四半期分の学費として一五ギニーの送金を受けとると、借金を返すこともせずに、オックスフォードの町をとび出し、はりえにしだの茂みに学校の制服をかくし、ロンドンまで歩いて行ったのであるが、そのロンドンには、一人として彼に助言をしてくれる友人がいなかったので、悪い仲間に入ってしまい、そのうちすっかり持ち金を使いはたしてしまった。そしてまた、劇団関係者に紹介してくれるつてをみつけることもできず、金に困るようになって、着ていたものを質に入れ、しまいにはパンにこと欠くありさまだった。こうして、どうしたらいいのかわからないままに、すきっ腹をかかえて、町の通りを歩いていたのであるが、ちょうどそのとき、悪質な周旋屋のびらを手渡されたのだ。そのびらには、アメリカへでかけて年季奉公をする契約を結ぶ者には、その場で食事と手当てを出すと書いてあった。彼はさっそく出かけていって契約書に署名し、自分がどうなったか、家族に知らせる手紙一通書かないうちに船に乗せられ、アメリカにやってきたのだった。彼は活発で機知にとみ、気だてのよい愉快な仲間だったが、怠けぐせがあり、思慮が浅く、しかも極端なまでに軽率だった。

アイルランド生まれのジョンは、このあとすぐ逃げてしまったが、私は残った者たちとはとても仲よく暮らすようになった。というのは、キーマーがぜんぜん彼らに仕事を教える力をもっていなかったのに、私は毎日毎日、なにかしら彼らに教えてやったため、みんな私を尊敬したからだった。土曜日はキーマーの安息日だったので、私たちは、仕事をしなかった。それで私は、本を読める日が週に二日できるようになった。それに町の有能な人びととのつきあいもふえてきた。キーマー自身もきわめて丁重に、しかもうわべだけは敬意をはらって、私をあつかってくれるので、ヴァーノンの借金のことをのぞけば、いまや不安に思うことはまったくなくなった。私はいままで、ことのほか経済的に節約するのが下手で、いまだにこの借金を返却できないでいたのだった。しかし、ヴァーノンは親切にも借金の返済を催促してくるようなことは一度もなかった。

私たちの印刷所では、しょっちゅう活字が不足していたが、当時、アメリカには活字の鋳造《ちゅうぞう》ができる者は一人もいなかった。私はロンドンにいたころ、ジェイムズの店で活字の鋳造をみたことがあるにはあったが、そのやり方をそれほど注意してみたわけではなかった。それにもかかわらず、私はここで、鋳型を工夫してつくり、手元にある活字を打印器のかわりに利用して鉛の母型に文字を打ちこみ、こうして、まがりなりにも不足していた活字を揃えた。このほか私は、必要なときには銅版を彫ったし、また印刷インクをつくったこともあるし、店番のほか、ありとあらゆることをやった。一口でいえば、このころの私は、まったくのところ〝なんでも屋〟だったのだ。

印刷屋開業に向けて

しかし、私がどれだけ役に立つ人間であろうと、ほかの職人が仕事を覚えてうまくやれるようになれば、それだけ私の働きが日一日と重要でなくなってゆく、このことには私も気づいていた。それにキーマーは、四半期分の給料の二回目を払うさいに、この給料では荷が重すぎるので、減額に応じてくれないかという話をもち出してきた。彼はしだいに愛想が悪くなり、ますます主人顔をするようになり、しばしば人のあらをさがしては口やかましいことをいい、今にも癇癪《かんしゃく》玉を破裂させんばかりの様子を示した。だがしかし、私は一つには彼の店の経営が苦しいためこうなのだろうと考えて、がまんにがまんをかさね、そのまま仕事をつづけていた。

しかし、結局は、ごくつまらない事件がきっかけになって、私たちは関係をたつことになった。裁判所の近くでたまたま大きな音が聞こえたので、私はなにが起こったのか確かめようと、窓から首を出したことがあった。キーマーも通りに飛びだしたが、目を上げてみると私がのぞいているものだから、おまえ、仕事をさぼるんじゃないぞと大きな声で、しかもがみがみとどなりつけ、さらに二言三言、私にむかってひどい悪口をあびせかけたのである。このとき、外をのぞいていた隣近所の人たちが、一人残らず、私がどんなふうにあつかわれているかをみてしまっただけに、私はこのように人前で悪口をいわれたことががまんできなかった。キーマーはその足で印刷所へかけあがってきて、喧嘩をつづけ、私たちは大声でおたがいやりあった。彼は三ヵ月の予告期間をおいて解雇するという契約の約束に従って、三ヵ月後には出ていってもらうと通告するとともに、こんな長い予告期間などきめておかねばよかった、とくやしがった。一方、私は私で、いまこの瞬間にでも出ていってやるから、そんなにくやしがることはあるまいと叫んで、帽子を片手に、その部屋をとび出した。階下でメレディスの姿をみつけ、部屋に置いてある荷物をとりまとめ、私の下宿までとどけてくれるよう頼んだ。

メレディスは、その日の夕方、頼んでおいたとおりやってきた。そこで私はこれからのことを彼と話しあったが、彼は以前から私をたいへん尊敬していて、今度の場合も、自分があとに残っているのに私だけが印刷所を出ていくことに難色を示した。私は生まれ故郷のボストンへ帰ろうかとも考えていたが、彼はそれは思いとどまるようにといった。そして、キーマーが財産全部を担保にして借金していることをはじめ、彼にその金を貸した連中がそろそろ不安になってきていること、店のやりくりがへたでしょっちゅう儲けにならないのに、現金がほしいばかりに売りに出たり、帳簿をつけることをしないで掛け売りしたりしていることなどを引きあいに出して、必ず失敗するにきまっているから、そのすきをねらって私が印刷屋の商売をはじめることにしたらどうだろうと勧めるのだった。

私は自分には金がないからだめだと反対したが、彼のほうは、それだったら自分の父親が私のことを高く買っているので、自分がこれまで父親と話したときの口ぶりから判断すると、もし私が彼といっしょに商売をはじめるといえば、開業するための金は間違いなく出してくれるだろう、というのである。「それにキーマーと契約した年季の期間は、こんどの春で終ることになっている。それで、そのときまでに、ぼくたちはロンドンから印刷機と活字を取りよせることができるじゃないか。ぼくが大した職人でないことは、ぼく自身、よくわかっている。だから、君さえよければ、ぼくが資本のほうを出し、君には商売の技術のほうを受けもってもらう。そして利益は二人で平等に分けることにしよう」といった。

この案は悪くないものだったので、私は同意した。彼の父親はちょうどそのとき町に来ていたが、彼もこれを承認した。しかも彼は私が息子に大きな影響力をもっていて、私の説得の結果、息子が長いあいだ酒に手をつけなくなったことから、もしも私たちがこういった密接な関係になれば、息子の困った酒癖がすっかり直るのではないかと考えて、なおのこと乗り気になった。私は父親に必要な品物のリストを渡し、彼はそのリストを商人のところへもっていって、注文をすませた。しかし実際に品物が到着する日まで、計画そのものは秘密にしておくことにして、私はそれまでのあいだ、できることならば、この町のもう一軒の印刷所で仕事をするつもりだった。ところが、印刷所には空きがなく、私は数日間ぶらぶらすることになったが、そうしたときに、キーマーは昔からの友人というものは、腹立ちまぎれに口走ったわずかな言葉から喧嘩別れをすべきでないと思うから、ぜひ帰ってきてほしいというこのうえなく丁重な伝言を私によこしたのである。彼はニュージャージー植民地の紙幣を印刷する仕事が手に入りそうになってきたが、それをやるには私以外つくれる人が一人もいないカットやさまざまな活字が必要であるうえ、ブラッドフォードが私を雇い入れ、この仕事を横どりしはしないかと心配になっていたのだった。

メレディスも、もし私がもどってくれれば、毎日、私から教えてもらって自分の腕をみがく機会がふえることになるので、承諾するよう勧めた。こうして私はキーマーの店にもどることになり、私たちは今までになくおだやかにやっていった。キーマーはニュージャージー植民地の仕事を手にいれ、私はこれを印刷するために、わが国最初の銅版印刷機を工夫してつくった。紙幣のいろんな装飾図案や偽造防止のための模様を彫ったのも私であった。私たちはいっしょにバーリントンへ出かけ、そこですべての仕事を完璧《かんぺき》にやってのけた。そしてキーマーはこのときの仕事の報酬として多額の金を受けとり、その結果、予想したよりもずっとあとまで破産せず商売をつづけることができた。

私はこのバーリントンでその地方の有力者の多くと知りあうことになった。そのうちの何人かは、紙幣が法律によって定められた枚数以上に印刷されることがないよう印刷の現場に立ちあって監督する委員に植民地議会によって任命された人びとであり、したがって、交代でつねに私たちのところへくることになっていた。そして、監督にくる人は、たいてい一人か二人の友人を話し相手に連れてくるのだった。私は本を読んでいたため、キーマーよりずっと考え方が進んでいた。そしてそのためだと思うが、私の話のほうがキーマーの話より重くみられていたようだった。彼らは私を自分たちの家に招待したり、仲間の友人に紹介したりして、たいへん丁重にあつかってくれたが、それに比べると、キーマーのほうは、主人であったにもかかわらず、いささかないがしろにされていた。しかし、正直なところ、このキーマーという男は、世間のことはなにも知らず、ただ一般に受けいれられている意見にはやたら反抗してみるのが好きで、また不潔そのものといっていいくらいだらしなく、宗教上のいくつかの点では狂信的で、そのうえ、ちょっとならず者のようなところすらある、一風変わった人間であった。

私たちはバーリントンにおよそ三ヵ月滞在したが、その間に知りあった友人として、私は、アレン判事、この植民地の書記のサミュエル・バスティル、アイザック・ピアソン、ジョーゼフ・クーパー、植民地議会の議員を務めていたスミス家の数人の人びと、それに測量監督官をやっていたアイザック・ディクーなどを数えることができる。(11)この最後にあげたディクーはすばしっこい利口な老人で、彼の話によれば、若いころ、れんが造りに雇われて粘土を車で運ぶ仕事から人生をはじめ、成年になってからはじめて文字を習って覚え、測量技師たちのために測鎖《はかりぐさり》を運びながら測量の技術を教えてもらい、勤勉に仕事をやったおかげで、今ではかなりの財産をもつようになったのだった。そして「わしのみるところでは、おまえさんは、やがて印刷屋の仕事であの男を追いぬき、その商売でフィラデルフィアでひと財産こしらえることになるだろうね」といったが、このとき彼は、私がフィラデルフィアかどこかで商売をはじめるつもりにしていることなどは、まったく知らずにいたのだった。後年これらの友人は、私のほうもときどきその何人かのために便宜をはかったこともあるが、私のために大いに力になってくれ、また、私にたいし、みんな終生変わらぬ敬意をもちつづけてくれた。

私が商売をはじめていよいよ世間に乗りだしてゆく話をするに先だって、当時私が、生活信条や道徳にかんしてどのような心構えをもっていたかを、ここでおまえに話しておいたほうがよいだろう。そうすれば、おまえも、そういったことがどの程度までこのあと私の生涯で起きた事件に影響をおよぼしたか、自分で理解することができるだろうと思うからだ。

フランクリンの宗教（一）

私の両親は早くから私に宗教的な影響をおよぼしていた。そして幼年時代を通じて、私を敬虔な非国教会派の一員として育てあげたが、私は十五歳になったかならないかという年齢で、さまざまな本を読み、そうした本のなかにいくつかの点で異論が出ていることを知るとともに、自分でもそうした問題に次々と疑問をもち、最後は神の啓示そのものまで疑うようになっていた。そのころ、私は理神論⑫を反駁《はんばく》する何冊かの本を手に入れた。それは、いずれもボイルを記念する講演⑬として行なわれた説教の要旨であるとのことだったが、これらの本は、その本来の意図とは反対の効果を私におよぼすことになった。というのは、反駁する目的で引用してある理神論者の議論のほうが、私には反駁の議論よりずっと強固であるように思われたからだった。そして、このあとすぐ私は、一口でいえば、徹底した理神論者になってしまったのである。

そうした私の議論に影響されて、ほかにも何人かが背教の道をたどるようになった。とくにコリンズとラルフがそうであったが、彼らはいずれもこのあと私に大きな迷惑をかけながら、平然としているので、また私にたいするキース〔彼もまた自由思想家⑭の一人だった〕の態度や、私自身ときどきひどく気にしていたあのヴァーノンとリード嬢にたいする自分の態度などを思い起こし、私はこの理神論の教義は真理であるかもしれないが、それほど有益とはいえないのではないかと思うようになった。

以前、私がロンドンで印刷したパンフレット⑮には、

存在するもの、それはすべて正しい。

半盲の人間は、もっとも近い環、鎖の一部のみをみて、
天上で、万物の平衡をつかさどる、
平衡のさおをみぬくことがない。

というドライデン⑯の詩の数行が題句《モットー》として引用してあり、また、私は無限の知恵、愛、そして力といった神の属性を考えると、この世界に間違ったものが存在するはずはないのであり、悪徳とか美徳とかいうのは本来的に存在しないものであるから、それを区別しようとするのは虚《むな》しいことではないか、そんな結論を書きつけてあった。しかし、今ではこのパンフレットは、私が以前考えていたほどすぐれたものだとは思わなくなっている。そして形而上学の推論の場合、よくあることだが、私の議論にもなにか間違った考えがそれと知らずにまぎれこんでいて、その結果、後半の部分がすっかりおかしくなったのではないだろうかと疑うようになった。

私は人間と人間とのあいだの関係においては「真実」「誠意」、それに「高潔さ」の三つが幸福な生活をするために絶対欠かせないものであると確信するようになっていた。そこで私は生きているかぎり実行するつもりで、いくつかのことを決意し、それを書きとめておいた。この決意はいまなお日記帳のなかにのこっているはずだ。神の啓示は、私にとって、それ自体としてはなんら重要な意味をもたなかった。そして私は、ある種の人間の行為は、神が禁じているから悪いの

ではなく、また、神が命じているから善いのでもなく、おそらくそういった行為は、そのこと自体の性質から、そしてまた、あらゆる事情を考慮したうえで、私たち人間にとって悪であるから神は禁じているのであり、私たちに有益であるから神が命じているのだ、といった考えをいだくようになっていたのである。

私はこうした信念をえたため、そしてまた、恵み深い神の摂理や守護天使にみちびかれ、環境と境遇にもたまたま偶然めぐまれたため、あるいは、そういったことすべてによって、父親の目がとどかず助言ももらえない遠方の地で、青春時代という危険な一時期を、見知らぬ他人のあいだで、ときには危ない目に遭いながらも、宗教心をもたない私の場合、当然、予想される、あの卑劣な不道徳行為や不正行為をなにひとつ意識的に犯すことなく、無事に切りぬけることができたのである。いま私は〝意識的に〟と断わったが、それは私が年齢的に若く経験をもたなかったためと、周囲に悪人が多かったため、私がこれまで述べてきたいくつかのあやまちは、ある程度〝やむをえない〟性質のものであったからである。このようにして、私は独立した社会人として世の中に出るにあたって、かなりの評価を受けるようになっていたのであった。そして私は、そういった評価の意味をよく知っていて、いつまでもそれを失わないようにしようと決意していた。

フィラデルフィアへもどってまもないころ、ロンドンから注文の新しい活字がとどいた。私たちはキーマーとの関係を清算し、キーマーが私たちの計画を聞きつけるまえに、彼も同意したかたちで、彼の店を出ることにした。私たちは市場の近くに貸家があるのをみつけてそれを借りた。この家の家賃は、あとになると、年額七〇ポンドにまでなったというが、私たちが借りたときは、わずか二四ポンドだった。私たちはその家賃の負担をさらに軽くするつもりで、ガラス屋のトマス・ゴッドフリー⑰とその家族に部屋を貸すことにした。こうして彼らは私たちに家賃のかなりの部分にあたる部屋代を払い、私たちは彼らに食費を払って、食事の世話をしてもらった。

私たちが活字の荷ほどきと、印刷機の調整をやっとすませたときに、私の友人の一人、ジョージ・ハウスが、早くも町の通りで印刷屋をさがしている人に出あったといって、一人の田舎の人を店まで案内してきた。私たちは、どうしても買っておかねばならないさまざまな備品のために、現金をすっかり使いはたしていたので、この人が払ってくれた五シリングは、私たちが稼いだ最初の収入であっただけでなく、いちばん欲しいときに入ってきた金であったため、私にはこのあと稼いだどのクラウン銀貨⑱よりもありがたく思われた。私はこのときのハウスにたいする感謝の気持から、もしこういったことがなかったら、おそらくそうはならなかったと思われるほど、積極的に、一人立ちをしようとする青年に援助の手をさしのべるようにしている。

どこの土地にも、年じゅうその土地の破滅を予言して歩く不吉な人間がいるものだが、フィラデルフィアにも、当時、そういった人が一人住んでいた。相当の年配の有名人で、賢者らしい風貌をもち、壮重きわまりないもののいい方をする人だった。名前はサミュエル・ミクルといっていたが、私は以前会ったことがなかった。ところがある日、この紳士が私の家に立ち寄って新しい印刷所を開いたのはおまえさんかとたずねるので、そのとおりだと答えると、印刷屋を開くのにはずいぶん費用がかかっただろう、しかし、その費用も、結局はむだになるのだから、気の毒でならない、などというのである。それというのも、彼によると、このフィラデルフィアは斜陽の土地で、町の住民はすでに半分が破産しているか、破産に近い状態におちいっているというのだ。さらに、新しい建物ができたり、家賃が上がったりして、一見、その反対にみえるかもしれないが、自分が確実に知っているところによると、こういったことこそ、じつはやがて私たちを破滅に導くもので、あてにすべきでないというのである。

そのうえ、彼はいま現実に起こっている不幸や、やがて起ころうとしている不幸のかずかずを、これでもかこれでもかと私に聞かせるので、しまいには、私もなかば憂鬱になってしまった。もしも私が商売をはじめるまえに、彼を知っていたら、おそらく開業などしなかっただろうと思う。彼はその後もこの破滅の途上にあるという土地に住みつづけ、同じ調子で不吉な予言をしてまわり、自分は、あらゆるものが破滅に向かっているといって、長年、このフィラデルフィアで家を買うことを拒んでいた。ところが、最後の最後になって、その彼が、不吉な予言をはじめたころに比べると、五倍もの代金を払って一軒家を買うことになったので、私は痛快に思ったことだった。

(1) ロンドンの南東二四マイル、テムズ川の河口にある港。
(2) この〝計画〟そのものは前記の日記から失われ、前書きと題目が残されているだけという。
(3) パトリック・ゴードン（一六六四―一七三六）。一七二六年から没年まで総督を務めた。
(4) ジョン・ロジャーズ（?―一七四五?）。のちにフランクリンと結婚するデボラと、一七二五年八月五日、結婚した陶工。二年後、多額の借金を残して家出。一七四五年に、死亡の噂がとどいたが、確認できず、フランクリンの結婚（一七三〇）は、重婚の恐れがあり、正規の結婚にはならなかった。
(5) 一六九七?―一七五〇?　ペンシルヴェニア植民地の地方議会議員の息子。『自伝』にあるように、フランクリンと印刷所の共同経営にあたったが、一七三〇年、ノースカロライナ植民地に入植。八年後、フィラデルフィアにまいもどり、フランクリンは経済的に援助したが、また消息を絶った。
(6) 一七〇四―五八。ジャントー・クラブの創立時からの会員。クエーカー教徒。植民地議会の職員として働いた。
(7) 当時アメリカの移民のなかには、渡航の費用がないので、アメリカで一定期間奉公するという条件で船長に身を売り、無賃で渡航してきた者が少なくなかった。すぐあとに出てくる「金で買われた奉公人」というのは、こういった人びとのことである。
(8) 一七〇八―三六?　『自伝』にあるように、オックスフォード大学に学んだが、フィラデルフィアにきて印刷工見習いとなる。のちサウスカロライナ植民地で最初の印刷所を開く。
(9) ウェールズ出身のクエーカー教徒。バルバドス島で最初の印刷屋を開く。晩年、またフィラデルフィアにもどってきた。
(10) イングランド南西部、セヴァーン川沿いにある町。

(11)フランクリンがここで知り合った人びとは、いずれもニュージャージー植民地の有力者で、植民地議会議員、裁判官などの役職を務めており、その後もフランクリンの政治活動を側面から支持した。

(12)従来の天啓といった神秘的な要素を宗教からとりのぞいて、自然そのものが神の存在を証明し、理性的なものこそが真理であると主張する。十七世紀の合理主義的な科学思想とともに発生し、十八世紀にはとくにイギリスで広く行なわれた。アメリカにおいても、フランクリンのほかジェファソンも、強くこの思想の影響を受けている。

(13)イギリスの化学者ロバート・ボイル(一六二七—九一)の寄付を基金として、一六九二年にはじまった学術講演会で、キリスト教を擁護するという意図をもっていた。

(14)理神論者のこと。

(15)前出の『自由と必然、および快楽と苦痛についての論考』のこと。一一六ページ注(10)参照。

(16)ジョン・ドライデン(一六三一—一七〇〇)。イギリス十七世紀後半を代表する詩人、批評家、劇作家で、作品も多い。引用の詩句は、彼の悲劇『エディパス』(一六七九年発表)からのものであるが、原詩とは多少の異同がある。

(17)一七〇四—四九。一四〇ページに出ているように、ガラス屋であるとともに、独学のすぐれた数学者だった。なお、フィラデルフィアの有名な「インデペンデンス・ホール」の窓ガラスは彼の手になるもの。『ゴッドフリーの暦』を発行していて、仲違いするまで、フランクリンはこの暦を印刷していた。

(18)イギリスの五シリング銀貨。

第五章　人間形成期

勤勉の効用

これより前に、ひとことふれておくべきだったと思うが、その前の年の秋、私は知的な友人のほとんど全部とで相互に人間形成をめざすためのクラブをつくり、ジャントー[1]という名前にして、金曜日の夜、会合を開くことにした。私が作成した会則によると、会員は全員が順番に、倫理、政治、または自然科学におけるなんらかの問題点について、少なくとも一つ討議資料をつくって、その問題を全員で討議することになっており、また、三ヵ月に一度、自分の好きな問題について自分で書いた論文を用意し、発表しなければならなかった。

私たちは討論を司会者の指示に従って進め、議論のための議論をしたり、相手を説き伏せることばかり考えて議論をするのではなく、誠心誠意、真理を探求する精神で行なうことにした。その後しばらくして、討論が激昂するのを避けるため、自分の意見を断定的に発表したり、頭から反対したりすることをいっさい禁止するとともに、この約束を破った者からは少額の罰金を徴収することにした。

最初の会員は、次の人たちであった。ジョーゼフ・ブラインドナル。[2] 公証人のために証書を代書する仕事をやっている、温厚な、友だちがいのある中年の男だったが、詩が大好きで、手あたりしだい詩を読み、自分でもかなりすぐれた作品を書いていた。またとても手先が器用で、こまごました装身具などをつくり、気のきいた会話を得意にしていた。トマス・ゴッドフリー。独学の数学者の彼は、その専門の分野では有数の人物であり、のちに、いまハドレーの四分儀という名で呼ばれている装置を発明したが、専門外のことについてはこれといった知識をもたず、また、話をして楽しい人間ではなかった。というのは、私がこれまでめぐりあったすぐれた数学者はほとんどがそうであるが、このゴッドフリーも、人のいうすべてのことに異常なほど正確さを要求したり、ごくつまらないことに反対したり、うるさい区別立てをしたりして、みんなの会話のじゃまになってしようがなかったからである。彼はまもなく私たちの会から出ていった。

ニコラス・スカル。[3] 彼は測量技師で、のちに測量監督になったが、本が好きで、ときどき詩を書くこともあった。ウィリアム・パーソンズ。靴屋の職人として育てられていたが、読書が好きで、数学の知識をかなりもっていた。彼はこの数学を、最初は占星学の研究をするため勉強したのであったが、のちになると、その占星学というものをばかにしていた。彼もまた測量監督官になった。ウィリアム・モーグリッジ。彼はものすごく腕のよい建具屋の職人で、堅実で、しかも健全な常識をもっていた。ヒュー・メレディス、スティーヴン・ポッツ、ジョージ・ウェブ。この三人の性格についてはすでに述べた。ロバート・グレイス。[4]相当の財産があるこせこせしない快活な青年紳士で、機知にとみ、しゃれをとばすのが得意で、友人とつきあうのが好きだった。そして最後に、ウィリアム・コールマン。[5]彼は私とほぼ同年輩で、当時、ある商人のところで店員をやっていたが、おそらくこれまでめぐりあったすべての人のなかで、とびきり冷静かつ明晰な頭脳と温かい心をもっており、また道徳的にも厳格そのもののような人だった。彼はのちに名のとおった商人となり、またこの植民地の判事も務めた。私たち二人の友情は、四〇年以上にわたり中断することもなく、彼が世を去る日までつづいた。

そしてまた、同じように、私たちのクラブも、ほぼ四〇年間存続し、当時の植民地でいちばん優秀な哲学、道徳、そして政治学の学校になった。それというのも、私たちのクラブで取りあげる課題は、討議を行なう一週間前に発表してあったので、私たちは、より適切な意見を述べることができるよう、その一週間はそのいくつかの問題を集中的に勉強したからだった。そしてまた、このクラブでは、会則のなかでおたがい不愉快な思いをしないため、あらゆる工夫を研究してあったので、私たちはよりよい会話の習慣を身につけることもできた。こういったところに、私たちのクラブが長つづきした原因があったと思うが、このクラブについては、これから先もたびたび話す機会があるだろう。

印刷業に成功

しかし、私がここでこのクラブの話をはじめたのは、当時、私のうしろだてとなってくれた人びとについて、少し話しておきたかったからである。このクラブの会員は、それぞれ努力して、私に印刷の仕事をみつけてくれていた。とりわけブライントナルは、クエーカー教徒から彼らの年史の四〇シート分を印刷する仕事をとってきてくれた。その残りはキーマーがひきうけていたが、値段が安い仕事だったので、私たちはきわめて精力的にこの仕事に取り組んでやった。これはプロ・パトリアとよばれる紙の大きさの二つ折判で、本文にはパイカ、つまり一二ポイントの活字を使い、注はロング・プリマー、つまり一〇ポイントの活字を使うことになっていた。

私は一日一シートの割りで活字を組み、メレディスがそれを印刷機で印刷した。そして、翌日の仕事にそなえて、活字をくずし終えると、時刻はすでに夜の一一時、ときにはもっと遅くなっていることも珍しくなかった。というのは、ほかの友人が、ときどきもってくるちょっとした仕事をやっているうちに、予定が遅れてしまうからだったが、しかし、私は絶対に一シートの割りをくずさないことにきめていたので、ある晩などは、製版を終え、やっとこれで一日の仕事が終った、と思って一息入れたとたん、せっかく組んだばかりの版の一つが偶然こわれ、二ページ分がめちゃめちゃになってしまった。しかし、私はさっそくその版をくずして、あらためて最初から活字を組みなおし、それが終るまで床につかなかった。

こういった勤勉ぶりが近所の人たちの目にとまり、私は評判と信用を得るようになった。とくにこんな話が私の耳に入ってきた。あるとき、商人たちのクラブの毎夕クラブで、新しい印刷所のことが話題にのぼり、おおかたの人が、この町にはすでにキーマーとブラッドフォードという二軒の印刷屋があるのだから、私たちはきっと失敗するだろうという意見だったとき、ベアード博士[6]が「この人には、ずっとあとで彼の生まれ故郷のスコットランドのセント・アンドルーズで、おまえも私といっしょに会っている」反対の意見を述べるとともに、「わしは、あのフランクリンという男の勤勉さにまさるものをみたことはない。なにしろクラブの帰り道にのぞいてみると、まだ仕事をやっているし、朝は朝で、近所の人たちがまだ寝床から起きださないうちに、もう仕事をやっているのだからね」といってくれたというのである。残りの人たちもこの言葉を聞いて感心してしまった。それでこのあとすぐ、そのなかの一人が文房具を卸してやるがどうか、と申しこんできた。しかし、私たちはそのころはまだ小売をやる気持はなかった。

こんなふうに、自分の勤勉さをひとつひとつくわしく、また臆面もなく述べたてると、まるで自画自賛をしているようにみえるかもしれないが、じつは、そういうつもりではなく、私の子孫でこれを読んでくれる者が、この私の物語全体をとおして、勤勉というこの美徳がどんなに有利に私のためになっていたかをみて、この美徳の効用を悟ってほしいと思って、このようにくわしく述べているのである。

新聞発行に乗り出す

そのころジョージ・ウェブは、自分に金を融資してくれる女友だちをつくっていたが、彼はその彼女に借りた金でキーマーとの年季契約を解約し、私たちの店で一人立ちした職人として雇ってくれないかといってきた。私たちにはまだ彼を雇い入れるだけの余裕がなかったが、そのとき、私はおろかにも、彼に内密にしてほしいが、自分は近いうちに新聞をはじめるつもりにしている、そうなったらやってもらう仕事ができるかもしれない、といってしまったのである。私はそのときウェブにも話したことであるが、次のような根拠から、新聞を出せば必ず成功するものと思っていた。つまり、当時の新聞というのは、ブラッドフォードが出している新聞[7]がただ一つあるだけで、これがまたくだらない新聞で、経営はまずく、しかもぜんぜん面白くないときていた。それにもかかわらず、彼の新聞は儲かっていたので、いい新聞を出しさえすれば、まず間違いなく読者に受けるだろうと判断したのだった。

私はウェブに、このことをだれにもいわないでほしいと頼んでおいたが、彼はそれをキーマーにもらしてしまった。するとキーマーは、私を出しぬこうとして、さっそく、自分のほうに新聞を発行する計画があることを発表し、ウェブはそちらの新聞に雇われることになった。これは私にとってがまんならぬことだった。そこで私はキーマーたちの計画をじゃましてやろうと、"おせっかい屋《ビジー・ボディー》"という筆名で愉快な話を数篇書いて、まだ自分で新聞を出すことができないときだったので、ブラッドフォードの新聞にそれを載せてもらった。[8]そのあと、ブライントナルに頼んで数ヵ月連載をつづけたが、これが人気を呼んで、世間の目はブラッドフォードの新聞に集まり、キーマーの計画は、私たちが茶化したり、笑いものにしたりしたため、無視されてしまった。

それにもかかわらず、キーマーは新聞の発行に踏みきり、九ヵ月ほどつづけたが、購読者はいちばん多いときですら九〇人しか集まらず、ついにわずかな金で自分の新聞[9]を私にゆずりたいと申し入れてきた。私のほうは少し前から、これを引きつぐ用意をしていたので、ただちにゆずり受け、数年とたたないうちに、この新聞は私にとってずいぶん儲かるものとなった。

このころ私たちはまだ共同で仕事をやっていたにもかかわらず、私はこのころの話に、ややもすると"私は"という一人称単数を使ってしまうが、これはおそらく、私が事実上ひとりで経営全体のきりもりをしていたからだと思う。メレディスは植字の仕事がまったくできないうえに、印刷の仕事もぱっとせず、しかもしらふでいることがほとんどなかったのだ。私の友人たちは私がメレディスのような男と関係しているのはもったいないといったが、私としてはそれをがまんするしかなかった。

私たちが最初に出した新聞は、これまで植民地で出ていた新聞とはすっかり違った体裁をとっていた。今までの新聞よりも良質の活字で、はっきりと印刷してあったのである。しかしそれよりも、当時バーネット総督とマサチューセッツ植民地議会とのあいだに行なわれていた論争[10]にかんして、私が書いた勇敢な論説が有識者たちに強い感銘をあたえ、これをきっかけにして、新聞とその新聞を経営する私のことがほうぼうで話題となり、数週間のうちに、そういった人びとがいっせいに私たちの新聞を購読することになったのだ。しかも彼らの例にならって多くの人びとが購読者になったので、部数は順調に伸びていった。これは私が多少とも、ものを書くことを覚えていたことが身のためになった最初の例であるが、もう一つ、指導的な地位にある人びとが、今度の新聞を経営している私は筆もまたたつ人間のようだから、援助して恩を売っておいたほうが有利なのではないかと考えたことも、私の文筆の才が役立った例であった。

ブラッドフォードはいまもなお議事録や、法令や、その他の役所関係の書類の印刷をやっていた。彼はあるとき植民地議会が総督に提出する請願書を印刷したが、それがあまりにも杜撰《ずさん》な誤植だらけの印刷だったので、私たちはそれを体裁よくまた正確に刷り直して、議員の一人一人に一部ずつ送った。すると議員たちも、印刷の違いに気づき、その結果、植民地議会のなかで私たちの店を支援する議員の勢力がふえ、私たちは翌年度の植民地議会指定の印刷人に選ばれることになった。

植民地議会に議席をもっていた私の友人のなかでは、前にも述べたハミルトン氏のことを忘れるわけにはいかない。彼はもうイギリスからもどっていて、植民地議会に議席を占めていたのであるが、今度の印刷の仕事の件でも私のため積極的に努力してくれた。そして、このあとも多くのことで、私のために便宜をはかってくれるとともに、死ぬまで私のうしろだてになってくれた。ちょうどこのころ、むりに催促するというほどではなかったが、ヴァーノン氏がまだ返済していなかった例の借金のことをいってきた。私は返済をけっして忘れてしまったわけではないが、もう少し待っていただけないかと率直に頼む手紙を書いたが、彼はこの私の頼みを認めてくれた。それで私は借金を返済できるようになったとき、なによりも先に、利息と心からの感謝の気持を元金にそえて返済した。そういうわけで、このあやまちも、ある程度、償いができたものと思っている。

共同経営解消

ところが、ここで、私が夢にも予想していなかった面倒なことがまた一つ起こった。メレディスの父親は、私と交した約束によれば、私たちの印刷所の費用を出してくれることになっていたが、植民地の金で一〇〇ポンドしか融資できないということになって、その一〇〇ポンドはすでに払っていたが、残りの一〇〇ポンドは商人から借りたままになっていたのだ。そしてその商人がついにしびれを切らして、私たち三人を訴えて出たのである。私たちは保証金を積んで猶予してもらったが、それでも期限内に金の工面ができないようだと、やがて訴訟は判決、つづいて刑の執行という運びとなるのは避けられず、もしそうなったら、印刷機も活字も借金を返済するためおそらく半値で処分するほかなくなり、私たちの前途有望な印刷の仕事が私たちともども破滅せざるをえなくなるのは明らかだった。

　このような苦境にあったとき、二人の真の友人が別々に、しかもおたがいもう一人が来たとは知らずに、私のところへやってきて、私のほうから頼んだわけでもないのに、私がこの商売を全部一人でやれるようだったら、そのために必要な金を全額融資してやろうと、それぞれがいってくれたのである。私は今までこの二人の友人の親切を忘れたことはないが、これからも、記憶力があるかぎり、忘れることはないだろう。ところで、この二人は私がメレディスと共同でこのまま商売をつづけていくことに反対だった。それというのも、メレディスは、彼らのいうとおり、町の通りをしばしば酒に酔って歩いたり、酒場で低級なばくちをやったりして、私たちの信用をずいぶん落としていたからだった。

　この二人の友人というのは、ウィリアム・コールマンとロバート・グレイスであったが、私は、その彼らに、いままでメレディス親子が私にしてくれたことや、今後も、もし彼らにそうする力があれば私にしてくれると思われることにたいし、たいへん恩義を感じているので、彼らに私たちが交した契約の義務を少しでもはたす見込みが残っているかぎり、私のほうから別れ話をもちだすことはできない、ということを伝えた。しかし、万一、あの親子がいよいよ自分たちの約束をはたすことができず、私たちの共同の事業を解消せざるをえないようになったら、そのときこそ、私はだれにも遠慮せず、自分の友人から援助を受けることができると思う、といった。

こうして、しばらくこの問題はそのままになっていたが、ある日、私はメレディスにこうたずねてみた。「もしかすると、君のお父さんはぼくたちの仕事で君がやっている役割に不満をもっているのではないだろうか。それで君だけだったら出してくれる金も、ぼくがいるため、出ししぶっているんじゃないか。もしそうだったら、そういってくれ。ぼくはこの仕事を全部君にゆずって、ぼくはぼくで、自分の商売を別にやってもいいんだから」。すると彼は「とんでもない。うちの親父はほんとうに金の入るはずのあてがはずれて、じっさい金が出せなくなったんだ。それでぼくは、これ以上親父に迷惑をかけたくないと思っている。この仕事はぼくに向かない仕事だってことがわかってきた。もともと農家育ちのぼくが、町なんかに出てきて、三十になってから、新しい商売を覚えようと徒弟奉公をやったのがそもそも間違いだったんだ。じつは、ぼくたちウェールズ出身の者が大ぜいそろって、土地が安いノースカロライナで入植しようとしている。それでぼくも加わって、よく知っている農業をやろうかと思っている。君には援助してくれる友人がいるだろう。だからもしも君がこの店の借金を引きうけるとともに、親父が融資してくれた一〇〇ポンドを親父に返し、ぼくの個人的なこまかい借金もかわりに払って、ぼくに三〇ポンドと新しい馬の鞍を一つ都合してくれれば、共同経営の権利は放棄し、あとは全部君にまかせることにしていいよ」といった。

私はこの彼の申し出に応じて、さっそく書類を作成し、署名捺印《なついん》をするとともに、彼が要求したものをあたえた。メレディスはこのあとすぐカロライナへ出発した。そして翌年、そこから長い手紙を二通よこして、その地方の気候、土壌、農業などについてを知らせてきたが、彼はこういったことがらにかんしては、非常に正確な理解力をもっていたので、彼の手紙はその地方について書かれた報告としては最上のものだった。私はその手紙を新聞に載せ、一般の読者からずいぶん喜ばれた。

メレディスが出ていったあと、私はただちに二人の友人に援助をもとめたが、その二人いる友人のうち一人をさしおいて、あとの一人だけを選ぶといった恩知らずのことはしたくないと考え、二人がそれぞれ出してくれるという、そして私が必要とする額の半分を一人から、残りの半分をもう一人から借りることにした。そして店の借金を清算し、共同経営が解消したという広告を出すとともに、私個人の名儀で商売を続行した。これは一七二九年か、その前後(11)のことだったと思う。

このころペンシルヴェニア植民地には、わずか一万五〇〇〇ポンドの紙幣しか残っておらず、やがてそれも回収される予定になっていたので、一般の住民のあいだには紙幣の増発をもとめる声があがっていた。[12] 金のある住民はいかなるものであれ紙幣の増発には反対だった。彼らは、ニューイングランドの場合のように紙幣の価値が下落し、債権者全体が被害をこうむることを恐れて、紙幣そのものに反対だったのである。

私たちは、ジャントー・クラブでこの問題を議論することがあったが、私は増発に賛成する側にたった。というのは、一七二三年にはじめて、少額ながら発行された紙幣によって、この植民地の取引と雇用が増大し、また人口も増加して大きな利益があがったと確信していたからである。今でこそ古い家にも全部人が住んでいるし、新しい家がたくさん建っているが、私がはじめてフィラデルフィアにやってきて、巻き長パンをかじりながら町の通りを歩きまわったころは、今でもはっきり覚えているけれども、ウォールナット・ストリートのセカンド・ストリートとフロント・ストリートのあいだは、ほとんど軒なみ戸口に「貸し家」のはり紙がはってあったし、またチェスナット・ストリートやほかの通りにも同じように貸し家がたくさん並んでいたので、そのとき私はこの町の人たちがつぎつぎに町を見捨ててよそへ出ていくのではないかと思ったものだった。

私は議論をかさねるうちに、すっかりこの問題にとりつかれて、『紙幣の本質とその必要性』[13]と題した匿名のパンフレットを書いて、印刷するまでになった。このパンフレットは、概して一般の住民のあいだで評判がよかったが、金持の連中は、このパンフレットによって紙幣増発の声がますます強くなっていったため、面白くない顔をしていた。ところが彼らの側には、私のパンフレットに反論するだけの力をもった筆者がたまたまいなかったので、彼らの反対は弱まる一方で、結局、増発案は多数をもって植民地議会を通過することになった。植民地議会の私の友人たちは、私の努力がだいぶものをいったことを認め、その報酬として、私にこの紙幣の印刷の仕事をまわすのが適当だろうと考えてくれた。この仕事は非常に割りのいい仕事で、私は大いに助かったが、これもまた、私がものを書く才能を身につけていたことが役立ったもう一つの例である。

このとき発行した紙幣が有益だったことは、時間と経験とによってはっきり証明されたため、あとからその効用について異論がでることはなかった。そしてその結果、紙幣はやがて五万五〇〇〇ポンドに、一七三九年には八万ポンドに増加したばかりか、このあと、戦争中[14]には三五万ポンドを上まわるほどになり、その一方では、通商、建築、人口がその間ずっと増大した。しかし、現在の私は紙幣の発行にはやはり限度があり、それを超えると有害になるのではないかと思っている。

このあとしばらくして、私は友人のハミルトン氏をとおして、ニューキャッスルの紙幣を印刷するという仕事を手に入れたが、当時の私は、この仕事もまた割りのいい仕事だと思った。零細な仕事をやっている人間には、小さな仕事でも大きくみえるものであるが、こういった仕事は私には大きな励みになったので、実際に私は大きな利益を得ていた。ハミルトン氏は、このほか、ニューキャッスル政府の法令や議事録の印刷の仕事もまわしてくれたが、私はこの仕事を、印刷の商売をやめるまで、ずっと手放さずにつづけた。

私はこのころ小さな文房具店を開き、この町ではそれまで手に入らなかった正式の書式を、友人のブライントナル氏に助けてもらって、各種完全にとりそろえることにした。そのほか、紙、羊皮紙、行商人が売りあるく安本なども店においてあった。またこのころ、ロンドンで知りあったホワイトマッシュ[15]という、すばらしい腕をもった植字工が、私のところにやってきて、私といっしょにかげひなたなく仕事をやってくれていた。私はまたアクィラ・ローズの息子を見習い工として雇い入れた。

私はこのころになって、ようやく印刷所のために背負いこんだ借金を、すこしずつだが返済するようになった。そして商売人としての信用と評判を維持するため、ただ〝実際〟に勤勉と倹約を心がけるだけでなく、〝外観〟からも、その反対にみえることがないよう気を配った。質素な服を着て、遊び人が集まる盛り場などにはぜったい顔を出さず、魚釣りや狩猟にも出かけることをしなかった。たしかに本に夢中になって仕事を怠ることがときどきあったが、しかし、そうしたことは年じゅうあるわけではないし、また人目につくことでもなかったので、悪い評判がたつはずはなかった。そしてまた、私は自分が身分相応に商売をやっているということを示すために、ときどき卸売りの店で買いもとめた紙を手押し車にのせ、町の通りをみずから押して帰ることにした。

このようにしたおかげで、私は勤勉で将来性のある青年だと思われるようになり、また、買った品物の代金をきまった日にきちんと払っていたので、文房具の輸入をやっていた業者から取引を申しこまれたり、ほかの者から本を卸してやろうという申し出があったりし、着実に成功の道を歩んでいたのだった。一方、キーマーはといえば、日ごとにその信用が落ち商売が不振となってゆくばかりで、最後には、債権者の支払いのため印刷所を売らなければならなくなり、バルバドス島へ渡って、そこで数年間、とても貧しい生活を送るようになった。

彼の徒弟であったデイヴィッド・ハリーが、このキーマーから商売道具を買いとり、彼のあとをついでフィラデルフィアで印刷屋をはじめることになった。ハリーは私がキーマーの店で働いていたころ仕込んでやった男であるが、非常に有力で顔のきく友人を何人かもっていたので、私も最初は強敵があらわれたと思って不安になった。そこで私は、共同で商売をやってみないかと申しこんだが、彼はその申し出を一笑のもとに断わった。しかし、これは私にとって幸運だった。彼はものすごく傲慢《ごうまん》な男で、紳士のような身なりをしてぜいたくに暮らし、さかんに外で遊びまわって借金をこしらえ、自分の商売に身を入れることがなかったからだった。こういったことのため、やがて彼に仕事を頼む者がいなくなり、彼はなにもすることがないまま、キーマーのあとを追ってバルバドス島へ出かけ、印刷所もそちらに移した。そのバルバドス島でこの徒弟はかつての主人を職人として雇い入れたが、二人は喧嘩ばかりしていた。そしてハリーはいつも借金に追いかけられ、結局、最後は活字を売りはらってペンシルヴェニアにもどり、農業をやらざるをえなくなった。彼の活字を買いとった人は、キーマーを雇って印刷屋をやっていたが、数年後、そのキーマーも死んでしまった。

こうしてフィラデルフィアには、昔から印刷屋をやっているブラッドフォードのほかに、私の競争相手はいなくなった。このブラッドフォードは金に不自由なく生活も楽だったため、仕事は渡りの職人を使ってときどきやるだけで、とくべつ商売に力を入れているというのでもなかったが、それにもかかわらず、郵便局をやっていたため、彼のほうが新しい情報を入手する機会が多いと一般に思われており、それにまた、彼の新聞で広告したほうが私の新聞よりひろく行きわたり有利だと考えられていたので、広告の量がずっと多かった。こういったことで、彼は儲けていたのであり、私は不利な立場に立たされていた。じつをいうと、私も郵便を利用して、新聞を受けとったり送ったりしていたのであるが、世間の人はそうは考えてくれなかった。ブラッドフォードが意地悪く新聞の郵送を禁じていたので、私は郵便運搬の騎手に賄賂《わいろ》を使って、こっそり私関係の新聞を運んでもらっていたからだった。私は彼のこうしたやり口に少なからず憤慨し、この一件で彼をじつに卑劣きわまりない人間だと思った。そのため、私がのちに彼にかわって郵便局をやることになったとき、ああいった真似だけはやるまいと気をつけたものだった。

フランクリンの結婚

このころまで、私はゴッドフリーと従来どおりいっしょに暮らしていた。彼は妻子とともに私の家の一部で生活し、店の片側を使ってガラス屋の商売を——といっても彼は例の数学にいつも夢中になっていて、仕事らしい仕事はなにもやっていなかったが——やっていた。

ゴッドフリー夫人のほうは、私を自分の親戚の娘と結婚させようと思って、しばしばその娘と私が顔をあわせる機会をつくっていたが、その娘自身がとてもよい娘だったので、そのうち私のほうも本気で結婚を申しこんでもいいという気持になった。彼女の両親も乗り気で、毎日のように私を夕食に招待し、そのあと二人だけで過ごす時間を認めてくれた。こうして、いよいよ話を具体化するところにまでこぎつけて、ゴッドフリー夫人が私たちのあいだに入って交渉するだんどりになった。私は印刷所の借金の残りを払える程度の持参金はつけてほしいという条件をゴッドフリー夫人に伝えた。借金といっても、そのころはもう一〇〇ポンドたらずになっていたと思う。

ところが、ゴッドフリー夫人が先方にそれだけの金を出す余裕がないといっている、という返事をもってきたので、私は家を担保にして金融業者から金を借りることだってできないでもあるまい、といってやった。これにたいして、数日後、先方から返事があったが、この結婚には賛成しかねるというものだった。彼らは、ブラッドフォードに問いあわせたところ、印刷屋というものは、活字がすぐだめになるので、つぎつぎと補充しなければならず、したがって儲かる商売でないとか、サミュエル・キーマーとデイヴィッド・ハリーがあいついで破産したが、おそらく私も、やがて彼らのあとを追って破産するだろう、などと聞かされたためだった。こうして、私は彼女の家に出入りすることを許されず、また娘のほうも外出を止められてしまった。

このような結果になったのは、親たちの考えがほんとうに変わったためなのか、それとも、私たち二人がもうあとにひけないほど深い関係になっているという仮定のうえにたって、どうせこっそり結婚するだろう、そしていったん結婚してしまえば、自分たちが適当と思う金を持参金として出してやるのも出さずにおくのも自分たちの勝手である、そんなふうに考えて、親たちがしくんだ策略にすぎなかったのか、私は知らない。しかし、私にはどうもあとのほうであるように思われたので、私は腹をたて、二度と先方へ出かけることをしなかった。

ゴッドフリー夫人は、このあとも、いろいろとうまいことをいって先方の意向を説明し、話のよりをもどそうとしたが、私はあんな一家とはこれ以上つきあう気持は毛頭ないと、はっきり彼女にいってやった。この言葉を聞くと、今度はゴッドフリー夫妻がかんかんになって怒りだした。そして私たちの関係は険悪になり、彼らは、この広い家に私をたった一人残して引越していった。

私は私で、これからは二度と同居人など置かないようにしようと決心したものだった。

しかし、この事件をきっかけにして、私は結婚ということを本気で考えるようになった。私は自分の周囲をみまわしたり、ほかの方面に交際を申しこんだりしたが、やがて、印刷屋という商売は、一般につまらない商売だと考えられていたので、持参金つきの妻をもらおうと望んでも、持参金がついているという以外には、なんのとりえもないような相手でなければ、まず無理な注文であることを知った。しかし、そういっているあいだにも、私は抑えがたいあの青春時代の情欲にかられて、道であったいかがわしい女たちとしばしば関係を結んだものだった。[16] だがしかし、この関係にはいささか費用がともない、なにかと不便が多かっただけでなく、悪い病気をうつされて健康をそこなう危険がたえずつきまとい、その点がなによりも恐ろしかったが、まことに幸いにして、私はそういった悪い病気だけはうつされずにすんだのであった。

私とリード家のあいだには、親しい交際が、隣人として、また昔からの知りあいとして、その後もずっとつづいていた。リード家の人たちはみんな、私がこのリード家に下宿させてもらったとき以来、私に好意をもっていた。私はしばしばリード家に招待され、彼らの内輪の相談にのってやり、ときには私の判断が役に立つこともあった。私はリード嬢の不幸な境遇に心から同情していた。彼女はたいがいふさぎこんでいて、ほとんど笑顔をみせることもなく、自分の部屋に引きこもっていたからである。私は私なりに、彼女の不幸の原因は、なによりも自分がロンドンにいたころ、移り気で実がなかったせいだと思っていたが、彼女の母は、親切なことに、私よりも自分のほうこそ悪かったと考えてくれた。彼女は私がロンドンに出かけるまえに、私たち二人が結婚しようとしたのをさまたげたうえに、私の留守中、娘を説き伏せてほかの男と結婚させたからというのだった。

私とリード嬢とのあいだには、昔の愛情がよみがえってきたが、しかし、私たちが結婚するにはまだ大きな障害があった。彼女の前の結婚は、相手の男の妻がイギリスに生きているということでたしかに無効とみなされていたが、なにしろ遠方のことで、それを簡単に証明することができなかったからだ。そしてまた、相手の男がその後死亡したという噂もあったが、それもはっきりしていなかった。それに彼の死亡の噂がかりに本当だとしても、この男は多額の借金を残しているので、彼のあとを引きつぐ者は、その支払いを請求されるかもしれなかった。それにもかかわらず、私たちはこうした障害をすべて乗りこえて、一七三〇年九月一日、[17] 私は彼女を妻に迎えた。そして私たちが心配していたような不都合はなに一つ起こらず、彼女は善良で忠実な伴侶《はんりょ》となり、店の仕事をやって私をずいぶん手伝ってくれた。私たちは二人そろって成功の道を歩み、つねに相手をしあわせにしようとおたがい努めてきた。こうして、私はこの大きなあやまちにたいしても、できるかぎりの償いをしたのだった。

このころになると、私たちのクラブは、居酒屋でなく、会合専用にとってあるグレイス氏の小さな部屋で会を開くようにしていたが、私はあるとき、いろいろな問題について論文を書くさい、しょっちゅう自分たちの本から引用しているので、そういった引用の箇所を会合の席でも必要に応じて調べることができるよう、自分たちの本をこの部屋にもちよっておいたほうが便利なのではないか、そんな提案をした。そういったふうにみんなの書物を一ヵ所に集めて共通の蔵書にしておいたら、私たちに本をまとめておく気持があるかぎり、みんなが会員全部の本を利用できるので、そうなれば、会員ひとりひとりがそこにある書物全部をもっているのとほとんどかわりない利益を得ることができると考えたからだった。

みんなはこの提案が名案だといって賛成した。そこで私たちはまずいちばん手放してもよいと思う書物をもちより、会合の部屋の片隅にならべた。集まった書物の数は、私たちが期待したほど多くはなかった。この文庫は非常に役に立ったが、適切な管理をする者がいなかったため、なにかと不都合なことが生じ、私たちはおよそ一年後、計画をとりやめ、各人は自分の本をふたたび自宅にもち帰った。

また、このころ私は公共の性格をもった最初の計画、つまり会員制図書館をつくる計画に乗りだした。私は趣意書を作成し、この町の有力な公証人だったブロックデン氏に依頼してこの趣意書を正式の文書にしてもらうとともに、ジャントー・クラブの友人の応援をえて、五〇名の会員を獲得した。会員はそれぞれ入会金として四〇シリングをまず払い、それ以後はこの会が存続を予定している五〇年間、毎年一〇シリング会費を納める規定になっていた。のちに、私は会員数が一〇〇名にまでふえたところで、法人組織にするための許可をとった。そしてこの図書館が、現在各地に非常に多くみられる北アメリカ会員制図書館の生みの親となった。私たちの図書館そのものも今では大きなものになり、たえず成長をつづけているが、こうした会員制の図書館こそ、アメリカ人全体の知識水準を高め、平凡な商人や農民の教養を高めて、彼らを諸外国の普通の紳士にくらべても決して遜色のないものにしたのだった。そしてまた、植民地全体の住民がみずからの権利を守るために、あのようにいっせいに立ちあがり戦ったのも、おそらくこの図書館がある程度貢献しているのではないかと、思っている。

（1）スペイン語からはいってきた言葉で、元来は政治的な秘密結社を意味する。
（2）？―一七四六。フランクリンが信頼をおいていた年上の友人。彼と同じように、科学に興味をもっていて、イギリス王立協会に論文を送っていた。亡くなったときは溺死だったが、自殺と思われる。
（3）以下、ここに名があがっているクラブ創立時からの仲間は、フィラデルフィアの政治・経済面で活躍し、町の歴史に名を残した。
（4）一七〇九―六六。アイルランドの貴族の家系で、三代にわたる裕福なフィラデルフィアの商人。鉄工場経営者の娘と結婚し、自分の工場でフランクリンの発明したストーブに使う鉄板を製造した。フランクリンを経済的に援助。

(5) 一七〇四―六九。フィラデルフィアの裕福な商人、最高裁判事。グレイスとともに、一七二八年、フランクリンの印刷所独立のさい資金を融資した（一四八ページ参照）。政治的にはフランクリンと立場を異にしたが、個人的には、親しかった。

(6) 前出のバード博士と同一人、九三ページ注(24)参照。セント・アンドルーズはスコットランド東部の港町で、一七五九年、フランクリンは、そこの有名なセント・アンドルーズ大学から法学博士号を贈られ、息子のウィリアムとともに、ここをおとずれたことがあった。

(7)『アメリカン・ウィークリー・マーキュリー』といって、一七一九年十二月創刊。

(8) これらの戯文は、一七二九年二―三月に連載された。

(9)『学芸百般における万人の教師、ペンシルヴェニア・ガゼット』という長い紙名の新聞で、一七二八年十二月創刊。一七二九年十月、フランクリンはこの新聞の権利をゆずり受け、紙名も『ペンシルヴェニア・ガゼット』と短縮し、当時アメリカでもっとも注目すべき新聞に育てあげた。

(10) 九二ページ注(14)参照。総督はイギリス本国の領主が指定した給料を要求し、植民地議会は植民地の立場から総督の給料を決定できると主張し、両者は対立したのである。

(11) 正確には、一七三〇年七月。

(12) ペンシルヴェニアでは輸入超過のため金銀がイギリス本国に流失し、通貨不足が深刻となっていた。一七二三年のはじめ、紙幣を発行して急場をしのいだが、それがやがて回収されることになっていたので、物価高に苦しむ一般の住民は、回収どころか、紙幣の増発を要求していたのである。

(13) 一七二九年四月発表。フランクリンは部分的にはイギリスの経済学者ウィリアム・ペティの理論によりながら、植民地の特殊事情をも考慮して、紙幣の増発を強硬に主張、要求した。

(14) 北アメリカで一七五四年にはじまったフランスとの戦い。
(15) ?―一七三三。フランクリンがロンドンから呼び寄せた有能な印刷工。サウスカロライナ植民地で印刷所を共同経営。『サウスカロライナ・ガゼット』を編集発行。
(16) 四七ページ注(3)参照。
(17) 九〇ページ注(3)参照。

中間章　自伝執筆を勧める二通の手紙

〔メモ〕ここまでは、冒頭で述べたような意図をもって書いたものである。したがって、家族以外の者には重要な意味をぜんぜんもたない家族のちょっとした逸話までが含まれている。以下の部分は、このあとずいぶんしてから、次に引用する二通の手紙に書かれている忠告に従って、一般読者を念頭に書きたしたものである。一時、中断したのは、独立戦争騒ぎに私自身がまきこまれたからであった。

エイベル・ジェイムズ氏[1]からの手紙、および自伝のための覚え書

わが親愛なる尊敬すべき友よ

貴兄にお手紙を差し上げようと何度も思っていたのですが、いろいろ気がかりなことがあって今日になってしまいました。といいますのは、万一私の手紙がイギリス軍の手に渡るようなこと

があったら、印刷屋あるいはお節介なやつが手紙の内容の一部を公表するかもしれず、そうなると、アメリカの友人たちに迷惑がおよび、私のほうもお咎めを受けるかもしれないと思い、心配で踏ん切りがつかなかったのです。

　ところが、先日、非常に嬉しかったことに、ご令息に貴兄がご一家の来歴と一七三〇年までのご自身の生涯について語った自筆原稿約二三枚と、これまた自筆の覚え書が、偶然、私の手に入ったのです。その覚え書の写しをここに同封しておきました。貴兄がさらに後半生まで自伝を続ける場合に前の部分と後の部分をつなぐうえでなにか役に立つのではないかと思ったからです。そして、まだ続きを書いていらっしゃらないようでしたら、すぐにでもお書きになられますよう希望いたします。「伝道之書」[2]のソロモンがいっていますように、人生は定めないものでありまして、もしもあの親切で人間味豊かで慈悲深いベン・フランクリンが、友人や世の中の人びとからこれほど面白くためになるご著書を読む喜びを奪うようなことがあったら、人びとはなんというでしょう。これはただ単に限られた少数の人たちにとってだけでなく、何百万という人たちにとっても有益で興味深い著作なのです。

　こういった種類の著書は若者の心におよぼす影響力がきわめて大きいものですが、公共のために生涯を捧げた人間の日々の記録ほどそのことがはっきり現れてくるものはないでしょう。若者たちはそれを読んで自分たちも努力してこの筆者のように立派ですぐれた人物になろうと知らず識らずのうちに決心するものです。私は必ず出版なさるだろうと信じていますが、たとえば、貴兄のこの著書が出版され、若者たちが貴兄の若い頃にならって勤勉と節制の美徳を実行するようになったら、若者にとってどんなに大きな祝福になることでしょう。私は、現存している人、いや、現存している人全部を一まとめにしても、アメリカの若者に対して、貴兄ほど勤勉に仕事をし、節約と節制を旨とする精神の重要性を教えこむ力をもった人をほかに思いつくことができません。このようにいっても、なにも貴兄の著書が世間に対してそれ以外の価値や効用がないと申しているのではありません。とんでもないことです。ただ、最初に申したことのほうが、ほかが匹敵できないほどの重要性をもっているといいたかっただけなのです。

ここに再録したこの手紙とそれに同封してあった覚え書を私のある友人にみせたところ、彼から次のような手紙がとどいた。

ベンジャミン・ヴォーン氏③からの手紙

一七八三年一月三十一日、パリにて

謹啓

先日、クエーカー教徒のお知り合い[4]が取り戻されたという、あなたの生涯の主だった出来事を記した覚え書を拝見する機会がありましたが、その時、その方が希望しておられるように、私もその自伝を完成させ出版なさるのが有益ではないかと思って、いずれお手紙を差し上げ、その理由をお伝えするよう約束しておきましたが、ここしばらくの間、雑用にとり紛れて約束の手紙を書く暇がなく、また、かりに書いたところで、ご期待に添えるようなものは書けなかったと思います。しかし、いまようやく暇な時間ができましたので、お手紙を差し上げることによって、少なくとも、私自身この問題に興味をもち、勉強をしたいと思っています。私がつい使ってしまう言葉はあなたのように礼儀正しい方には不快に思われるところがあるかもしれません。それで、立派さと偉大さという点では変わりはありませんが、あなたほど謙虚でない別のお方に話しかけるつもりで、話しかけさせていただきます。そして、話しかけますその人に、まず、あなたの生涯の物語を次の理由から、ぜひ聞かせていただきたい、といおうと思っています。

第一の理由は、あなたの生涯がきわめて注目に値するものなので、もしあなたご自身がお書きにならなければ、必ずだれか別の人が書くことになり、そうなったら、おそらくあなたご自身がお書きになれば、世のためになったはずのものが、かえって多くの害をおよぼすことになりかねないと思われるからです。

さらにまた、あなたの自伝はアメリカの国内事情のすばらしい見取り図となっていますので、立派な生活をし、逞しい精神をもった人たちにアメリカ移住の決断を促すうえで大いに役立つでしょう。アメリカへの移住を考えている人たちがそういった情報を熱心に求めていること、あなたのお名前が広く知れ渡っていることなどを考えますと、あなたの自伝以上に効果的な広告はないといってよいでしょう。

あなたの人生の出来事のすべては、また、成長途上にある国民の風俗習慣や状況と密接に関連していますので、その点、人間性や人間社会を正確に判断しようと願っている者にとって、カエサル⑤やタキトゥス⑥の著作以上に興味をかきたてるものがあります。

しかし、こうした理由は、私の意見では、次に申し上げる理由に比べますと、小さなものでしかありません。あなたの自伝は未来の偉大な人間を形成するうえですばらしい見本を示しているのです。そしてまた、あなたがお書きになった「徳にいたる道」⑦(出版されると伺っております)と関連して、個人的な性格の特徴を向上させ、結果的に、公私をとわずすべての人の幸福を増進させるのに役立つものと思われます。

いま申しましたあなたの二つの著作は、とくに独学のすばらしい習慣と模範を示しています。学校とその他の教育は、いつも間違った方針に基づいて行なわれていますし、気のきかない道具を使って間違った目標を目指しています。ところが、あなたの教育の道具はシンプルで、目標は的を射たものとなっています。現在、親たちと若者たちには人生において自分に適切な進路を判断し、それに対して準備する適当な手だてがなにもあたえられておりませんが、問題の鍵は、多くの場合、その人自身の手の中にあるというあなたの発見は計り知れないほど貴重なものです。

人の性格に対する年をとってからの影響は、ただ単に時期が遅いというだけでなく、効果も弱くなっているものです。私たちが主な習慣や偏見を自分自身に植えつけるのは若い時代です。職業や仕事や結婚に関する選択を行なうのも、これまた、若い時代です。それゆえ、私たちの人生の方向が決定されるのは若い時代においてであり、若い時代に次の世代の教育すらあたえられているのです。若い時代に私たちの公私にわたる性格は決定されています。人の一生は青年期から老年期までなのであり、最初の青年期によいスタートを切らなければならないのです。とくに主要な人生の目的に関して選択をする前によいスタートを切っておくべきなのです。

あなたの自伝は独学だけでなく、賢人の教育をも教えてくれています。どれだけすぐれた賢人でも、ほかの賢人がその人なりの処世術を細かく語っているのをみれば、啓発され、進歩向上につながってゆくものです。そして、人類が、この点、道案内らしい道案内をもたず、太古の昔から暗闇のなかをただ迷い歩いているのをみるにつけても、愚かな一般の人たちに援助の手を差しのべないでいていいものでしょうか。人間にはどれだけ多くのことが可能であるかを、息子たちにも父親たちにも、示してやっていただきたいと思います。そして、すべての賢人にはあなたのようになり、ほかの人たちには賢人を目指せと勧めていただきたいのです。

政治家や軍人たちが、おとなしい人たちにどれほど残酷になりうるか、高名な人たちがその友人にいかに非常識な態度をとるものか、そうした事例をあれこれ目にするにつけて、穏やかで柔和な態度をとる人たちが多くなってきて、偉大であると同時に家庭的であること、人に羨まれる地位にありながら気さくであること、そうしたことが両立可能だと知ることはまことに教育的なのであります。

私生活での小さな出来事もお話しくださると思いますが、それをお話ししていただければ、私たちはみんな日常生活で慎重に振る舞うルールのようなものを必要としていますので、たいへん参考になりますし、あなたがこうした日常の問題をどのように処理されてきたかを知ることは興味深くも思われるでしょう。それは、そのかぎりで、いわば人生の鍵となり、みんなが一度説明してもらいたいと思っている多くのことを説明してもらい、先を見越して賢明になる機会を与えることになるでしょう。

自分自身で直接経験することにもっとも近いことは、他人の経験を興味深いかたちで目の前に繰り広げてもらうことでしょうが、あなたが筆をとってくだされば、それが確実に期待できるのです。あなたの身に起こったことと、その対処の仕方は、単純にみえたり深刻にみえたりするでしょうが、いずれも参考にならないものはないでしょう。あなたは、まるで政治や哲学に関する議論をなさっているかのように、独創的にご自身の人生を処理してこられたものと信じております。人生ほど（その重要性と過ちの両方を考慮に入れて）実験と体系づけをする価値のあるものは考えられません。

世の中をみますと、ただ盲目的に美徳を身につけている人がいるかと思えば、虚しく空想の世界で思索にふけっている人、また、頭の回転は速いが悪いことばかり考えている人などがいるものですが、あなたでしたら、自伝のなかで、賢明で、実行可能で、しかも社会のためになることのみをお書きくださるだろうと、私は確信しております。

あなたの生涯の物語は（私がいまフランクリン博士を念頭において行なっているこの比較は、性格の点のみならず個人的な経歴においても、間違っていないと思います）、あなたがご自身の賤《いや》しい生まれを少しも恥じていないことを示すでしょうが、このことは、すべて人間の生まれなどはその人の幸福や、美徳、偉大さとなんの関係もないことを証明していますので、なおのこと重要な意味をもつと思います。

同じように、すべて目的というものは手段なくしては達成されないものですので、あなたのような方でも計画を立て、それによって著名な人物におなりになったということがわかるでしょう。しかし同時に、結果がどれほどよくても、手段は、知恵を用いてできるだけ単純にしたほうがよいこと、つまり、手段はその人の本性や、徳性、思考、習慣などに基づいていることをわからせていただきたいのです。

もう一つあなたの自伝で明らかにされますのは、人はそれぞれ世界の舞台に登場する時が決められていて、その時を待たねばならないということです。ところが、私たちは自分の意識をもっぱら目前の一瞬のみに向けて、最初の一瞬のあとにまだまだ多くの瞬間が続くことに気づかず、したがって、自分の行動を人生のすべての瞬間に合わせてうまく調整しなければならないことを忘れがちです。あなたは、お見受けしたところ、生まれもった性格をみごとにご自身の生活に適用されておられます。それで、あなたの生活は、どの瞬間も愚かしい苛立ちや後悔に苦しめられることもなく、満足と喜びで生き生きとしているのです。このような身の処し方は、徳行を自らの規範とし、忍耐をしばしばその特徴としている真に偉大な人物の例にならって自分自身の評価を維持しようとする人びとにとっては容易なことでしょう。

あなたに手紙をお寄せになったクエーカー教徒の方は(ここでもまた私はフランクリン博士に似た方を思いうかべながらこの手紙を書いています)あなたのことを節約と勤勉と節制ゆえに賞賛し、これこそすべての若者が模範とすべきものだといっておられますが、あなたが謙虚で公平無私なお方であることを忘れておられるようで、これはなんとも奇妙なことです。これなくしては、世に認められるまで悠然とお待ちになることはできなかったでしょうし、それまでの地位に満足しておられなかったのではないでしょうか。このことは、野心の虚しさと心の制御の重要性を示す有力な教訓として受けとめられるべきものだと思います。

ところで、あの手紙をお寄せになった方が、あなたの名声がどのようなものであるか、私と同じようにご存知だったら、その方はこんなふうにいわれたことでしょう。すなわち、あなたが以前お書きになったものとこれまでの行動は、あなたの「自伝」と「徳にいたる道」に人びとの注意を向けるでしょうし、そうなると今度はあなたの「自伝」と「徳にいたる道」があなたが以前お書きになったものとこれまでの行動に人びとの注意を向けることになるでしょう、といったことだろうと思うのです。このことは多様な性格をもった人の有利な点で、それによって、その人がもっているあらゆるものがいっそう力を発揮できるようになるのです。そして、世の中には、自分の精神や性格を向上させようと思いながら時間あるいは意欲にかんして迷うのではなく、どのような手段を用いればよいかと迷ってしまう人が多いので、なおさらのこと、役に立つのです。

最後に結論として申し上げたいことが一つあります。あなたの自伝は単なる伝記作品としても価値があるのです。このタイプの著作は、最近、少し流行らなくなったように思われますが、非常に有用であることには変わりありません。特にあなたの場合は、悪名高いさまざまな殺し屋や、陰謀家、愚かにも難行苦行に明け暮れている修道僧、自惚れの強い三文文士などとは対照的な生涯を描いていらっしゃるので、それだけでもう有用だと申せましょう。これに刺激されて同じ種類の著作が次々と書かれるようになり、自分も自伝にふさわしい人生を送ってみようと思う人が増えてくることを願っています。そうなったら、あなたの自伝はプルタルコスの『英雄伝』の伝記すべてを一まとめにしたほど価値あるものになるでしょう。

私は、ここまで、その性格の特徴がすべて当てはまるような方は世界中たった一人しかいない、そんな人の性格を賞賛することなく、ただ心に描くだけでまいりましたが、それにも疲れましたので、わが敬愛いたしますフランクリン博士よ、ここで一つ直接お願いを申し上げることによってこの手紙を終らせていただこうと思います。

そのお願いと申しますのは、ぜひともあなたの本当の性格の特徴を世間にお知らせいただきたいということです。そうでないと、世の中はいま騒然としていますので、せっかくのお人柄を歪めたり、中傷したりする人が出てこないともかぎりません。かなりの高齢[8]でいらっしゃいますし、慎重なお人柄、独特の考え方をお持ちでいらっしゃいますので、そのことを考えますと、あなたの生涯の事実やお気持を十分理解できる者がほかにいるとは考えられませんので、ぜひ自伝の執筆、これをお願いしたいと思います。

これに加えて、最近大きな独立革命があったので、私たちの注意は必然的にその革命の原動力となった人物に向けられていますし、革命時に崇高な原理原則が主張され、それが現実に大きな影響力をもったという事実を明らかにすることは大変重要なことであります。そして、あなたの言動は今後歴史家による詮索の主要な対象となるでしょうから、あなたの言動は確実かつ永続的なものにしておかなければならないのです（それはイギリスやヨーロッパだけでなく、広大で成長途上にあるあなたの国にもたらした結果についてもいえることです）。人間は現在もけっして邪悪な忌わしい動物でないだけでなく、適切な指導があればよりよい存在になりうることを立証する必要があるとかねがね考えております。そして、まったく同じ理由から、邪悪とされる個々人の中にも立派な人物がいるという考え方が定着してほしいと願っています。といいますのは、すべての人間は、例外なく、救いようのない堕落した存在だと考えると、もうそれだけで、善良な人びとが努力しても無駄だと思って努力しなくなるだけでなく、人生の醜い争奪戦に加わろうとしたり、少なくとも自分さえよければ、あとはどうなろうと関係ないと考えたりするからです。

こういう次第ですので、敬愛する博士よ、いますぐ自伝執筆をお始めください。そして、善良なあなたのあるがままの姿、節度のある、あるがままの姿を私たちのためにお示し願います。そして、とりわけ、幼少の頃から正義と、自由と、協調を愛しておられたので、それからすれば、生涯の最近の一七年間、私たちがみてまいりましたような行動をお取りになったのも、きわめて当然であり、また終始一貫している、そういったことも明らかにしていただきたい。イギリス人があなたのことをただ尊敬するのではなく、愛さざるをえないようにしていただきたい。イギリス人はあなたの国の個人に好意をもてば、国そのものにも好意をもつようになるでしょう。アメリカ人もまた、イギリス人が自分たちを好意的にみていると知ったら、イギリスに対してもっと好意をもつでしょう。あなたがお考えになっていることを英語を話す人びとだけにとどめておかないで、さらに遠くにまで広めてください。自然界や政治の諸問題を解決なさったあかつきには、全人類の進歩向上のこともお考えください。

私はいま話題にしていますは自伝をまだ拝見しておらず、その自伝の主人公であるあなたを存じ上げているだけですので、事実に基づかないところがあるかもしれません。しかし、あなたの自伝と、先ほどふれましたご高著（『徳にいたる道』）は私の主だった期待を必ず満足させてくださるものと信じております。私がすでにお願い申し上げたいくつかの意見をご考慮くださったうえでお書きいただければ、なおさらそのようになるだろうと確信しています。この二冊の著書が、このようにあなたを熱烈に崇拝していますす私の期待に添わないことがかりにあっても、少なくとも人の心を惹きつける書物をあなたがお書きになったことは確かなのです。そして、人の心に汚れのない喜びの感情をもたらす人は誰であれ、不安によってあまりにも暗く、苦しみによってあまりにも傷つけられた人生に明るい光をもたらすことになるのです。それでは、この手紙で申し上げた私の願いに耳を傾けてくださることを祈りつつ、筆をおくことにいたします。

敬具

ベンジャミン・ヴォーン

(1) フィラデルフィア在住の有力なクエーカー教徒の商人。絹織物や茶をあつかって財をなし、フランクリンが創設した学術協会の会員だった。フランクリンは、独立戦争のさい(一七七六)、フランスから経済援助を引き出すためにフランスに赴いたが、そのとき、彼は『自伝』の原稿、その覚え書など、書類、書簡の一切を知人のジョーゼフ・ギャロウェイに預けていった。ところが、ギャロウェイは、その後、イギリス国王側につき、フィラデルフィアを去り、フランクリンの書類は彼の夫人が保管することになったが、まもなく、その夫人も他界し、フランクリンの貴重な『自伝』の原稿などは、彼女の遺言によってギャロウェイ遺産清算人に指定されたジェイムズの手に渡った。原稿に目を通し「ただ単に少数の人たちにとってだけでなく、何百万という人たちにとっても有益で興味深い著作」であると判断したジェイムズは、パリ滞在中のフランクリンに原稿と次の手紙を送って『自伝』の執筆継続と完成を要請した。この手紙は一七八二年の夏に書かれたと推定されている。「覚え書」は『自伝』の「アウトライン」で、「兄との衝突」「フィラデルフィア到着」「電気実験の成功」「私の性格」「セント・アサフの主教」といった項目がメモとして列挙されている。『自伝』に取り上げられていない項目もかなりある。フランクリンの『自伝』は、独立戦争中の混乱のなかで紛失する、あるいは、ジェイムズが目を通さずに処分していたかもしれず、そうなったら、幻の書物になっていた可能性が十分あった。

(2) 旧約聖書中の一書。東洋的な宿命・無常観が感じられ、冒頭にあらわれる「空の空なるかな、すべて空なり」という言葉が全編で三九回くりかえされている。

(3) 一七五一—一八三五。イギリスの政治家、外交官、農業経済学者。ジャマイカに裕福な商人の子に生まれ、イギリスで教育を受ける。フランクリンより四五歳年下で、彼からすれば息子のような存在だったが、国際関係にかんする彼の見識にフランクリンは一目をおき、彼はアメリカ植民地の独立運動に早くから理解と支持を示した。フランス革命中はシェルバーン卿の密使としてフランスに滞在し、恐怖時代のフランスをつぶさに目撃した。一七九六年、独立後のアメリカに移住し、政界からは引退し、メイン州の農場で専門の農業の改善に従事し、著作活動を行なった。一七七九年、ロンドンでフランクリンの最初の著作集を編集発行した。

(4) エイベル・ジェイムズ。

(5) ユリウス・カエサル(前一〇二?—四四)。古代ローマの政治家、将軍、歴史家。紀元前五五—五〇年にガリア地方およびブリタニア(現在のイギリス)を征服し、クラッスス、ポンペイウスとともに三頭政治を確立したが、のち独裁者としてブルトゥスに暗殺された。雄弁家、名文家としても知られ、『ガリア戦記』『内乱期』などの著作を残した。

(6) コルネリウス・タキトゥス(五五?—一一七)。ローマの代表的な歴史家。雄弁家で知られた。妻の父アグリコラの不遇な生涯を扱った「アグリコラの生涯」にローマ人のブリタニア征服の記事がある。著書に『ゲルマニア』『年代記』『歴史』など。

（7）フランクリンは、一七三一年ころ、フィラデルフィアの青年を中心に特定の宗派に偏らず勤勉、節約といった世俗的な徳に基づく相互扶助的なクラブを結成するとともに、社会生活における善行を勧め、その実践の道を説く小著「徳にいたる道」を著そうとしていた。彼が考えていた「遠大な計画」の一部となるものであったが、三十代までは生活に時間的な余裕がなく、その後は公務に追われて、結局、計画だけに終った。フランクリンは、このヴォーンの手紙に応じるかのように、「徳」をもつことの「有利さ」と、「悪徳」の「害」を明らかにし、「徳」を身につける「手段」と「方法」を示す本を書くつもりであったと述べている。

（8）この年、フランクリンは七十七歳。

第六章　十三の徳目の樹立

自伝の続稿。一七八四年、パリ近郊の村、パッシーにて執筆再開。(1)

会員制図書館の設立

私がこのような手紙を受けとってから、かなりの日時がたっているが、今日まであまりにも忙しかったので、手紙のなかに書いてある求めに応じることは考えてみることさえできないでいた。それにアメリカにもどって関係書類を手元に置きながら書いたほうが、記憶の不足をおぎなったり、日付を確かめたりできるので、もっとすぐれたものが書けるのではないか、そんなふうにも思っていたのだ。しかし、いつになったら帰れるのか見当がつかないうえに、ちょうどいま、少しばかり暇ができたので、できるところまで記憶をたどって書いてみようと思いたった。もし生きて帰国するようなことがあったら、そのときにでも、訂正と加筆はできるだろう。

すでに書いた部分の控えを、いま手元にもっていないので、最初は小さなものだったが、いまではかなり大きくなっているあのフィラデルフィアの公共の図書館を、どのような方法で設立したか、そうした話をしてあったかどうか、はっきり覚えていないが、どうもそのあたり〔一七三〇年〕まで話を進めていたように記憶しているので、ここではそこからはじめることにして、もしすでに話してあることがはっきりしたら、そのときはそのときで、削ることにしよう。

私がペンシルヴェニアで独立して店をもった当時、ボストンより南の植民地には本屋といえるような本屋はどこにもなかった。ニューヨークやフィラデルフィアでは、印刷屋が文房具屋も兼業しているようなありさまで、そこで売っているものといえば、紙の類《たぐ》いと、暦、バラッド集、それに二、三のありふれた学校の教科書だけだった。したがって読書の好きな人びとは、読みたい本はイギリスに注文してとりよせるしかなかった。ジャントー・クラブの会員はそれぞれ多少の蔵書をもっていた。私たちは、最初のうち居酒屋でクラブの会合を開いていたが、やがて一つ部屋を借りきって、そこを会合の場所にした。私はその部屋に全員が自分の本をもってきておけば、みんなが集まって議論するさい、その場ですぐ調べることができるばかりでなく、家で読みたいと思う本はそれぞれが自由に借りだすことができるわけで、そのほうがみんなにとって便利ではないかと提案した。この提案はそのとおりに実現し、私たちはしばらくはそれで満足していた。

私はこの小さな図書室が有益であることがわかったので、さらに読書の利益を人びとのあいだにも普及させようと思い、公共の会員制図書館を設立する計画をたてた。私はそのために必要である趣意書と会則の概要をみずから起草し、その方面に明るい公証人のチャールズ・ブロックデン氏に依頼して、会員の申しこみに応じられるように、全体を定款《ていかん》のかたちに書きあらためてもらった。この規定によると、各会員は入会のときに最初の図書を購入する費用として所定の金額を現金で払いこみ、あとは毎年、追加の図書を購入するため一定の会費を納めることになっていた。当時、フィラデルフィアの読書人口はきわめて少なく、また、私たちの大半はひどく貧しかったので、私はずいぶんまめに勧誘してまわったが、この目的のため最初に一人あたり現金で四〇シリング、そしてその後は毎年一〇シリングを払ってくれるという人を五〇人以上みつけることができなかった。このとき応じてくれた五〇人のうち大部分は若い商人だった。そして私たちは、このわずかな資金で出発することになった。

私たちはまず本を輸入した。図書館は、会員たちに本を貸し出すため一週に一日だけ開くことにし、期限内に返さない場合は定価の二倍を罰金として払うという誓約書を書いてもらって、貸し出した。やがてこうした公共施設が有益であることが明らかになったので、ほかの町や植民地が、これを真似しはじめた。そしてどこでも図書館は寄贈された本で大きくなり、読書が一般にひろく行なわれるようになった。しかもわが国には、読書から人びとの興味をそらすような娯楽施設がまったくなかったので、人びとはますます読書に親しむようになり、数年のうちに、アメリカ人はほかの国の同じ階級の普通の人間に比べると、教養の面でも知識の面でもよりすぐれているると外国人の注意をひくまでになった。

先ほど述べた定款は、五〇年間、私たち会員だけでなく、私たちの相続人などをも拘束するようになっていたが、公証人のブロックデン氏は、私たちがこの定款に署名しようとしたとき、「君たちはいま青年だが、この証書に書いてある期限が満期となるまで長生きする者はまずいないといってよいだろうね」といったが、当時の会員で、まだ生きている者は、まだだいぶ多くいる。そして、反対に証書のほうが、このあと数年してこの会が認可をえて法人組織となり、永久に存続できるようになったため、効力を失ってしまった。

私は入会を勧誘してあるいたとき、反対されたり、渋い顔をされたりしたが、そのおかげで、ある計画をなしとげるために周囲の人びとの協力を必要とする場合は、それがどんなに有益な計画であっても、それによって名声がその人たちより提案するこちら側にほんのわずかでも加わりそうにみえる計画だったら、自分がその計画の提案者だということを表に出したのではうまくいかないということにいち早く気づいた。そこで私はできるだけ自分を表に出さないようにして、この計画は〝ある数人の友人〟が企画したもので、自分はただその人たちに頼まれて、彼らが読書家だという人びとのあいだをまわって勧誘しているだけなのだと説明することにした。

この方法をとるようになってから、私の仕事はこれまでになく順調に進んだ。そしてこのあとも、こういった場合は、つねにこの方法を使って、しばしば成功してきたので、心からこの方法を推薦することができる。最初、自分の虚栄心をちょっと犠牲にすれば、あとで十分な償いがやってくる。また、だれの功績であるのかしばらくはっきりしないような場合は、それをいいことにして、諸君よりもっと虚栄心の強い人間が自分の功績だと主張することになるだろうが、そうなると今度は、ふだん諸君を妬んでいる人間までが諸君に公正な態度をとろうという気持をおこして、その人間から偽りの名誉をはぎとり、それを正当な持ち主である諸君に返してくれるものなのだ。

フランクリンの宗教（二）

私はこの図書館を利用することによってたえず勉強をし、みずからの向上をはかる便宜をえた。私は毎日、一時間から二時間を自分の勉強のためにとっておき、これによって、父がかつて私にあたえるつもりにしていた高等教育の不足分をある程度おぎなった。読書は私が自分自身に許したたった一つの娯楽だった。私は酒場にかよったり、賭けごとをしたり、あるいはいかなる種類のものであれ、遊興のために大切な時間を使うようなことはしなかった。そしてあい変わらず仕事に精を出し、疲れるということを知らなかったが、同時に、それほど働かざるをえない事情が、じつはあったのだ。私は印刷所のための借金がまだあったし、教育をしなければならない子供がやがて生まれるところだったし、また私より前からこの町で開業していた二人の商売がたきと競争もしなければならなかったからである。

しかしながら、私の暮らしむきは日ごとに楽になっていった。しかしそれでもなお、昔から身についていた私の倹約の習慣はそのままだった。父は、私の少年時代、かずかずの教訓をさずけてくれたが、なかでも「汝《なんじ》、その業《わざ》にたくみなる人をみるか、かかる人は王の前に立たん、かならず賤しき者の前に立たじ」[2]というソロモンの教えをたびたびくりかえしていたので、私はそのころから、勤勉こそ富と名声をえるための手段であると考え、その言葉に励まされていたのだった。私は文字どおり〝王の前に立つ〟ようになるとは夢にも思っていなかったが、のちにこのことは現実となってあらわれた。というのは、私は五人の国王の前に立ち、そのうちの一人、デンマークの国王[3]とは食事をともにする光栄に浴したからである。

イギリスの諺《ことわざ》に「男の成功、内助の功から」というのがあるが、私自身におとらず勤勉で節約をむねとする女性を妻に迎えたことは私にとって幸運なことだった。妻はパンフレットを折ったり、とじたり、店番をしたり、製紙業者に売るための麻のぼろ布を買い集めたりして、私の仕事をいやな顔一つせず手伝ってくれた。私たちは役に立たない召使などおいていなかったし、食事は簡単かつ質素にして、家具はいちばん安いものを使っていた。たとえば、毎朝の食事は長いあいだパンとミルク〔紅茶は飲まないことにしていた〕だけで、これを二ペンスの陶器の深皿にいれ、白鑞《しろめ》のスプーンで食べていた。

それにしても、贅沢《ぜいたく》というものは、倹約を主義にしていても、家庭のなかにいつしかしのびこみ、ひろがってゆくもので、ある朝、食事だという声に食堂へ行ってみると、磁器の茶碗に銀のスプーンが食卓に並んでいた。妻が、私の知らないうちに、私に使ってもらおうとこの二つを二三シリングというたいへんな金で買っていたのだ。彼女はこの買い物にたいし、これといった弁解も、いいわけもせず、ただひとこと、自分の夫だって近所の男たちと同様、銀のスプーンと磁器の茶碗くらい使う資格があると思ったから買ったというのだった。これが私たちの家庭に金銀の食器や磁器があらわれた最初であったが、このあと、年がたって経済的なゆとりができるようになると、それにつれて、こういった食器もしだいに数がふえて、しまいには価格にすると数百ポンドに達するまでになった。

私は長老会派の会員として、宗教的な雰囲気のなかで教育されていた。ところで、この宗派の教義のなかには「神の永遠の意志」「神の選び」「永遠の定罪」(4)といった、私には理解できないものがいくつかあり、また、私が疑問を感じているものがほかにもいくつかあったけれど、そしてまた、日曜日は私の勉強日であったため、早くから宗派の日曜日の集会には欠席することにしていたが、それだからといって、私が宗教上の主義主張をまったくもたないということは一度もなかった。私は、たとえば神が存在するということ、その神がこの世界を創造し、みずからの摂理に従って世界を治めておられること、神のみ心にもっともかなう奉仕は、人に善をほどこすことであること、人間の霊魂は永遠不滅であること、そして現世ないしは来世で、あらゆる罪は罰せられ、あらゆる徳行は報いられるということ、そうした点にかんしては一度も疑問をいだいたことはなかったからである。

私はこういった点をあらゆる宗教の本質であると考えていたが、それがわが国のすべての宗派の宗教にもみいだされるので、私はすべての宗派に敬意をはらっていた。しかし同時に、それぞれの宗派には、この本質的なもののほかに、人間の道徳性を鼓吹したり、助成したり、強化したりする働きをもたず、逆に私たちを分裂させたり、おたがい憎みあったりさせるだけの信仰箇条が、多かれ少なかれ混在しているので、私はその程度に応じてそれぞれの宗派を尊敬することにしていた。

私は、どんなに悪い宗派にも多少は役立つところがあるという考えにたって、このようにあらゆる宗派を尊敬していたため、ほかの人の宗教について、その人の信仰心を弱めかねないような議論はいっさい避けることにしていた。そして、私たちの植民地もしだいに人口がふえてきて、たえず新しい礼拝の場所を建てる必要があり、そういう場合は、たいてい有志の寄付によって礼拝堂が建てられることになっていたが、私はそういった目的であればどの宗派であろうと、ささやかながら寄付を拒んだことはなかった。

私は公式の礼拝にはどんなものであろうと、まず出席することはなかったけれど、礼拝というものは、やり方さえ正しければ、けっこうなことであり、また有益なことであると考えていたので、フィラデルフィアにただ一人いた長老会派の牧師とその長老会派の集会を支持するために毎年献金を欠かすことはなかった。この牧師はときどき一人の友人として私のところへやってきて、私に自分の礼拝に出席するよう忠告するので、私もときどき彼のいうことをきいて出かけることがあった。一度などは、五週間連続して日曜日ごと彼の礼拝に出席した。もしこの牧師がりっぱな説教師であると私に思えたら、私にとって自分の勉強を進めてゆくうえで日曜日の暇な時間は必要であったが、たぶん私も、つづけて礼拝に出席していたかもしれなかった。ところが彼の説教は、だいたいが神学上の論争か、この宗派独自の教義の説明だけに終って、私には無味乾燥で面白くなく、また教えられるところもまるでないのであった。というのは、彼の説教の目的は、私たちをりっぱな市民にするというよりは、むしろ長老会派の会員にすることにあるらしく、一つでも道徳上の原理を説いて教えようとか、力説しようとか、そういったところがこれっぽっちもなかったからである。

その彼が、ようやく「ピリピ書」の第四章にある「終りにいわん、兄弟よ、およそ真なること、およそ尊ぶべきこと、およそ正しきこと、およそ潔《いさぎよ》きこと、およそ愛すべきこと、およそよき聞こえあること、いかなる徳、いかなる誉れにても、汝らこれをおもえ」[5]という聖句をとりあげ説教の主題にしたので、私はこのような聖句にもとづく説教ならば、なにか道徳にかんする話がきっと聞けるものと期待していたのだが、彼は使徒パウロがここでいおうとしたのは、ただ次の五点、すなわち、第一に安息日を聖日として守ること、第二に聖書を怠らず読むこと、第三に公式の礼拝には規則正しく出席すること、第四に聖餐《せいさん》にあずかること、第五に神のしもべである牧師にふさわしい敬意をはらうこと、この五点であるというだけで、それ以上はなにもいわないのである。

この五つはどれをとっても、けっこうなことではあるが、私がこの聖句から期待していたものとはまったく種類の違った善行であったので、私はほかの聖句の場合も同じことで、私の聞きたいことは聞けそうもないと愛想をつかし、彼の説教には二度と出席しなかった。私はこれより数年前「つまり一七二八年」に、「信仰箇条と宗教的行為」と題してちょっとした儀式文、つまり祈禱形式のものを個人用につくっていたが、私はふたたびこれを使うことにして、これ以上、公式の集会に出かけることをやめにした。私のとった行為は非難すべきことかもしれないが、ここでは、これ以上弁解するようなことは書かないでおく。私のさしあたっての目的は、事実を語ることであって、弁解をすることではないからだ。

十三の徳目

私が道徳的に完璧な域に達しようという、大胆で困難な計画を思いついたのは、このころのことだった。私はいついかなるときでも、まったくあやまちを犯すことのない生活を送り、生まれつきの性癖や習慣、あるいは交友によって、とかくおちいりがちなあやまちを一つ残らず克服してしまいたいと思ったのだ。私はなにが善いことで、なにが間違ったことであるか、これはもうわかっていたので、つまり、わかっていると思っていたので、つねに善いことをやって、間違ったことを避けられないはずはないと考えた。

それにもかかわらず、私はすぐに自分が最初考えていたよりずっと困難な仕事をやりはじめたことを知った。ある一つのあやまちだけを警戒して、それにのみ注意を払っていると、知らないうちに、もう一つ、別のあやまちを犯してしまうことがたびたびあったからである。それに注意を怠っていると、そこへ習慣がつけこんでくるし、ときには性癖のほうが理性よりずっと強いこともあったりするので、最後に私は道徳的に完璧であることが、同時に自分の利益にもかなうことであるといった程度の単なる理屈のうえでの信念では、自分の過失を防ぐことが不十分であること、そしてまた、自分はいかなるときでも正しい行動が確実にできるという自信をもつためには、まず第一にそれに反する習慣を打破し、つづいてよい習慣をつくって、しっかりそれを身につけなければならないという結論に到達したのだった。そこで私はこの目的のために、次のような方法を考えだした。

私は今まで読んだ本のなかにさまざまな徳目が列挙されているのを知っていたが、その徳目の数は、それぞれの本の著者が同一の名称のもとに含める内容の量が多かったり少なかったりするので、多いのもあれば少ないのもあった。たとえば、節制の徳についていうと、ある著者はこれを飲食のみに限っているのにたいし、別の著者は節制の意味をほかのあらゆる快楽、食欲、性癖、肉体および精神的な情熱ばかりか、貪欲から野心にまでひろげて、こういった欲望を抑制することこそ節制であるとしているのである。私自身は正確さを期すために、少ない名称に多くの意味をもたせる方法ではなく、むしろ名称を多くして、その名称にそえる意味を少なくするやり方をとることにして、その当時、私が自分にとって必要ないしは望ましいと思ったことがらを十三の徳目の名称のもとにまとめあげ、それぞれの徳目に私がどのような意味をもたせたか、その範囲をはっきり示す短い戒律をつけることにした。

その徳目の名称とそれぞれの戒律は次のとおりであった。

一、節制　頭が鈍るほど食べないこと。酔って浮かれだすほど飲まないこと。

二、沈黙　他人または自分自身の利益にならないことはしゃべらないこと。つまらぬ話は避けること。

三、規律　自分の持ちものはすべて置くべき場所をきめておくこと。自分の仕事はそれぞれ時間をきめてやること。

四、決断　やるべきことを実行する決心をすること。決心したことは必ず実行すること。

五、節約　他人または自分のためにならないことに金を使わないこと。すなわち、むだな金は使わないこと。

六、勤勉　時間をむだにしないこと。有益な仕事につねに従事すること。必要のない行為はすべて切りすてること。

七、誠実　策略をもちいて人を傷つけないこと。悪意をもたず、公正な判断を下すこと。発言するさいも同様。

八、正義　他人の利益をそこなったり、あたえるべきものをあたえないで、他人に損害をおよぼさないこと。

九、中庸　両極端を避けること。激怒するに値する侮辱をたとえ受けたにせよ、一歩その手前でこらえて激怒は抑えること。

十、清潔　身体、衣服、住居の不潔を黙認しないこと。

十一、平静　小さなこと、つまり、日常茶飯事や、避けがたい出来事で心を乱さないこと。

十二、純潔　性の営みは健康、または子孫のためにのみこれを行なって、決してそれにふけって頭の働きを鈍らせたり、身体を衰弱させたり、自分自身、または他人の平和な生活や信用をそこなわないこと。

十三、謙譲　キリストとソクラテスにみならうこと。

私の意図は、これらの徳目をすべて〝習慣〟にして身につけることであったので、私は一度に全部やろうとして注意を分散させるやり方よりは、一度に一つだけ特定の徳目に注意を集中させ、その徳目を修得しおえたところで、もう一つの徳目に移るといったふうにつぎつぎと十三の徳目を身につけてゆくやり方のほうがいいのではないかと考えた。そしてまた、ある一つの徳を他に先がけて修得しておけば、あとでほかのいずれかの徳を修得するさい、より楽になるかもしれないと思って、私はさきほど示したような順序で徳目を並べたのである。

まっさきに私は「節制」の徳をおいたが、これは昔からの習慣という弱まることのない誘引力や、絶えることのない誘惑の力にうちかって、四六時中、警戒し見はりをつづけるためには、どうしてもあの冷静で明晰な頭脳が必要となるが、それをえるには、この節制の徳が役立つからであった。そしてこの徳をしっかり身につけて自分のものにしてしまえば、「沈黙」の徳はより簡単に身につくだろうと思ったのである。それに道徳的に完璧な人間になるのと同時に、私は知識を身につけることを希望していたので、そしてまた、この知識は、人と対談をするさい、舌の力によってというよりはむしろ耳を働かせることによってえられるものであるので、私は、そのころ自分の癖になりつつあった、くだらない仲間ばかりに喜ばれるむだ口や駄じゃれや冗談といった悪い癖を直したほうがよいと考え、「沈黙」の徳を第二においたのであった。

そして、この「沈黙」を、次の「規律」の徳によって守ることができれば、自分の計画や勉強に専念できる時間がもっと多くなるのではないかと私は期待していた。「決断」の徳は、これをいったん習慣にしてしまえば、このあとの徳を全部身につけるための自分の努力が、ぐらつくようなことはなくなるであろうし、また「節約」と「勤勉」を守れば、私はまだ残っている借金を返済し、豊かな独立した生活ができるようになるであろうから、そうなれば、「誠実」や「正義」をはじめ、そのほかの徳を実践することも、それだけ楽になるだろうと思ったのだった。このあと、私はピタゴラスの『金言集』⑥の忠告に従って、毎日自分の行為を点検することが必要ではないかと思い、次のような方法を考案して自分の行為を点検することにした。

私は小さな手帳をつくってそれぞれの徳目に手帳の一ページを割りあてた。それから各ページに赤インクで縦の線を引き、一週間の各曜日に割りふるための七つの欄をつくり、それぞれに該当する曜日の頭文字を書き入れ、さらにこの縦の欄にやはり赤インクで一三の横線を引き、各行の左端にそれぞれの徳目の頭文字を記入した。そして私は、その一日、それぞれの徳目にかんして自分が犯したあやまちがあるかどうかを調べて、もしあやまちがみつかったら、それを一つ残らずこの手帳の各行の該当する欄に小さな黒点で記録することにした。

私はこれら十三の徳目のひとつひとつを順番に、その週の課題として厳格に注意することにした。こうして最初の一週間、私は「節制」に反する行為はどんなに小さなものでも、すべて避けるよう強く警戒するが、残りの徳目はとくに注意するということはせず、なりゆきにまかせ、ただ毎日、夕方、その日犯した過失を記録しておくだけにした。このようにして、最初の一週間、もし私が「節制」と記した第一行に黒点をつけないですませることができれば、この徳の習慣はそれだけ強くなり、不節制の癖は反対に弱まったのであるから、私は思いきって、次の「沈黙」の徳にまで自分の注意をひろげ、今度の一週間は二行とも黒点をつけずにやれるかどうかやってみてもよいだろうと判断したのだった。こういった調子

ページの形式

節　制　　頭が鈍るほど食べないこと。
　　　　　酔って浮かれだすほど飲まないこと。

	日	月	火	水	木	金	土
節							
沈	•	•		•		•	
規	••	•	•		•	•	•
決			•			•	
節		•			•		
勤			•				
誠							
正							
中							
清							
平							
純							
謙							

で最後までやってゆけば、一三週で全コースを完全にひとまわりすることになり、一年間には、これを四回くりかえすことができるはずだった。

ところで、庭で草むしりをする人は、たった一度で庭にはえている雑草を全部取りつくそうという自分の手にあまることはしないで、一回に一ヵ所ずつ草をむしり、そこが終ってから次の場所へ移るものであるが、私もこの草むしりの人のように、順々に各行から黒点を消していくことによって、自分の徳の進歩が各ページにあらわれてくるのを眺めながら、自分を励まし、そして最後は何回かくりかえしやっているうちに、一三週間、毎日毎日点検しても、手帳には黒点ひとつみつからないというられしい日が来ることを期待していたのであった。

私は、この小さな手帳にその題句《モットー》として、アディソンの『カトー』⑦からの一節を書きつけておいた。

私はこのような信念をいだいている。
もし神が〔造化の妙なるによって
自然が高らかに告げるごとくに〕
われらが上に存在したもうなら、
神は徳を嘉《よみ》したもうに相違なく

そしてまた神の嘉したもうものは
かならずや祝福されるであろう。

もう一つの題句はキケロの言葉⑧からであった。

おお、汝、人生の道案内を務める学問よ。美徳をもとめ、悪徳をしりぞける学問よ。汝の教えに従って有益にすごしたる一日は、過失にみちた永遠の生よりも望ましい。

さらにもう一つは、ソロモンの「箴言《しんげん》」⑨からで、知恵と徳とについて述べたものだった。

その右の手には長きいのちあり、その左の手には富と尊貴《とうとき》とあり。その途《みち》は楽しき途なり、
その径《みち》すじはことごとく平康《やす》し。

そしてまた私は、神が知恵の泉であるという考えにたって、知恵をうるためには神の助けをもとめることが当然であるばかりか、また必要であると考え、この目的のために次のような短い祈禱文をつくり、毎日これをとなえるつもりで、点検表の冒頭に書きつけておいた。

おお、全能の神よ。恵み深い父よ。慈愛にみちた指導者よ。わがまことの道をさがしもとめる、あの知恵を増したまえ。その知恵の指し示すことをなしとげるわが決意をば強めたまえ。汝の絶えまなきみ恵みにたいして、わがなしうる唯一の報いなれば、われと同じく汝の子なるものにたいする、わが心からの勤めを、神よ、嘉《よみ》したまえ。

また私は、ときによっては、トムソンの詩[10]からとった短い祈禱文を使うこともあった。すなわち、

光と命の父よ。汝、至善の神よ。
私によきことを教えたまえ。
おんみずから教えたまえ。
愚かなること、むなしきこと、悪しきこと、
すべての卑しき行為からわれを救いたまえ。
知恵と、心のやすらぎと、清らかなる徳にて、
わが魂をみたしたまえ。

朝		昼		夕方	夜
問　本日はどのような善行をすればよいのか。				問　今日はどのような善行をしたか。	
五 六 七	八 九 一〇 一一	一二 一	二 三 四 五	六 七 八 九	一〇 一一 一二 一 二 三 四
起床、洗顔、そして「全能の神」への祈り。一日の仕事の計画をたて、その日の決意を固めること。手がけている勉強をすませて、朝食。	仕事。	読書、または帳簿の点検をすること。昼食。	仕事。	整理整頓。夕食。音楽、娯楽、ないしは談話。一日の反省。	睡眠。

神聖にして、むなしからざる、色あせることなき祝福をわれにあたえたまえ。

「規律」の徳目につけた戒律は、「自分の仕事はそれぞれ時間をきめてやること」と命じていたので、私はこの小さな手帳のあるページに、一日の二四時間をどう使いわけるかを定めた上のような計画表を書き記しておいた。

私はこの自己反省の計画を実行に移し、ときおり中断したこともあったが、当分のあいだ、これをつづけた。私は自分に想像していたより欠点が多いことを知って驚いたが、しかし同時に、その欠点がしだいに減っていくのをみて満足でもあった。新しいコースに入ってあらたにあやまちのしるしをつける場合、昔のあやまちを示す黒点をこすって消し、空所をつくることにしていたが、そのうちこの手帳が穴だらけになってしまい、ときどき新しくつくり直さなければならなかった。そこで、そういったわずらわしさを避けるために、備忘録の象牙の薄い板に徳目の表と戒律を写しとり、赤インクで消えないように線を引き、過失のしるしを濡れたスポンジで簡単に消せるよう黒鉛筆を使って記すことにした。

しかし、その後しばらくすると、私は一年に一回しかこれを実行しなくなり、さらにそのあと、数年に一回がやっとという状態になってしまい、最後はすっかりやめてしまった。海外に出かけてやる仕事にたずさわり、さまざまな用事にさまたげられてできなくなったからであったが、しかし、この小さな手帳だけは、いつも肌身はなさずもち歩いていた。

「規律」にかんする計画は、私にとっていちばんやっかいなことだった。この計画は、たとえば一人前の印刷工の場合のように、自分で仕事の時間を自由に割りふりできるのであったら、実行可能かもしれないが、店の主人の場合は、私もやがて気づいたことであるが、世間とのつき合いがあるし、こちらの都合を考えず、自分の都合だけでやってくる商談の客に応対しなければならないことも多くあるので、時間を計画どおり厳格に守ることは不可能だった。同じようにして、紙の類いやその他さまざまなものの置き場所にかんして、規律正しくする習慣を身につけるのが私には非常にむずかしかった。子供のときから、そういった習慣になれていなかったし、また、ずばぬけてすぐれた記憶力をもっていたので、ものを乱雑にしておいてもそれほど不便は感じなかったからである。したがって、この項目にはずいぶん苦労して気をくばっていたが、それにもかかわらず規律に反するあやまちがあまりにも多いので、自分でもずいぶんいらだたしい思いをしたものである。そして私の場合、進歩向上のあとがほとんどみられないばかりか、かえって逆もどりばかりしていたので、もう少しで、この企てはあきらめて、次の話に出てくる男のように、この点にかんしては、性格に欠点があってもやむをえないのではないかと思ったくらいだった。

その男というのは、私の近所の鍛冶屋で斧《おの》を買って、その斧の表面全体を刃の部分のようにぴかぴかに磨いてほしいと頼んだ男であった。鍛冶屋は、もし彼が砥石の車輪をまわしてくれるなら、望みどおり斧を磨いてやろうと応じた。そこで彼は車輪をまわしたが、鍛冶屋のほうが斧の幅広い表面を砥石のうえにしっかり押しつけるので、車輪をまわすのがとてもつらくなり、何度も何度もその男は手をはなし、どのくらい光ってきたか確かめていたが、そのうち、もうこれ以上光らせなくとも、この程度光ればいいからもって帰るといい出した。ところが鍛冶屋のほうは、「まだ、だめだ」というのだった。「もっともっとまわしなさい。そのうちに、光ってくるから。これではまだところどころ光ってるだけじゃないか」。するとその男がいった。「そりゃそうだ。でも、わしはこのように、ところどころ光ってる斧がいちばん好きなんだ」。

それで私は、多くの人の場合がこうだったのではないかと思っている。彼らは、私が利用したような方法を知らないために、徳や悪徳の、このほかの点にかんしても、よい習慣を身につけ悪い慣習を捨てることが困難に思われると、すぐ努力するのをあきらめて、「ところどころ光ってる斧がいちばん好き」という結論をだしてしまうのだ。私の場合も、自分が自分自身に強要しているこういった極端な精密さは、道徳における一種のおろかしい気どりであり、もしこれがほかの人に知られたら、笑いものにされるのではないか、そしてまた、完全無欠な人間というのは、人に妬まれたり憎まれたりする不便がともなうので、人のよい人間は、友人に恥ずかしい思いをさせないためにも、多少は自分に欠点を残しておくべきではないか、そんな考えがときおり私の脳裏をかすめ、それが理性の声ではないかと思われるのであった。

「規律」にかんしていうと、正直のところ、私の悪癖はどうしようもないものだった。そして現在、年をとって記憶力が悪くなった私は、この徳の不足を身にしみて感じている。しかし全体からみれば、私は自分が念願していた道徳的に完璧な域に達することはもちろん、その近くにいたることすらできなかったが、それでもなお、そうなろうと努力したことによって、なにもやらなかった場合よりすぐれた、また幸福な人間になったと思っている。このことは、ちょうど印刷した手本を真似して完全な文字の書き方を覚えようとする人が、念願する手本どおりのすばらしい文字が書けなくとも、努力しただけ筆跡がよくなり、読みやすく美しく書いてあれば、相当みられる筆跡になるのと同じことなのだ。

そして、この物語を書いている数え年で七十九歳になる今日《こんにち》まで、私が、ずっと幸福な生活を送ってこられたのは、神のみ恵みもさることながら、私がこんなふうにささやかながら工夫してきたためである。そのことを、私の子孫の者たちはよくわきまえてほしいと思う。このあと私の余生に、どのような不幸が待ちうけているか、それは神のみが知りたもうところであるが、私はかりにそのような不幸が訪れてきたとしても、これまで幸福だったことを思い起こすことによって、自分の不幸を甘んじて受け、それに耐えていくことが容易にできるだろうと思っている。

私が長いあいだ健康を保って来られたのも、現在なお強健な身体をもっていられるのも、「節制」の徳によるものである。私が、若いうちに生活が楽になり、財産ができ、そのうえ、知識を身につけて有能な市民となって、有識者のあいだで、ある程度、名を知られるようになったのは、勤勉と節倹によるものである。私が自分の国の人びとの信頼を得て、名誉ある任務を託されたのは、誠実と正義の徳によるものである。そして私は、いつも安定した感情をもっていて、人と談笑するさい、明朗快活であるため、いまなお私に交際をもとめてくる人があとを絶たず、また私の若い友人までが、私のことを嫌わないでいてくれるが、これは、完全に身につけることこそできなかったが、いままで述べてきた徳目全部が全体として自分におよぼしてきた影響によるものである。それだからこそ私は、自分の子孫が、全部とはいわないまでも、こういった私の例にみならい、そこから自分のためになる利益をえてほしいと願っている。

ところで、私の計画には、宗教とまったく無関係であるとはいわないまでも、ある特定の宗派のそれとはっきりわかる教義がみられないことに気づいた人もいるであろうが、私は意識してそういった教義を避けていたのである。というのは、私は自分の方法が有益かつ優秀なもので、あらゆる宗派の人びとに役立つだろうという強い確信をもっていて、これをいつか公表するつもりにしていたので、どの宗派の人であれ、私の方法に偏見をあたえて敵にまわすようなことはいっさい書き加えたくなかったからだった。

私はひとつひとつの徳目について、短い注釈を書くつもりにしていた。そして、そのなかで、それぞれの徳をもつことがいかに有利であるか、その反対の悪徳にはどういう害がともなうかを明らかにし、書名を「徳にいたる道」[11]とする考えだった。それというのも、私はこの本で徳を身につける手段と方法を示すことを考えていたからで、その点では手段を示すことも教えることもしないで、ただりっぱな人間になれ、と訓戒する本とは違うものになるはずだった。そうしなければ、着るものも食べるものももたない人たちに、どこへ行ってどうすればその着るものと食べるものが手にはいるかを教えることなしに、ただ「温かなれ、飽くことを得よ」と訓戒したあの使徒伝に出てくる人の場合のように、言葉の上だけの親切になってしまうからだった〔「ヤコブ書」二・一五―一六[12]〕。

しかし、こういった注釈を書いて出版するという私の考えは、結局のところ実現しなかった。

私はそのなかで利用しようと思って、おりにふれて感想や推論など、短い心覚えを書きとめる作業だけはずっとつづけていたが、そして、その一部は今も手元にあるけれど、生涯の前半は、自分の仕事にかかりきりでいなければならなかったし、後年になると、今度は公務に追われることになって、私はこの計画を先へ先へと延期せざるをえなかったからである。自分の心づもりとしては、この仕事を一人の人間が全力を投入しなければ実現できない「遠大な計画」の一部にするつもりにしていたのだが、このあと予想していなかった仕事がつぎつぎにでき、私はこれにあてる時間をもつことができず、とうとう今日まで未完のまま放置しているのである。

この小著で、私が説明し強調したいと考えたことは、人間の本性だけを考えてみても、悪い行為というのは、神によって禁じられているから有害なのではなく、有害であるから禁じられているのであり、したがって来世はもとより、現世においても、幸福になりたいと願う人間にとって、徳を積むということは例外なしに自分の利益につながることなのだという教えだった。そしてまた、私は次のような事情〔この世の中には、自分たちの仕事を誠実にやってくれる人間をもとめている裕福な商人、貴族、国家、あるいは諸侯がつねにいるにもかかわらず、そういった誠実な人間はきわめてまれにしかみつからないということ〕から、正直と誠実以上に、貧しい人間が社会的に成功するのに役立つ徳はないということを、若い人たちに納得させたいと思ったのだった。

私がつくった徳目のリストには、最初、十二の項目しかなかった。ところが、親切なことに、あるクエーカー教徒の友人が、私にむかって、私が傲慢であると一般に思われていることや、話し方にもそういった傲慢なところがたびたび現れてくることや、なにか議論をやりだすと私は、自分が正しいというだけでは満足せず、威圧的な、むしろ不遜といってもいい態度をとることなどを注意して、そういった例をいくつもあげるので、私もその点、納得して、この悪徳、というよりは愚行を、ほかの悪徳といっしょに、できることなら直してしまおうと思い、「謙譲」の徳をあらためてリストに加え、その言葉に幅広い意味をもたせたのである。

私はこの徳を〝真に〟自分のものにしたなどと大きな口はきけないながらも、〝外観〟にかんしては、かなり成功したと思っている。他人の意見に真正面から反対したり、自分の意見をなにがなんでも押し通そうとする態度をいっさいつつしむのをつねとしたからである。ジャントー・クラブの古い規則にならって、「たしかに」とか、「疑いもなく」といった、意見に断定的な感じをあたえる言葉や表現を使うことをすっかりやめ、そのかわり、それはこうこうではないかと私は「考えている」とか、「思っている」とか、「想像している」とか、あるいは、「現在のところ私にはこのように思われる」といったような言葉づかいを用いることにしたのだ。ある人が、私には間違いであると思われることを主張した場合でも、いきなりその人の意見に反対したり、その主張の矛盾している点を、直接、指摘したりして快感をむさぼることはよして、かりに反論するにしても、まず最初、時と場合によってはそういった意見が正しいこともあるだろうが、しかし、この場合は、ちょっと自分には間違っているようにみえるがどうだろう、といったようない方をしたのだった。

私はやがて、このように態度を変えたことによって、いい結果が現れることを知った。人と話をするさい、今までよりも順調に話が進んだし、また、控え目な態度で自分の意見を述べるようにすると、これまでになく容易に私の意見が通り、反対されることも少なくなったからだ。それに、自分の意見が間違っていることを他人に指摘された場合でも、あまり恥をかかないですんだし、たまたま私のほうが正しかった場合も、以前とは違って簡単に相手を説得し、その間違った考えを捨てさせ、私を支持するようにさせることができたのである。

このような態度は、私の生まれもった性質ではなかったので、最初はかなりむりをしてよそおっていたが、そのうち、これが私にとっておのずと身についた習慣のようになっていったので、おそらく過去五〇年間、私の口から独断的な言葉がもれるのを聞いたことのある者は一人もいないのではないかと思っている。そしてまた、新しい制度を提案したり、古い制度の改革を提案したりしたときに、私の意見が早くから市民たちのあいだであれほど重視されたのも、またいくつかの公式の会議に議員として出席したさい、相当の勢力をもつにいたったのも、誠実な人間だと思われていたのがその第一の原因ではあろうが、それについではこの習慣のおかげだと思っている。私は元来話をするのが下手で、決して雄弁家ではなく、言葉を選ぶさいも、迷うことが多くてなかなか正しい言葉を思いつくことができない人間であるが、それでも私の主張はたいていの場合通ったものだった。

まことに、人間が生まれもった感情のなかで、〃思いあがり〃ほど抑えがたいものはたぶんないのではないか。思いあがりというものは、どんなに偽りかくそうとしても、組み打ちして、思うぞんぶん殴りつけ、息の根をとめ、そして抑えつけておいても、依然、生きていて、ときどき頭をのぞかせたり、姿を現したりする。この物語のなかでも、おそらくそういった私の思いあがりが、たびたび姿をみせていることだろう。なぜかといえば、私は自分の思いあがりをたとえ完全に克服してしまったと考えることができたとしても、もしそうなれば、今度はおそらく自分の謙譲の美徳を自慢するという思いあがりをおかすことになるからだ。

（1）パリに派遣されたフランクリンは、一七七七年三月から一七八五年七月帰国の途につくまで、当時パリから半マイルのところにあったこの村に居をかまえ、その間、フランスとの同盟条約、戦後の講和条約など重要な外交にたずさわった。『自伝』は講和条約締結（一七八三年九月）後、公務が一段落したときに書かれたもの。フランクリンは七十八歳だった。

（2）「箴言」二二・二九。

（3）クリスチャン七世のことで、彼はイギリスのジョージ三世と姻戚関係にあり、一七六八年、訪英のさいフランクリンらを晩餐会に招待した。その他、フランクリンが会った国王というのは、フランスのルイ十五世と十六世、イギリスのジョージ二世と三世。

(4) いずれもカルヴァン派（長老会派はその一派）にみられる教義で、世界はすべて「神の永遠の意志」にもとづいて予定されており、神は自由な意志によって一部の人間を選んでこれに永遠の生命をあたえ、また一部の人間を永遠の破滅におとしいれるという予定説。

(5)「ピリピ書」四・八。

(6) ピタゴラスは門弟たちに道徳律を課して、毎日、朝と晩に自己の良心の検査を命じたといわれている。原稿の欄外の記入によると、フランクリンは『金言集』のなかから、就寝前、みたび一日の善行と過失を反省するように、と要求している一節を、ここに挿入するつもりであったらしい。

(7)『スペクテーター』紙の創刊者の一人であるジョーゼフ・アディソン（一六七二—一七一九）の書いた悲劇。一七一三年初演。シーザーと対立したローマの政治家カトーの最期をとりあつかったもので、引用の箇所は彼がプラトンの書物を手にしながら、霊魂の不滅について思いをめぐらすところ。

(8) ローマの雄弁家、政治家キケロ（前一〇六—四三）が前四五年に書いた対話形式の幸福論、『トゥスクルムにおける談論』からの引用。ただし正確な引用ではない。

(9)「箴言」三・一六—一七。

(10) ジェイムズ・トムソン（一七〇〇—四八）はスコットランド生まれのイギリスの詩人。スコットランドの自然と農民の生活を四季に分けて描いた長詩『四季』（一七二六—三〇）がとくに有名。引用は、その冬の部分から。

(11) 一七三一年ころ、フランクリンは善行を勧めると同時に、その実践の方法を説く書物を書く計画をたてたが、公私ともに多忙な彼は、完成させるつもりにしていながら、また前出のヴォーンのように執筆を勧める友人がいたが、ついに完成させることができなかった。

(12)「もし兄弟あるいは姉妹、裸体にて日用の食物にともしからんとき、汝らのうちある人これに『安らかにして往け、温かなれ、飽くことを得よ』といいて、体になくてならぬ物をあたえずば、なにの益かあらん」

第七章　成功の道を歩む

一七八八年、いま私は、このフィラデルフィアでまた自伝を書こうとしている。しかし、あてにしていた書類の多くが戦時中なくなってしまったので、書類を参考にして書くわけにはゆかない。しかし、次のようなものが書類のなかにみつかった。

以前ある「遠大な計画」を思いついたことを書いたと思うので、ここでこの計画とその目的について少し説明しておいたほうがいいだろう。その計画を最初どのように思いついたか、そのことが、偶然、残されていた次の小さな紙切れに書かれているからだ。

一七三一年五月九日、図書室で歴史書を読む。その時の感想。

フランクリンの「遠大な計画」

戦争、革命といった世界の大きな事件は党派によって引き起こされ、実行される。

こうした党派が目指す目標はその時点における自分たち全体の利益ないしは利益と思われるものをかちとることである。

違った党派はそれぞれ違った目標をもっているため、そこからあらゆる紛糾が生じる。

党派はその全体の計画にもとづいて行動するが、党派のメンバーはそれぞれ個人的な目標をもっている。

党派が全体の目標を達成するや、それぞれメンバーは自分自身の特定の利益のみを考え、他人をおしのけ、党派を分裂せしめ、さらなる紛糾をもたらす。

公共の問題にかかわる場合、どのようによそおうとも、国全体の利益のみを考えて行動する者はほとんどいない。たとえ彼らの行動が真に利益を国にもたらすことがあっても、人びとはまず自分の利益と国の利益が一致することを考えるだけであって、博愛の原則にもとづいて行動しているわけではない。

公共の問題にあって人類全体の利益を考えて行動する者はさらに少ない。

現在、すべての国のりっぱな徳をそなえた善良な人たちを、それにふさわしいすぐれた賢明な規則による正規の団体に結集させ、それによって、美徳で統一された党派を結成する必要が大いにある。そのような規則であれば、たぶん善良で賢明な人びとは一致してその規則に、一般の人びとが慣習法にしたがう以上に、したがうであろう。

現在、私は、そのようにする十分な資格をもち、それを正しくやろうとする人がいたら、神はかならずその人を嘉《よみ》したまうであろうし、その人がかならず成功するだろうと信じている。

B・F・

私は生活が楽になり、必要な時間的余裕ができたら、この「遠大な計画」を実行するつもりで、おりあるごとに、それにかんして心に浮かんできた考えを紙切れに書きとめておいた。その大部分は失われてしまったが、一枚だけ残っていて、みてみると信仰箇条の要点にするつもりで書いたものだった。そこには、あらゆる既成の宗教の本質だと当時の私が考えていたものが含まれており、その一方で、どのような宗教であれ、それを信仰している人にショックをあたえるようなものはすべて取り除いてある。それは次のような言葉で表現されている。すなわち——

万物を創造された唯一の神が存在する。

神はみずからの摂理にしたがって世界を治めておられる。

神は、礼拝、祈禱、感謝によって崇拝すべきものである。
しかし、神がもっとも嘉したまう奉仕は人に善をほどこすことである。
人間の魂は永遠不滅である。
神は現世あるいは来世においてかならず徳に報い悪を罰する。

当時、私がこの計画について考えていたのは次のようなことであった。この同盟は、最初、若い独身者だけではじめ、若い独身者のあいだのみで広げてゆくことにする。同盟に加入する者はこの教義に同意を表明するだけでなく、前に述べた例にしたがって、一三週間、徳目にかんして自己点検を実行しなければならない。このような同盟が存続するために、ふさわしくない人間が加入してこないように、同盟がかなり大きくなるまでその存在は秘密にしておく。会員はそれぞれ知人のなかに聡明で人柄のよい若者をさがし、時間をかけ、慎重に注意しながら計画を教えてやる。また会員は相互の利益や、仕事、生活の向上のためにおたがい忠告や、援助や、サポートをするよう誓いあう。そして、ほかのグループと区別するため、この同盟は「自由でゆとりのある者のための同盟」と称する。「自由で」というのは、一般的に、美徳を実践するだけでなく、それを習慣にして悪徳に支配されるようなことから「自由で」あり、また、なによりも勤勉と節約の習慣によって借金から「自由で」あることを考えたからであった。この借金というものは債権者をつくって、人間を監禁と奴隷状態の危険にさらすことがある。

以上がこの計画にかんしていま思い出すことができるすべてであるが、私がこの計画の一部を二人の青年に伝えたところ、二人とも熱心に乗ってきたことも記憶に残っている。しかし、当時は、まだ暮らしが苦しく、自分の仕事にかかりきりになっていなければならなかったので、すぐにこの計画を実行するわけにはゆかなかった。そして、その後も、公私ともどもさまざまな仕事ができて、先送りするしかなく、いまとなっては実行するのに必要な体力も気力も失われてしまった。しかし、いまでもこれは多くの善良な市民を集めて行なえば、実行可能な企画であり、非常に有益なものだと考えている。そしてまた、この企画の規模が一見するととてつもなく大きくみえるからといって、私は怯んだりすることはなかった。というのは、ある程度能力があれば、人はたった一人でも大きな変化をひきおこすことができるし、最初にしっかりした計画を立て、娯楽や、注意をそらすようなことにはいっさい目を向けず、一つの計画の達成を人生唯一の目的と仕事にすれば、人間いかなる偉業であっても、なし遂げられると、信じているからである。

『貧しいリチャードの暦』発行

一七三二年、私はリチャード・ソーンダーズ①という名前で私にとって最初の暦を出版した。この暦は『貧しいリチャードの暦②』と一般に呼ばれ、約二五年間出版された。私は努めてこの暦をただ読んで楽しいだけでなく、生活に役に立つようなものにしたので、たいへんな売れ行きをみせ、毎年一万部近くが売れ、かなりの利益をあげることができた。そして、ひろく読まれ、ほとんど植民地のどこへ行ってもこの暦がみつからないところがないくらいになった。それを知って、私は、これが人びとを教育する恰好の手段になるのではないかと考えた。一般の人たちは、当時、暦以外に本を買うようなことはほとんどなかったからである。そこで、暦の日にちと日にちの間にできる小さな余白の全部を、主として、富をえると同時に、それによって美徳を身につけることのできる勤勉と節約の重要さを教える諺《ことわざ》のような文章で埋めることを考えた。というのは、人は貧乏だと〔暦に載せた諺の一つを使えば〕「空っぽの袋は真っ直ぐに立ちにくい」と同じように、真っ直ぐ正直に生きる美徳を身につけることがいつも容易とはいえないからである。

私は多くの時代と多くの国の知恵を含んだこれらの諺を集めて、一人の知恵のある老人が競売場に集まってきた人たちに説いて聞かせるというかたちをとって、まとまりのある一つの物語にし、それを一七五七年の暦の序文③に使ってみた。暦の余白になんの関連もなく書きこんであった忠告をこのようにまとめ、焦点を合わせることによって、より大きな印象をあたえようとしたのだが、この序文はひろく一般に歓迎されることになった。アメリカの新聞は、どの新聞もこれを転載したし、イギリスでは大判の紙に再印刷され、それが家々の壁に貼りだされた。フランスでは、二種類の翻訳が現れ、宗教関係者と上流の地主たちが教区の貧しい人たちや、借地人に無料で配布しようと大量に買っていった。ペンシルヴェニア植民地では、暦の出版後、数年にわたって貨幣量の増加がみられ、それにこの暦がかなりの影響をおよぼしたのではないかと考える者もいた。私が暦のなかで外国からの贅沢品に無駄な金を使うことを戒めていたからだった。

私はまた発行していた新聞も人びとを教育するもう一つの手段になると考え、それをみこんで、『スペクテーター』紙や、教訓的な作者からの抜粋した文章をしばしば新聞に載せることにした。そしてまた、もともとはジャントー・クラブで発表するために書いた私自身のちょっとした文章を載せることもあったが、そのなかには、ソクラテスの論法を用いて、どのような才能や能力をもっていても、徳のない邪悪な人間は真に分別ある人間と呼ぶわけにはゆかないことを証明したものもあった。自己抑制にかんする論説もあり、そこでは、美徳というものは、それを行なうことが習慣となり、美徳に逆らう傾向から完全に自由でないかぎり、それを確実に身につけたとはいえないといったことを証明した。こうした文章は一七三五年ころの新聞に出ていると思う。

新聞発行にあたって、私は非難中傷と個人攻撃はいっさい避けるようにしたが、この非難中傷は最近わが国にとってきわめて恥ずべきものとなっている。そういった種類の文章を新聞に載せるよう頼んでくる人がいつもそうするように、出版の自由をもち出したり、新聞というものは料金を払った者に乗る権利がある駅馬車と同じだといい張ったりしたら、私はいつもこんなふうに答えることにしていた。ほんとうにそうしてほしいというのであれば、別個に印刷してやるし、自分で配るのであったら、お望みだけの部数を印刷してやる、しかし、私としては個人的な悪口を世間にまき散らすような仕事を引き受けるつもりはまったくない、それに、新聞購読者とは、役に立つ、あるいは読んで楽しい新聞を提供する契約を結んでいるのであって、新聞に彼らにとってなんの関心もない個人的ないい争いを載せるわけにはゆかないし、もしそんなことをしたら、明らかに読者を不当にあつかうことになってしまう、そのように答えることにしていた。

ところがどうだろう、現在、アメリカでは新聞発行をやっている印刷業者の多くはまったくためらうことなく、私たちのもっとも高潔な人物さえ不当に非難中傷することによって、個人的な悪意を満足させることに手を貸し、おたがいの敵意を煽りたて決闘騒ぎすらひき起こしている。そのうえ、まことに不謹慎なことに、近くの植民地政府やわが国のもっとも大切な同盟国の行動にたいしても口汚い非難を書きたて、それによって、このうえない致命的な結果を招くことになっている。こうしたことは、ここで、若い印刷業者への警告のつもりで述べているのであり、そのような恥ずべき行為によって彼らが自分たちの新聞を冒瀆したり、みずからの職業の名を汚したりすることがないよう、そうしたことは断固拒否してもらいたいと思う。私の例をみればわかるように、こうした私の経営方針は、全体的にいって、決して自分の利益を損なう結果にはならなかった。

若い女性のための教育

一七三三年、私は印刷屋に一人空きができたというサウスカロライナ植民地のチャールストンへ私の職人の一人を送った。[4] 共同経営という取り決めにして、彼に印刷機一台と活字一揃いを持たせてやったが、契約によると、私は経費の三分の一を負担し、仕事で得た利益の三分の一を受けとることになっていた。彼は学問もある男で、正直だったが、会計のことはなに一つ知らず、ときどき送金をしてきたが、一度も決算書は送ってきたことがなく、彼が死ぬまで、私は経営状態の満足のゆく報告を受けとったことがなかった。彼の死後、未亡人が商売を引きついだ。彼女はオランダに生まれオランダで育っていたが、そのオランダでは、私が聞いたところによると、会計の知識は女性の教育の一部となっていて、それで彼女は、過去の取引にかんして調べのつくかぎり明確な収支報告書を送ってきただけでなく、その後も四半期ごとに、このうえなく正確な報告書を規則正しく送ってよこした。印刷所の経営にもみごとに成功し、残された子供たちをりっぱに育て上げただけでなく、契約期間が満期となったとき、私から印刷所を買い取り、自分の息子に印刷の仕事をはじめさせることになった。

私がここでこうしたことをとり上げる主な理由は、わが国の若い女性のために会計という学問を教えておくと、万一未亡人となった場合、音楽やダンスよりももっと彼女自身と子供たちにとって役に立つと思ったからで、私はそのことを推奨し、理解してもらいたいと思っている。そうした知識があれば、悪賢い男たちに騙されて損失をこうむることもないだろうし、おそらく息子が成長し、商売を引きついでやってゆけるまで、すでにできあがっている取引関係を継続し、利益のあがる店をつづけてゆくこともでき、それがこのあとも家族の有利な収入源になると思われるからである。

異端とされた有益な説教

一七三四年だったと思うが、アイルランドからヘンプヒル⑤という若い長老会派の牧師が私たちのところにやってきた。彼はすばらしい声の持ち主で、しかも、準備せずに即席ではないかと思われるすぐれた説教を行なったので、ずいぶん多くの異なった宗派の人びとが彼の説教に集まり、みんな異口同音に彼の説教のすばらしさを賞賛した。私もほかの人たちと同じく彼の説教に出席する常連の一人となった。というのは、彼の説教は独断的な教義を説くのではなく、美徳、つまり、宗教的な言葉を使えば、善行と呼ばれるものを積極的に教えこもうとしていて、それが私には望ましく思われたからだった。ところが、私たちの教会で長老会派の正統派だとみずからみなしていた人たちが、この牧師の説く教義に反対し、それに年をとった牧師の大半が同調して彼の説教を禁止させようと宗教会議で異端の説を説くものとして糾弾することになった。

彼の熱烈な支持者となっていた私は、彼を支持する一派を立ち上げようと努力し、彼のために論陣をはり、一時は、それが成功するのではないかと思われた。これをきっかけにして、賛否両論の議論が展開されていった。私は、彼がすぐれた牧師であるにもかかわらず、まったく筆が立たないことを知り、彼に代わって二、三のパンフレットを書いてやった。そして、一七三五年四月の『ペンシルヴェニア・ガゼット』紙にそうした一篇を掲載した。このパンフレットは、論争の文書はだいたいそういうものだが、当時こそ熱心に読まれたが、すぐ忘れられてしまった。現在、そのコピーが一枚でも残っているかどうか、疑わしく思っている。

そうした論争がつづいているさなかに、ある不幸な事件が起きて、彼の側の運動は手痛い打撃をこうむった。彼の説教は大いに賞賛され、評判がよかったが、たまたまそれを聞いたある反対派の一人がその説教、あるいは少なくともその一部を以前どこかで読んだように思って、調べてみたのだ。すると、説教の一部はあるイギリスの評論誌に載ったフォースター博士⑥の講話を長々と引用したものであることが判明した。そして、この事実が明るみに出ると、私たちの会派の多くの者も愛想をつかし、彼の主張をみかぎることになり、私たちは敗北してしまった。しかし、私の彼にたいする支持の気持は変わらなかった。というのは、他人が書いたものであったにせよ、このようにして説教をしたのは自分で書いたつまらない説教をするより、むしろ認めるべきではないかと思ったからだった。自分で書いたつまらない説教というのは私たちの凡庸な牧師たちが年がら年じゅうやっていることなのだ。あとになって、この牧師は自分が行なった説教はどれ一つ自分で書いたものでないことをみずから認め、自分はずばぬけてすぐれた記憶力をもっているので、どんな説教でも一度聞いたら、それで記憶に残ってくりかえせると私にいった。私たちが敗北したあと、彼はほかの土地によりよい運命をもとめて立ち去り、私も属していた教会と縁をきって、その後も復帰することはしなかった。しかし、そこの牧師を支えるための献金はその後もずっとつづけた。

私は一七三三年に外国語の勉強をまたはじめた。すぐに、フランス語は楽にフランス語の本が読めるまでなり、つづいてイタリア語にとりかかった。同じようにイタリア語を勉強していた友人がいて、その彼がしばしばいっしょにチェス[7]をやろうと誘ってきた。ところが、チェスのゲームをはじめると、外国語のためにとっておいた時間があまりにもそれにとられてしまうことに気づき、私は次のような条件をだして、そうでなければ、チェスはもうやらないといってやった。つまり、その条件というのは、ゲームに勝った者には、そのつど文法の暗記とか訳とか、そういった宿題を相手にだす権利を認め、負けたほうはその宿題を名誉にかけて次に会うときまでにやってくるということであった。私たちは勝ったり負けたりのいい勝負だったので、こうして、相手を負かして、おたがいイタリア語を自分のものにしていった。その後、多少苦労したが、スペイン語も本が読める程度まで習得した。

外国語の勉強法

すでに述べたように、私は一年しかラテン語文法学校での教育を受けていなかったし、それはほんとうに子供時代のことで、それ以後ラテン語の勉強はまったく怠っていた。しかし、フランス語、イタリア語、スペイン語を覚えてからラテン語の聖書をのぞいてみると、想像以上にラテン語がよく理解できることに気づいて驚くことになった。私はこれに勇気づけられて、またラテン語の勉強に身を入れるようになったが、すでに習得した三つの言葉が大いに役に立って、予想以上に大きな成功を収めることができた。

こうしたことから、私はいまアメリカで一般に行なわれている外国語教育の方法に矛盾があるのではないかと思うようになった。私たちは、最初にラテン語からはじめるのが適切な方法で、ラテン語をマスターすれば、ラテン語から派生したフランス語などの近代語を習得するのがずっとやさしくなるといわれているが、それでいて、ラテン語をよりやさしく学ぶためにギリシア語からはじめるようなことはしていない。たしかに一段ずつ上がらず、いきなり階段をかけ上がって最上段にたどりつけたら、そこから下ったほうが楽だろうが、いちばん下の段から一段ずつ昇れば、もっと楽に最上段にたどりつけるのも確かなのである。それゆえ、私はラテン語から外国語の勉強をはじめる者の多くが、数年後大した進歩もとげずにラテン語の勉強をやめ、また、勉強したものもほとんど役立たず、無駄に時間を過ごすことになってしまう、そういったことから、外国語教育はまずフランス語からはじめ、それからイタリア語などに進んでいったほうがよいのではないかと思い、それを青年の教育の監督にあたる方々も考えていただきたいと問題提起をしているのである。それというのも、同じ時間を費やしたあと、たとえ外国語の勉強をやめてラテン語にたどりつけなくとも、その場合は、現在使われている言葉なので、日常生活に役立つ外国語の一つか二つを身につけているはずだからである。

ボストン再訪と兄との和解

ボストンを出てから一〇年がたち、暮らし向きもかなり楽になってきたので、私は一度身内に会うためボストンへ旅行することにした。⑧ それまでは、そういった旅行をするだけの余裕がなかったのである。旅行の途中、私はニューポートに居を定め、印刷所を開いていた兄に会うためにニューポートを訪れた。昔喧嘩をしたことはもう忘れていて、再会は心からの愛情にあふれたものとなった。兄は急速に健康に衰えをみせており、自分の死はそう遠くないと思っていて、万一の場合は自分のまだ十歳にもなっていない息子を引きとり、印刷工に育ててほしいと頼むのであった。兄の死後、私は頼まれたとおり兄の息子を引きとって、数年間学校に通わせ、その後、印刷所へ連れていった。彼が成人するまで、印刷の仕事は母親がつづけていたが、店を息子に引きつがせるとき、父親の活字がすっかりすり減っていたので、私は一揃いの新しい活字を贈ってやった。こうして、少年時代、兄の許をとび出し、契約どおりの徒弟奉公をはたさず、兄に迷惑をかけていたのだが、その埋め合わせをじゅうぶんすることができたと思っている。

一七三六年、私は自然に感染した天然痘で息子の一人を亡くした。四歳のすばらしい子供だった。私は、その後長いあいだ息子に天然痘の予防接種をしなかったことをひどく後悔し、いまも後悔しつづけている。わたしはこのことをとくに世の親たちにいっておきたい。親たちは、予防接種をしたばかりに子供が死んだりしたら、ぜったい自分を許すことができないだろうと思って、この予防接種を避けているようだが、私の例からわかるように、子供が死んだら、どちらであろうと、後悔するのは同じなのだから、安全なほうを選ぶべきだと思うのである。

私たちのクラブ、ジャントーがきわめて有益なクラブであることが明らかになり、会員もすっかり満足して、何人かは友人を紹介したいという強い希望をもっていた。しかし、入会を認めると、私たちが最初適切な会員数だろうと話し合って決めた一二名という数をこえてしまう。私たちは最初からこのクラブは秘密にしておくことをクラブの規則にしており、このことはかなりよく守られていた。その意図は、望ましくない人間の入会を避けることにあった。断わるのがむずかしい人間が入会をもとめてくる可能性があったからだった。私は最初の会員数に一人でも加えることに反対する一人だったが、反対するかわりに、入会希望者がいたら、会員それぞれが個別に私たちのクラブに従属する新しいクラブをつくるようにしたらよいのではないかという提案をした。その場合も、討論する問題提起にかんしては私たちと同じ規則をもうけ、ジャントー・クラブとの関係はいわずにおくことにした。

この提案の利点は次の点にあった。つまり、私たちの会にならって同じような数の若い市民が啓発されていったこと、なにか問題が生じたとき、ジャントー・クラブの会員はなにを問題として提起すべきか、その会ではどんな結論になっているか、などを報告し、それで私たちは住民全体の意見をより正確に知ることができたこと、より多くの人の賛成を得て特定の商売を推進できるようになったこと、そして公共事業においても私たちの影響力が大きくなり、従属するクラブをとおしてジャントー・クラブの考え方が広まり、それによって改革の力を強化されてきたこと、などであった。私の提案は認められ、会員はそれぞれ自分のクラブをつくったが、全員が全部うまくゆくとはかぎらなかった。五つか六つができて、それぞれが「ワイン・クラブ」「ユニオン・クラブ」「バンド・クラブ」といった違った名前をつけ、新しい会員にとって有益であるのはもちろんのこと、私たちにもずいぶんと楽しみや、情報、知識を提供してくれることになった。さらに特定の問題にかんして世論を動かそうとするとき、私たちの目的にかなり貢献してもくれた。そうしたことについては、このあと関連するところでいくつか実例をあげることにする。

（1）フランクリンは架空の人物としてこの名前を使っているが、同名の暦発行者が十七世紀ロンドンに実在し（一六一三？―八七）、『アポロ・アングリカナエ』という評判の農業用暦を発行していた。彼は当然このことを知っていたと思われる。

（2）当時、イギリスで天文学、占星術に基づいた本格的な暦をパロディ化したような『貧しいロビンの暦』（一六六一―一七六六）という暦が発行されており、フランクリンはこの暦にあやかって『貧しいリチャードの暦』と称したと思われる。ロードアイランド植民地で印刷屋を開いていたフランクリンの兄も暦を発行しており、『貧しいロビンの暦』と称していた。なお、当時のフィラデルフィアの人口は約二万人。そこで彼の暦が一万部売れたというのは、近郊の人びとが買っていったのであろう。価格は一部四ペンス。

（3）一七五七年出版、つまり一七五八年度版の暦。エイブラハムと名のる老人が、競売場に集まってきた人びとに、貧しいリチャードの諺を引き合いにだして、勤勉と節約の効能と必要性を一つのまとまりのある説話として説いて聞かせる。この序文は後に独立して『富にいたる道』というタイトルで出版され、大ベストセラーとなり、成功を夢みる若者たちに大きな影響をあたえた。十八世紀中だけでも、七ヵ国語に訳され、一四五の違った版が出版されたという。

（4）フランクリンは、一七三一年、すでにホイットマーシュという印刷工にチャールストンで印刷屋を持たせていたが、一七三三年十一月、彼が死んだので、自分の店で働いていたルイ・ティモシーという職人を送った。彼も五年後には死亡する。

（5）サムュエル・ヘンプヒル（生没年不詳）。アイルランド出身の牧師。一七三四年、フィラデルフィアの唯一の長老会派教会の牧師ジェデダイア・アンドルーズの副牧師に採用され、伝統的な神学教義よりも宗教の合理的な側面や日常生活の道徳律を強調した説教で人気を呼んだが、そうしたことから

「自由思想家」との関係を疑われ、また説教の盗用を指摘されて教会を追われた。アンドルーズ牧師が彼の人気に嫉妬心をいだいたためとされる。フランクリンは彼を支持し、擁護した。

(6) ジェイムズ・フォースター(一六九七—一七五三)。ロンドンのバプティスト派の牧師。宗教の神秘性を否定し、その合理的な側面を強調したため「自由思想家」とみなされたが、きわめて魅力的な説教で人気を呼び、ファリネッリ(イタリアの名歌手)の歌とフォースターの説教を聞いたことのない者は社交界に出入りする資格なしとさえいわれた。ヘンプヒルが彼の説教を盗作したのは内容的に理解できる。四巻本の『説教集』がある。

(7) チェスはフランクリンが終生好んだ娯楽で、一七七九年、駐仏全権公使としてパリに滞在中『チェスのモラル』と題したエッセイを書き、チェスが単なる「暇つぶしの娯楽」ではなく、人生そのものが「ある種のチェス」だといっている。チェスを通して「先見の明」「用意周到さ」「警戒心」「忍耐力」などの精神的な性格が強化されるという。チェスをめぐる興味深い逸話も残されている。

(8) 一七三三年九—十月のこと。一七二三年九月二十五日にボストンを出奔してからちょうど一〇年になる。

第八章　社会活動（一）

植民地議会書記に選ばれる

私が最初にその存在を社会的に認められたのは、一七三六年、植民地議会の書記に選ばれたときのことだった。その年はまったく反対なしで選ばれたが、翌年はふたたび推薦されたものの（書記も、議員と同じように任期制だった）、一人の新議員[1]がもう一人の別の候補を支持してながながと反対演説をぶった。しかし、結局、選ばれたのは私だった。この地位は書記としての手当てが出るだけでなく、議員との顔つなぎができるし、採決や、法律、紙幣の印刷に加えて、公共のための臨時の仕事を回してもらう機会が多くなったりして、全体的にけっこう儲かるものであった。したがって、この新議員の反対を私は面白く思わなかったが、彼は資産のある裕福な紳士で、教育もあり、才能にも恵まれていて、将来、植民地議会で大きな勢力をもつようになるだろうと思われていた。そして、事実、そうなったが、私は最初から卑屈に彼にとり入り、気に入られようとは思わなかった。

しかし、その後、次のような別の方法で彼に近づいた。彼が自分の図書室に非常に珍しい希覯本を一冊もっていると聞いたので、私はそれをぜひ読みたいと思っている、よろしかったら、数日間、貸していただけないだろうか、という短い手紙を送ってみたのだ。すると彼は、すぐその本を送ってくれ、私はそれを一週間ほどで返し、それに心からの感謝をこめた礼状を添えたのであった。議会で次に彼に出会うと、彼はきわめて丁重に声をかけてきた（そんなことはそれまで一度もしたことがなかったのに、である）。そして、そのあとは、あらゆる機会に私になにかと目をかけてくれるようになり、私たちは無二の親友となった。彼との友情は彼の死までつづいた。これは、私が覚えている「一度親切にしてくれた人は、こちらが親切にしてやった人よりも、向こうからまた親切にしてくれる」という古い処世訓の正しさを証明する例といっていいだろう。そしてまた、これによって、ただ腹を立て仕返しをし、敵意ある態度をとりつづけるより、慎重に相手の敵意をとり除くほうがはるかに得であることがわかるだろう。

一七三七年、ヴァージニア植民地の前総督で、その後、郵政長官をしていたスポッツウッド大佐②が、自分の代理のフィラデルフィア郵便局長が会計報告を怠ったり、不正確だったりしたので、それを不満に彼をくびにし、郵便局長のポストを私に回してくれた。私はすぐ引き受けたが、それは私にとってずいぶん有利なことになった。給料こそ少なかったが、通信が簡単にできるようになり、それで私は新聞の内容をよくすることができたし、掲載する広告とともに発行部数も増えてゆき、結果的に、私はかなりの収入を得ることができたからだった。そして、ライバルだったブラッドフォードの新聞はその分だけ売れなくなり、郵便局長だったとき、私の新聞を郵便馬車で配達するのを許さなかった彼の意地悪に仕返しをすることもせず、彼の新聞が売れなくなったことで私はおおいに満足していた。こうして、彼は当然なすべき会計報告を怠ることによって手痛い損失をこうむったのであった。ここでこのことに触れたのは、他人に雇われて会計などの仕事をやっている若い人にとって、決算報告をいつもきちんと行ない、報告は、明確に期限を守って送ることがいかに大切であるか、その教訓を読みとってほしいと思ったからである。こうしたことができるという評判は、これから就職したり、商売を拡大しようとするさい、なによりの推薦状となるのである。

夜警制度の改善と消防組合の設立

このころになって、私は小さな問題からであったが、公共の問題に少しずつ関心を向けるようになった。町の夜警は規制が必要であると私が考えた最初の問題の一つだった。当時、夜警はそれぞれの地区の警官が交代で管理するようになっていた。その警官は町の世帯主を大ぜい集めていっしょに夜ごと夜警に参加するよう命じ、参加したくないという者は、一年六シリングを払って免除してもらっていた。これで夜警にでる代わりの人間を雇うことになっていたのだが、実際は、この六シリングというのは、この目的に要する額を大きく上まわっており、余った金はみな警官の余得となっていたのだった。しかも、警官はしばしば社会的に身分のある人間だったらいっしょにいることを望まないようなやくざな連中をわずかな飲み代で雇っていたのである。しかも、こうした連中ときたら受持ち区域を回ることすらしないで、夜の大半を酒をちびちび飲んで過ごしていた。そこで、私はこういった違法行為を告発するだけでなく、警官に払う六シリングも、払う者の経済状態を考えると、不公平であるということをできるかぎり詳細に指摘した論文を書いて、ジャントー・クラブに提出した。というのは、夜警に守ってもらう財産の総額がおそらく五〇ポンドにもみたない貧しい未亡人も、何千ポンドという価値のある商品を店に蓄えている裕福な商人も、同額の負担をするようになっていたからだった。

全体として、私はもっとも有効と思われる夜警制度として次のようなものを提案した。つまり、片手間でなく、常時、夜警を専任の仕事とする人間を雇うこと、負担のより公平な方法として財産に比例した負担金を徴収すること、である。この考えはジャントー・クラブで賛同をえて、ほかの私たちに従属するクラブにも伝えられたが、それぞれのクラブでもすでに同じような提案が出されていて、賛成されているということにしておいた。この提案はすぐには実行されなかったが、改革が必要であるということを理解させ、数年後の新しい法制定に道を開くことになった。そのころになると、私たちのクラブの会員もかなりの影響力をもつようになっていた。

このころ、私はまた別の論文も発表した[3]（最初はジャントー・クラブのためのものだったが、その後出版した）。それは家屋の火事の原因とされるさまざまな事故や不注意を問題にした論文で、そうした事故のさいの注意や、それを避けるための予防策をとり上げてあった。それが社会にとって有益な論文だと話題になり、これをきっかけに、早く消火にあたるとともに、危険がいよいよ迫ったとき、財産をもち出したり、確保したりするために消防組合をつくるべきではないかという計画がもち上がり、計画に参加しようとする者がたちまち三〇名にも達した。私たちの協定書の条項では、すべての組合員は火事のさい現場にすぐ持っていくため、丈夫なバッグとバスケット〔荷物を詰めて運ぶためだった〕と、一定数の革製バケツをいつも使えるようにしておくことが義務づけられていた。私たちは月に一度集会をもち、いっしょに夜を過ごしながら、そういった場合どのように行動したらよいか、それぞれ思いついた考えを交換しあっていた。

この消防組合がいかに有益であるかはすぐに明らかになり、一つの消防組合には適当と思われないほど大ぜいの人が参加を申しこんできた。そこで、そうした人たちにはもう一つ別の消防組合をつくるよう勧め、事実、多くの組合をつくることになった。こうして、つぎつぎと新しい消防組合ができて、財産のある住民のほとんどすべてが加入するほど数が増えた。これを書いているいま現在、もう結成されてから五〇年以上になるが、私が最初につくったユニオン消防組合[4]の最初からの組合員は、私と私より一歳年長の一人をのぞくと、みんな死んでしまったものの、組合そのものはなお健在で、大いに活動をつづけている。毎月の例会に欠席する組合員は罰金を払うことになっていて、そのわずかな罰金をためた金は、それぞれの消防組合の消防車や、梯子、鳶口など、必要な消防道具を買うために使われた。それで私は、世界じゅうでこれ以上に初期段階の消火に必要とされる道具をそなえている都市があるかどうか、疑わしく思っている。事実、これらの消防組合ができてから、フィラデルフィアでは、火事で一度に二軒以上の家が失われたということはなく、たいていの場合、出火した家は半焼もしないうちに消しとめられている。

アメリカのホイットフィールド師

一七三九年、イギリスから牧師のホイットフィールド師[5]が私たちのフィラデルフィアへやってきた。彼は巡回牧師としてイギリスでひろく名を知られた牧師だった。最初のうちは、フィラデルフィアの教会のいくつかで説教をすることが許されていたが、やがて牧師たちが彼を嫌って祭壇の使用を拒み、彼は野外で説教をせざるをえなくなった。宗派、分派を問わず、彼の説教に出席していた聴衆の数は膨大であり、私もその一人であった。聴衆におよぼした彼の雄弁さの驚くべき影響力、彼が聴衆にむかっておまえたちは半ば動物、半ば悪魔に生まれついていると断定し、口をきわめて罵ったにもかかわらず、彼を崇拝し尊敬している聴衆の姿を目《ま》のあたりにして、私はいろいろと考えさせられたものだった。住民たちの様子にあらわれた変化にも、これまた、驚くべきものがあった。それまで住民たちはものを深く考えることをしないだけでなく、宗教にも無関心そのものであったが、それが、いまでは世界じゅうの人間が宗教的になったかと思われるほどだった。夕方、フィラデルフィアの町の通りを家庭で歌われている讃美歌を耳にすることなしに歩くことはもはや不可能となった。

天候に左右される屋外で集会を開くのはなにかと不便であることから、集会を開くための建物を建てようという提案が出された。そして、寄付集めをする人が決まると、ただちに土地を購入し、ウェストミンスター・ホール[6]と同じ大きさの、奥行き一〇〇フィート、間口七〇フィートの建物を建てるのに十分と思われる寄付がたちどころに集まった。建築工事も猛烈な勢いで進行し、予想したよりはるかに短い期間で建築は完成した。この建物と土地を管理する委員会ができあがり、宗派を問わず、このフィラデルフィアの住民になにか訴えたいという希望をもった説教師にこの建物は開放されることになり、このことはとくにはっきりさせてあった。建物の構造も特定の宗教に都合がいいようには設計されておらず、住民全体の利益のために設計されていたので、かりにコンスタンチノープルのイスラム教のマフティ[7]がイスラム教を説くために伝道師が私たちのところに派遣されてきても、祭壇は自由に使うことができただろうと思う。

ホイットフィールド師は私たちのところからジョージア植民地のほうにまで説教の旅をつづけていった。そのジョージア植民地[8]は最近入植がはじまったばかりだったが、入植は肉体労働になれた頑健かつ勤勉な農民、つまり、こうした開拓の仕事にふさわしい人たちによってではなく、破産した商店主だとか、借金で首がまわらなくなった者だとか、牢獄を出たばかりの怠け者の、働く気力も習慣ももたない連中などによって行なわれていたのだった。彼らは森のなかで開拓をはじめたのはいいが、もともと土地を開墾する資格などはまったくなく、また、開拓地の困難に耐える力もなかったので、つぎつぎと死んでゆき、あとには多くの身寄りのない子供たちだけが残された。こうした子供たちの悲惨なありさまをみて、心を傷めた慈悲深いホイットフィールド師は、そこに孤児院を建設しようという考えを思いついた。そのような子供たちを収容し、教育してやろうというのである。

彼はまた北の植民地にもどってきて、この慈善計画を説いてまわり、多くの寄付を集めた。というのは、彼の熱弁は聴衆の心と財布に驚くべき影響力をもったからで、そういう私自身がその一例だった。私はこの計画に決して反対ではなかったが、ジョージア植民地には建築資材はなく、仕事のできる職人もおらず、フィラデルフィアからそれらを大変な費用をかけて送らなければならず、それよりは、このフィラデルフィアに孤児院を建て、子供たちのほうをこちらに連れてきたほうがもっと経済的ではないかと思い、そのように提案したのであるが、彼は自分の最初の計画に固執し、私の忠告を退けるので、私は寄付するのを断わるつもりにしていた。

ところが、その後しばらくして、たまたま彼の説教を聞くことがあって、彼の説教を聞いているうちに寄付を目的の説教であることに気がつき、私は内心どんなことがあっても寄付だけはするまいとあらためて決心したのだった。そのとき、ポケットには一握りの銅貨と、ドル銀貨三、四枚、金貨五ピストールが入っていた。ところが、説教を聞いているうちに、少しずつ私は軟化していって、最後には、銅貨だったら寄付してもいいと思うようになった。そして、そのあと、彼のあまりにもみごとな弁舌に自分のほうが恥ずかしくなって、私は気がつくと銀貨をさし出す決心をしていた。最後は、彼の説教がなんともすばらしかったので、私は金貨からなにまで、あり金全部を寄付金入れの皿にほうりこみ、ポケットはすっかり空っぽになってしまった。

このときの説教には、ジャントー・クラブの仲間の一人も出席していたが、彼もジョージアに孤児院を建設するという計画には私と同じく反対だった。彼は寄付集めがなされるだろうと予想し、家を出るまえ警戒してポケットを空っぽにして来ていた。ところが、説教の終り近くになると、さすがの彼も寄付しようという気持が強くなってきて、近くに立っていた仲間の一人に寄付をしたいので少々用立てしていただけないだろうかと頼みこんだが、不幸なことに、この頼みこんだ相手は聴衆のなかでおそらく唯一の確固たる信念の持ち主で、彼はこう答えたそうである。「ホプキンソンさん、ほかのときだったら、いくらでも用立ててしてさしあげますが、今日はお断わりします。だって、おみかけしたところ、感激のあまりいつものあなたではなくなっていますからね」。

ホイットフィールド師を敵視する者のなかには、こうして集めた寄付金を個人的な出費に使っているると主張する向きもあったが、個人的に彼を知っている私は［彼の説教や日誌などを印刷する仕事を頼まれていたからだった］彼の人間としての誠実さをまったく疑ったことはなく、今日にいたるまで、言動のすべてにおいて彼は完全に正直な人間だったと信じている。そして、このように彼を推奨する私のこの証言は、私たちの関係がまったく宗教的なものでなかったので、より大きな重みをもつのではないかと思っている。じつは、彼は自分の宗派に私を改宗させようと神に祈ったこともあったようだが、彼はその祈りが聞きとどけられたという満足感を味わうことは最後までなかった。私たちの交友関係はどちらの側もまったく世俗的なものであり、その関係は彼が死ぬまでつづいた。

次に述べる逸話は、私たち二人がどういう関係にあったかを示す一つの例になるだろう。彼はたびたびイギリスからボストンへやってきた。あるとき、ボストンに到着するや、すぐにフィラデルフィアへ行くことになったが、昔からフィラデルフィアで親切に宿を提供してもらっていたベネゼット氏[9]がジャーマンタウン[10]に移ったと聞いて、私のところに、どこに泊まればいいか教えてほしいといってきた。私は彼に、私の家はご存知でしょう、大したおもてなしはできないが、それでよければ、心から歓迎いたします、という返事を送った。すると、彼からは、そのような親切な申し出を、キリストのために、なさってくださったことにたいし、神さまからは必ず報いがあるでしょう、という返事がとどいた。私は私で、誤解なさらないでいただきたい、お泊めするのは、キリストのためではなく、あなたご自身のためです、といってやった。私たち共通の友人の一人はそれを聞いて、冗談口調で、聖人というものはなにか親切なことをしてもらうと、その親切の重荷を自分の肩から神さまに移す習慣があるようで、そのことを知っている私はその重荷を地上に留めておこうとしたのですね、といったものだった。

ホイットフィールド師に最後に会ったのはロンドンにおいてであったが、そのとき、彼は孤児院の件や、それをもとに大学を設立しようと思っているといっていた。

三万人が聞いたホイットフィールド師の説教

彼は大きなよく通る声をしており、言葉と文章の発音も非常に明晰だったので、ずいぶん遠くからも聞こえたし、理解することができた。聴衆がどれだけ多く集まっていても、みんなは完全に静まりかえっているので、とくにそのように思われた。ある晩、彼がマーケット・ストリートの中央で、これと直角に交差しているセカンド・ストリートの西側にある裁判所の入口階段の最上段から説教を行ない、両方の通りはかなり遠くまで聴衆で埋めつくされていた。マーケット・ストリートの一番遠いところに立っていた私は、どのくらい遠くまで聞こえるか興味をいだき、川っ縁まで下っていってみた。さすがフロント・ストリートまで来ると、通りの騒音で聞こえなくなったが、それまではっきりと聞こえた。そこで、裁判所から私のいる場所までの距離を半径に半円を描き、その半円のなかに二平方フィートに一人という割合で聴衆を置いてみると、彼の説教は三万人以上の聴衆の耳にとどいているという計算になった。それによって、彼の屋外の集会で二万五〇〇〇人の聴衆を相手に彼が説教をしたという新聞記事が嘘でないことを納得したのだった。また、ときどき、疑問を感じていた、古代史の将軍たちが全軍の兵士に向かって熱弁を揮ったということもありうる話だと思うようになった。

何度も彼の説教を聞いているうちに、彼の説教が新しく書かれたものか、旅行中何度もくりかえし行なってきたものか、その違いが簡単にみわけられるようになった。後者のほうは、何度もくりかえすことで話し方がずいぶんとよくなっているだけでなく、発音も、重点の置き方も、声の抑揚も、すべて完璧になっているので、内容に興味がもてなくとも、彼の説教に快感を覚えずにはいられなかったからだった。それはすばらしい音楽を耳にしてえられる快感と同じ種類のものだった。それはいつも同じ教会で説教をする牧師には望めない、巡回牧師だけがもっている有利な条件だった。というのは、教会つきの牧師は同じ説教を何度もくりかえして、よりよいものにするわけにはいかないからである。

彼が書いたものや、印刷したものは、彼の敵にしばしば乗じる隙をあたえた。口頭での説教であったら、口にした不用意な表現、いや、間違った意見でさえも、あとで説明を加えたり、こういうことをいうつもりだったと修正することもできるが、あるいは、そんなことなどいっていないと全面的に否定できなくもないが、諺にあるとおり、「書いた言葉はあとに残る」のである。批判者たちは彼の書き残したものを激しく攻撃した。しかも、いかにももっともらしい理由を並べたてるので、彼の信者の数は減る一方で、増えることはなかった。そういうわけで、もし彼がなにも書き残さなかったら、もっと信者の多い重要視される宗派をあとに残したと思われるし、もしそうであったら、彼の名声は死後もっと高くなっていただろうと思う。彼を非難する根拠とされ、彼の評判を貶《おとし》めるだけに利用される彼が書いたものが、まったく残されていなかったら、信者たちは彼を熱烈に崇拝し、彼にそうあってほしいと願うすぐれた牧師のさまざまな性格を自分たちが望むようにつくり上げることができただろうと思われる。

拡大する印刷所経営

私の商売はいまや確実に拡大し、暮らし向きも日ごとに楽になっていた。私の新聞は一時このペンシルヴェニア植民地と近隣の植民地でほとんど唯一といってよい新聞となり、大いに儲かるようになっていた。「最初の一〇〇ポンドは稼ぐのが大変だが、次の一〇〇ポンドはなんでもない」という言葉の正しさを、私は身をもって体験していたのだった。金というものはそれ自体、殖える性質をもっているのである。

カロライナでの共同経営がうまくいったので、それに勇気づけられ、私はほかのところでもそうしようと考えた。そこで、申し分なく仕事をやっていた職人数人を昇格させ、カロライナの場合と同じ条件で、いくつか違った植民地に印刷所を開かせた。彼らのほとんどは事業をうまくやっていって、六年の契約が終ると、私から活字を買いとり、独立して仕事をつづけ、それによって数家族が暮らしてゆけるまでになった。共同経営というものはとかく喧嘩別れに終るものだが、私の場合はすべてうまくいって、友好的に終り、恵まれていた。これは万一の場合を想定して、契約条項でおたがいなすべきことや、期待してよいことなどをできるかぎり明確に決めておいた結果だと思っている。それで、もめるようなことはなにもなかった。それゆえ、そのような用心をしておくことを共同経営をはじめようとするすべての人に勧めたいと思う。というのは、契約当初どれだけおたがいを尊敬し信用していても、商売での責任とか、負担とかいった面で不公平感をいだくようになると、ちょっとした猜疑心や嫌悪感が生じて、それでそれまでの友情にひびが入り、へたをすると、訴訟といった不愉快な結果になることが多いからである。

植民地の防衛と学校教育

私は全体的にいってペンシルヴェニアに居を定めたことに満足する理由が多くあったと思っているが、それでも残念なことが二つほどあった。みずからの町を防衛する備えがないことと、青年の教育施設がないことであった。自衛軍と高等教育のための学校がなかったのである。それで私は、一七四三年、そのための学校の設立案を起草した。私は第一線の仕事から退いていたピーターズ師[11]がそうした学校の監督の仕事には適していると考えて、彼にこの計画を打ち明けてみたところ、彼には領主との関係でもっと儲かる仕事の見込みがあり、それがうまくまとまりそうだといって、私の依頼を断わった。そして、私はその当時こうした仕事を託すのにふさわしい人をほかに思いつかなかったので、この計画はしばらく放置しておくしかなかった。しかし、翌一七四四年、私は学術協会創設を提案し[12]、今度は、その実現に成功した。この目的のために書いた趣意書は私の書いた文書類を集めたら、そのなかにみつかると思う。

植民地の自衛にかんしていうと、当時、スペインは数年にわたりイギリスと戦争状態にあった[13]し、フランスが長年それに加わっていた。そのため私たちの植民地はますます危険な状態におちいっており、トマス総督[14]は長年苦労してクエーカー教徒が多数を占める植民地議会に自衛軍法案を承認させようとしており、ほかにも植民地の安全のための対策を講じていたが、結局は、すべて失敗に終った。それをみて、私は自発的に植民地の住民を結集することによってなにかできないか試してみることにした。この計画をともかく推進しようと、私は「明白な事実[15]」と題したパンフレットを書いて出版し、そこで植民地がおかれている無防備の状態をはっきりさせるとともに、自衛のための団結と軍事教練の必要性を説いた。そしてまた、数日のうちにこの目的のために住民の連合を結成するつもりにしていて、住民すべてにそれに賛成の署名をするよう訴えた。パンフレットはたちまち驚くほどの反響をまき起こし、私は世話人になるよう仰せつかり、数人の友人とこの連合のための規約の原案を作りあげ、前にもいったことのある町の大きな建物で集会を開く手筈をととのえた。

会場はほとんど満員となった。私は趣意書のコピーを十分用意し、会場のいたるところにペンとインクを置いておいた。まず私からこの問題について少々長い演説をし、趣意書の説明を口頭で行ない、それからコピーを配ったが、反対する者は一人もおらず、全員が熱烈に賛成の署名をした。会が終って趣意書を集めると、一二〇〇人以上が署名していた。そのあと植民地のほかの地方にも趣意書を配ったところ、賛成者は最終的に一万人をこえる数になった。人びとは時間をおかずただちに武装をととのえ、中隊、連隊を編成し、それぞれ自分たちの将校を選ぶとともに、毎週一度集まって、操銃訓練やほかの軍事教練を行なっていた。女性たちは女性たちのあいだで献金運動をはじめ、絹の軍旗を縫い、それをそれぞれの中隊に贈呈したが、その軍旗には私が考案した中隊ごとに違った紋章と標語がぬいつけてあった。

フィラデルフィア連隊を構成する中隊の将校たちは集会を開き、私を連隊長に選んだが、私はその任にあらずと思って、代わりにりっぱな紳士で、この土地の有力者でもあったローレンス氏を推薦し、彼もそれを受けいれ、連隊長に任命された。その後、私はフィラデルフィアの町の下手に砲台を建設し、そこに大砲を据える費用をまかなうために富くじを発行することを提案した。この富くじはまたたくまに売りきれて、砲台建設がただちにはじまった。砲台の銃眼間の凸壁は丸太で組みあげ、土を塗りこんでいった。大砲は旧式のものをボストンから購入したが、それだけではたりないので、さらにイギリスに注文した。同時に、植民地の領主にも費用の援助を多少してほしいと頼みこんだが、領主からの援助をそれほど期待していたわけではなかった。

そのあいだ、ロレンス大佐⑯、ウィリアム・アレン⑰、エイブラハム・テイラー⑱と私の四人はニューヨークのクリントン総督からいくつかの大砲を借りてくるという任務を自衛軍に仰せつかり、ニューヨークへ派遣された。クリントン総督は、最初、けんもほろろに申し出を断わったが、参議会のメンバーもいっしょの晩餐会で振る舞われたマデーラぶどう酒を飲んでいるうちに、しだいに軟化していって、そのうち大砲六門だったら貸してもよいといった。そのころニューヨークではマデーラぶどう酒をそのように振る舞うのが慣例になっているようだった。そして、さらに杯を重ねていくうちに、一〇門までだったらなんとかしようといいだし、最後は非常に気前よく一八門まで認めてくれた。いずれもすばらしい一八ポンド砲で、砲架台がついており、それをすぐ輸送して、砲台に据えつけた。戦争がつづくかぎり、自衛軍はそこで夜間の見はりを怠らなかった。そして、みんなに混じって、私も一兵卒として決められた時間自分の義務をはたしたものだった。

こうした計画での私の活動は、総督と参議会の考え方と一致するところが多くあり、彼らは私を信頼し、なにか計画があらわれて、彼らの同意が自衛軍にとって有益だと思われる政策決定の場合は、いつも私に相談してくるようになった。植民地の防衛にあっては、宗教の助けをもとめたほうがよいと考えた私は、神が住民たちの生活を向上させ、私たちの計画に祝福を授けてくださるよう断食の日を制定したらどうかと提案してみた。私のこの動議は受けいれられたが、この植民地で断食などを考えたのはこれが最初で、事務担当の書記も布告の原案をみつけることができなかった。ニューイングランドでは、毎年、断食が布告されており、そこで私は教育されていたので、そのときの知識がある程度役に立った。私は前例にならって布告文を書き、それをドイツ語にも訳し、[19]英語とドイツ語の両方で印刷して植民地全体に公布した。これを機会に各宗派の牧師たちは自分の教会の信者に自衛軍に参加することを働きかけ、もし和平があのように早く成立しなかったら、おそらく自衛軍はクエーカー教徒をのぞいて植民地全体に及んでいたと思われる。

植民地防衛とクエーカー教徒

友人のなかには、こうした問題での活動で、私はクエーカー教徒の怒りを買って、彼らが絶対多数を占める植民地議会での影響力を失うのではないかと心配してくれる者もいた。私と同じように、議会に何人かの支持者をもち、私に代わって議会の書記の地位を狙っていたある若い紳士は、次の選挙で私を交代させようという根回しがなされているので、辞めさせられるよりは、自分から辞めたほうが名誉を傷つけられないので、私にとってよいのではないか、自分は君のためを思って忠告しているのだ、といってきた。そこで、私はその彼にいってやった。ある公務員について読んだり聞いたりしたことがあるが、その人によると、自分から公職をもとめることをしたことがなければ、申し出のあった公職を断わったこともなく、それを自分の主義にしているという。私もその人の主義に賛成で、こうした問題では、そのように対処していきたい、つまり、自分から公職をもとめることも、断わることもしなければ、辞めることもしないようにしている。もし私から書記のポストをとりあげ、ほかに回すというのであれば、そうするがいい。私はそのポストを手放すことがあっても、将来自分の敵に仕返しをする権利まで放棄するつもりは毛頭ない、といってやったのである。しかし、この話はこれっきりとなった。次の選挙で私がこれまでと同じく満場一致で書記に再選されたからだった。

植民地議会は長年その対応に手を焼いていた軍備の問題にかんする議論でつねに総督側についていた参議会の議員たちと、そのころ、私が親しくしているのを面白くないと思っていたので、私がこのときこちらから自発的に辞めるといったら、おそらく議員連中は喜んだろうと思うが、その一方で、私が自衛軍を熱心に支持していたという、それだけの理由で、辞めさせるわけにもゆかなかったのである。私は結局辞めさせられなかったが、それ以外の理由を私は思いつくことができない。

実際のところ、植民地防衛は議員たちに援助をもとめるというのであれば話は別だが、彼らにとってとくに反対しなければならないほどの理由はなかった。私はいくつかの理由からそのように信じていた。そして、想像以上に多くの議員は明らかに侵略戦争には反対していたが、自衛のための戦争であれば賛成していたのだった。この問題にかんしては賛成反対双方のパンフレットが多数出版されていて、そのなかには良識的なクエーカー教徒による植民地防衛に賛成するものも混じっていた。これを読んで、クエーカー教徒の若い世代はほとんどが説得されていたのではないかと思っている。

消防組合結成のさいの経緯を考えて、私は住民たちが普段どんなふうに考えているか見抜いていた。自衛のための砲台建設の計画を推進するために、当時六〇ポンドあった消防組合手持ちの資金で富くじを買うという提案が組合の集会に出された。規約によると、資金はそうした提案がなされたあとの集会で承認されなければ使えないことになっていた。当時、組合員の数は三〇名で、そのうち二二名はクエーカー教徒、残り八名だけがほかの宗派だった。この八名は毎回きちんと集会に出席していた。私たちはクエーカー教徒の何人かは賛成してくれるだろうと思っていたが、過半数をとれるかどうかはぜんぜん確信がもてなかった。クエーカー教徒のジェイムズ・

モリス氏がただ一人集会にやってきて、提案に反対した。彼によると、クエーカー教徒はすべてこの提案には反対で、そもそもこういった提案がなされたこと自体をたいへん遺憾に思っているといった。これでは決定的な仲間割れが生じて、消防組合はつぶれるしかないだろう、ともいう。私はそんなことになるとは思わないが、私たちは少数派なので、もしクエーカー教徒の方がたが反対して勝つようなことがあれば、こうした団体の慣行に従って、その結果は受けいれなければならないし、受けいれるつもりである、と答えた。

ついに決着をつけるべきときがやってきて、投票の動議が出された。モリス氏も規則に従って、投票に同意したが、この案に反対するためにここに出席するつもりの仲間が何人かいると聞いているので、その人たちがやってくるまでもう少し待つのが公平ではないかといい張った。

こんなふうに議論していたとき、給仕がやってきて、階下に私と話をしたいという二人の紳士が待っているというのである。そこで下りて行ってみると、クエーカー教徒の組合員の二人が待っていた。彼らによると、すぐ近くの居酒屋に八人の仲間が集まって、この問題を議論しあっていたが、結論として、たぶん投票にはならないと思うが、万一、投票になったら、出席して賛成の一票を投じることに意見がまとまった、ただし、そうしないで決着がつくようだったら、投票には参加せずにすませたい、というのは、もし賛成の一票を投じたら、自分たちはクエーカー教徒の長老や友人に睨まれかねないからだ、というのであった。こうして、過半数がとれることを確信し、二階にもどった私は表面的にはまだためらっているような様子をみせながら、一時間待つことに同意した。

なにも知らないモリス氏はそれこそ公平だといった。ところが、反対するはずの仲間が一人もあらわれないのである。彼は大いにふしぎそうにしていたが、約束の一時間がたったので、投票に踏み切り、八対一でこの案が認められた。クエーカー教徒の会員数二二名のうち八名はいざとなれば賛成の投票をするといっており、欠席の一三名も反対するつもりのないことを前もって明らかにして欠席していたので、このあと、私は植民地防衛にほんとうに反対しているクエーカー教徒の比率は二一人に一人にすぎないと推定した。賛成してくれたこの二一人はすべて正規のクエーカー教徒であり、クエーカー教徒のあいだでも高い評価を受け、集会でどのような問題が提案されているかを正しく認識している人たちであった。

クエーカー教徒のジレンマ

高潔な人柄で知られ、学識もあるジェイムズ・ローガン氏[20]は古くからのクエーカー教徒であったが、自衛のための戦争は容認すると明言し、そうした自分の主張の正しさを裏づける論拠をともなった文書を仲間たちのために書いていた。彼は砲台建設の目的で消防組合の六〇ポンドを富くじを買う資金にするよう私に手渡し、くじで儲かった金は残らずその目的に向けるよう指示してきた。そして、植民地自衛にかんして前の領主ウィリアム・ペン[21]についての次のような逸話を話してくれた。

ローガン氏は、青年時代、領主のペンとともに彼の秘書としてイギリスから植民地へやってきたが、当時は戦争中で乗っていた船は敵と思われる武装船の追跡を受けた。船長はただちに防衛態勢をとったが、領主と仲間のクエーカー教徒たちには協力を期待していなかったので、船室にもどってけっこうだといった。甲板に残って協力することを望んだローガン氏をのぞいて、ほかの者たちは船室にもどった。ローガン氏は砲列甲板に配置されたが、やがて敵だと思った船は味方であることがわかり、戦闘は行なわれなかった。彼はそのことを知らせるために船室に下りていったところ、ウィリアム・ペンは彼に向かって、どうしてお前は甲板に残り、船長が要求したのでもないのに、クエーカー教徒の教義に背いて戦闘に協力したのとかと彼の行動をきびしくとがめたてた。しかも、この叱責はみんながいる前でなされたので、さすがのローガン氏も黙っておられず、私はあなたに仕える人間です、それなのに、どうしてあなたは私にあのときいっしょに船室に下りてこいと命令しなかったのですか、先ほどは危険が迫っていると思って、私には甲板に残って船の防衛に協力してほしいと内心望んでいらしたのではないですか、といってやったというのである。

ダンカー教徒の柔軟な教義

クエーカー教徒が過半数を占める植民地議会に、長年、議席をもっていたので、私はイギリス国王の命令で植民地防衛のための軍事費要請があったさい、クエーカー教徒が戦争反対を教義にしているため、みずから具合の悪いジレンマに陥るのを目にすることが多かった。植民地議会は、一方では、そういった要請をきっぱりと断わってイギリス本国政府を怒らせたくないのであるが、またその一方では、クエーカー教徒の主義主張に背いてそれに賛成し、仲間全体を敵にまわすことも避けようとしていたのである。そこで彼らは承諾を回避するためのさまざまないい逃れを考えたり、どうしても回避できないときは、承諾したようによそおう巧妙な方法を考案したりしていた。そして最後には「国王のため」という名目で支出を認め、その使い方は問題にしないという巧妙な拠出方法が普通になっていった。

しかし、要求が国王をとおして直接なされていないような場合は、そのやり方もうまくいかず、ほかの方法を考えなければならなかった。たとえば、火薬が足りない〔ルイスバーグ[22]の駐屯隊の場合がそうだったと思う〕とか、ニューイングランドの植民地政府がペンシルヴェニア植民地に援助金を頼んできて、トマス総督が議会に強くそれに応じるよう迫ってきたときなどだったが、火薬は戦争と直接結びついているので、議会はそれを購入する資金を承認するわけにはいかなかったのである。しかし、結局は、この三〇〇〇ポンドのニューイングランドへの援助金を承認せざるをえなくなり、トマス総督にそれを委託することになったが、それには、パン、製粉、小麦、それに類した粉末の購入という条件がつけられてあった。議会に非協力という非難を向けさせようとする参議会の議員のなかには、これは総督が要求したものではないので、食料品購入の条件などのついた援助金は受けとるべきでないと助言する者もいたが、総督は「受けとることにしよう、議会があれでなにを意味してるのか、私にはよくわかるからだ。〝それに類した粉末〟には火薬も含まれているんだ」といって、そのとおり火薬を買ったが、議会はなんら反対しなかった。

消防組合の集会で富くじを買う計画を提案し、それが認められるかどうか自信がもてなかったとき、私はこのときのことを思い出していた。私は友人であり、組合員の一人でもあったシング氏[23]に、もしこの計画が認められなかったら、その金で消防車を買うという動議を出すことにしようといった。クエーカー教徒たちも消防車だったら反対しないだろうと思ったからだった。この提案が認められたら、消防車購入のための委員を選ぶことになるが、そうなったら、彼は私を、私は彼を推薦する。そして、私たちは大砲を買うことにする。大砲は戦争という火を消す消防車だといえばなんとかなるからだ。すると、彼がいった、なるほど、議会に長くいるとずいぶんいい逃れがうまくなるものだね、今度の提案も、ずるいという点では、あのときの〝それに類した粉末〟に勝るとも劣らないすばらしいいい逃れだ。

クエーカー教徒はいかなる戦争も違法であると決めて、それを自分たちの主義として公表したために、こうしたやっかいな事態にみずからを追いこむことになったのであり、いったんそれを公表してしまうと、その後どんなに考えが変わっても、そう簡単にはその主義を捨てるわけにもいかなくなってしまうのである。それをみて、私は植民地のもう一つの宗派、ダンカー教徒[24]の、私にはもっと慎重で賢明だと思われる態度を思い出した。この宗派があらわれた直後、私はこの宗派の創設者の一人であったマイケル・ウェルフェア氏[25]と知り合いになった。彼は私にむかって自分たちはほかの狂信的な宗派からさんざんひどい中傷の言葉をあびせかけられ、自分たちとはなんら関係のない忌わしい教義や礼拝をもっているかのように攻撃されていると不満を訴えた。それにたいして、私は新しい宗派の場合、いつもそういったことがあるものだと慰めるとともに、そうした非難攻撃をやめさせようというのであれば、自分たちの信仰箇条と戒律の規則をはっきり公表したらよいのではないか、といってみた。

　すると、彼がいうには、そのように公表するという話はすでに出たことがあるが、それがまだまとまっていないという。まとまらない理由は、彼によると、次のような事情があるからだった。つまり、最初彼らが集まって新しい宗派を興したとき、それまで真理だと思っていた教義に誤りがあること、そして、誤りだと思っていたことに真の真理がかくされていることが、有り難いことに、神からの光によって明らかにされただけでなく、その後も神から授かった光によって彼らの教義はさらによくなり、誤りは減ってきているというのである。そして、今なお自分たちは、改善の最後の段階、霊的あるいは神学的に完璧な状態に達しているかどうか断言できないでいるという。したがって、信仰告白を公表したりすると、それによって、かえって自分たち自身が縛られ、その中に閉じこめられてしまい、それ以上の改善が受け入れられなくなってしまう。それを恐れているし、また、あとに続く者が先輩や創設者などが決めたことをそこから逸脱できない神聖なものと考え、ますます教義の改善ができなくなってしまうのを恐れている、というのであった。

この宗派にみられるこのような謙虚さは、ほかのあらゆる宗派が自分たちこそ真理を所有しており、自分たちと違う宗派は、そのかぎりにおいて間違っていると考えていることを思うと、人類の歴史におけるきわめて稀な例ではないかと思われるのである。霧の深い日に旅をする人に似て、旅人の目には同じ道の少し先を歩いている人も、後ろから来る人もすっかり霧につつまれているようにみえる。道の両側の牧草地にいる人たちも同じく霧につつまれているようにみえる。そして、自分のまわりだけ霧が晴れて、明るくなっていると思っている。ところが、事実は自分もほかの人と同じように遠くからみればやはり霧につつまれているのである。こうしたやっかいな事態を避けようと、最近ではクエーカー教徒は植民地議会や総督などの公職を辞退する者が多くなってきた。宗教上の主義主張をまげるくらいだったら、世俗的な権力を捨てることを選ぶようになってきたのだ。(26)

(1)アイザック・ノリス(一七〇一―六六)。フィラデルフィアのクエーカー教徒の名門出身で、一七三四年、植民地議会に選出されてから、議会の実力者として政界を牛耳った。フランクリンはカーライルでのインディアンとの交渉やオールバニー会議(一七五四)などで協力し、領主に抵抗するという点では同一歩調をとったが、既得権を主張する保守的傾向の強い支配階級の彼とは相いれない面があり、最後は政治的に対立した。彼の蔵書は、ジェイムズ・ローガンについで、フィラデルフィア有数の充実したものだった。

(2)アレグザンダー・スポッツウッド(一六七六―一七四〇)。イギリスの軍人。ヴァージニア植民地総督代行(一七一〇―二二)を務めたあと、一七三〇年、北アメリカ郵政次官。郵政事業ではイギリス政府の利益を最優先し、植民地の郵便状況の効率化をはかるフランクリンとは立場を異にした。

(3)「町を火災から守る方法について」と題された論文。一七三五年十二月四日の『ペンシルヴェニア・ガゼット』紙に発表。

(4)一七三六年十二月七日に創設。

(5)ジョージ・ホイットフィールド(一七一四―七〇)。イギリスのカルヴァン主義メソジスト派の熱弁で知られた牧師。イギリス本国およびアメリカでひろく野外布教活動を行ない、その狂信的な説教で人びとの宗教心を煽り立てた。とりわけ一七三〇―四〇年代、マサチューセッツ植民地でジョナサン・エドワーズとともに「大いなる目覚め」と称される信仰復興運動の火付け役をはたした。アメリカには、一七三八年、最初に来てから、一七七〇年まで六回訪問している。フランクリンは彼の宗教上の教義よりも、数万人の聴衆を集めたといわれる説教の方法などに興味を示し、布教活動に協力しながら、最後まで改宗されず、中立の立場を保った。印刷業者として、彼をめぐる宗教論争の両陣営の小冊子印刷に便宜を図った。

(6) ロンドンのウェストミンスターにある国会議事堂付属の会館。もとは宮殿の一部。議事堂、法廷として使われたこともある。奥行き二九〇フィート、間口六八フィート、高さ九二フィート。

(7) イスラム教で、教典の解釈、疑問点などの解明にあたる、権威をもった高位の僧。

(8) 一七三三年、慈善家でもあったジェイムズ・オーグルソープ将軍（一六九六―一七八五）がジョージ二世から特許状をえて、開拓した植民地。当初の目的は、イギリス本国で借金のため投獄されていた者に再起の道をあたえ、カトリック教の国で迫害を受けていたプロテスタント教徒に避難所を提供することだった。フランクリンの記事は必ずしも根拠のない彼の個人的な偏見ではない。

(9) ジョン・スティーヴン・ベネゼット（一六八三―一七五一）。フランス生まれの裕福なユグノー教徒の商人、輸入業者。一七一五年、迫害を避けてロンドンに来て、クエーカー教徒になる。一九三一年、フィラデルフィアに移住。一七四三年、さらにモラヴィア派に改宗し、『自伝』にある通り、ジャーマンタウンに移った。ロンドン滞在中から、ホイットフィールド師と親交があった。

(10) フィラデルフィアの西北部にあった町。現在はフィラデルフィア市の一部。一六八三年、宗教的迫害を逃れてきたドイツ系移民が住みつき独立した町を形成。

(11) リチャード・ピーターズ（一七〇四ころ―七六）。英国国教会の牧師、ペンシルヴェニア参議会の書記。植民地有数の知識人とみなされ、フランクリンも高等学院創立にあたっては協力をもとめたが、政治的には領主側に近く、イギリスに送った彼の植民地報告書はフランクリンの『自伝』にみられる政治状況とはまったく違っていた。

(12) 一七四三年、フランクリンの「アメリカの植民地間に有益な知識を普及させるための提案」に基づき、ジャントー・クラブを発展させ、弁護士のトマス・ホプキンソンを初代会長、フランクリンを書記にフィラデルフィアで結成され、一七六九年、フランクリンを会長として再編成が行われ、科学、政治（社会科学）、人文学の分野における学問の発展振興を目的に活動し、現在に及んでいる。

(13) イギリスとスペインの間で、西インド諸島およびアメリカ植民地の支配権をめぐって対立抗争がつづいていたが、イギリス商船のジェンキンズ船長がスペイン軍に捕らえられ耳を切り落とされるという事件があり、これをきっかけに、一七三九年、両国は戦争に突入した。翌一七四〇年、スペインはオーストリア王位継承戦争に介入して、フランスと結託し、オーストリアを支援したイギリスとの戦争は拡大した。アメリカ植民地では、キング・ジョージ戦争（一七四四―四八）となって、インディアン部族をまきこみ、ノヴァスコシアからペンシルヴェニア、さらにはオハイオ川流域で、フランス軍と戦闘をくりかえした。

(14) ジョージ・トマス（一六九五ころ―一七七四）。西インド諸島出身。ペンシルヴェニア植民地総督（一七三八―四七）。植民地防衛策を推進したが、植民地議会、とくにクエーカー教徒の反対にあって、期待通りの結果を出せなかった。

(15)「明白な事実、フィラデルフィアの町およびペンシルヴェニア植民地の現状にかんする重大な考察」（一七四七）。

(16) トマス・ロレンス（一六八九―一七五四）。ニューヨークの商人。クエーカー教徒の実力者ジェイムズ・ローガンと親しく、フィラデルフィアの参議会の議員や、自衛軍の連隊長、高等学院の評議員などを務めた。

(17) 一七〇四―八〇。フィラデルフィアの最富裕な家庭に生まれた商人。最高裁判事など、さまざまな公職について、領主側を支持する政界のボスの立場から、フィラデルフィアの町の発展に尽力。慈善家、社会改良家でもあった。フランクリンを郵政長官に推薦したのも彼だった。

(18) 一七〇三ころ―七二。イギリス出身のフィラデルフィアの商人。参議会議員、税関所長を務めたが、税関所長としてフィラデルフィアの有力な砂糖、ラム酒の輸入業者と癒着して収賄を疑われ、ペンシルヴェニア―メリーランド植民地境界線紛争問題ではボルティモア卿側を支持して参議会議員を解任されるなど、問題が多かった。フランクリンは、必要とあれば、こうした人物とも行動をともにすることもあった。

(19) 当時、ジャーマンタウンなどに、「ペンシルヴェニア・ダッチ」と称されるドイツ系移民が相当数いた。

(20) 一六七四―一七五一。フィラデルフィアのクエーカー教徒の政治家、輸出業者、学者。フランクリンも彼の人格、学識に敬意を表していた。一六九九年、領主ウィリアム・ペンの秘書として植民地に来てから、半世紀にわたりフィラデルフィアの政界で重きをなし、領主の信任が厚かった。その一方、毛皮などの輸出で財をなし、科学、文学、とりわけ古典学に通じていて、晩年二〇年は学究として過ごした。三〇〇〇冊におよぶ彼の蔵書は植民地随一とされ、死後、フィラデルフィアの図書館に寄贈された。

(21) 一六四四―一七一八。ペンシルヴェニア植民地の建設者、領主。父が海軍提督の名門の生まれ。オックスフォード大学在学中、クエーカー教徒となり、キリスト教の三位一体説などを批判したパンフレットで筆禍事件を招きロンドン塔に投獄されたこともある。チャールズ二世に対する父の膨大な債権を放棄する代わりにデラウェア川とサスケハナ川の間にある広大な土地の領主権を得て、宗教的に迫害された人びとの避難所となる植民地建設という「聖なる実験」に乗りだし、住民の基本的人権、あらゆる宗派に信教の自由を保証した。一六八二―八四年、クエーカー教徒を引き連れて移住し、不在領主でなく、直接フィラデルフィアの町の建設にあたった。その後いったん帰国したが、一六九九―一七〇一年、植民地を再訪し、住民の要求を認めた民主的な「権利の憲章」(一七〇一)を制定。しかし、課税問題では、領主の所有地の非課税を主張し、植民地議会と対立した。時代的に、フランクリンが対決したのは、同年代の次男のトマス・ペン(一七〇二―七五)だった。

(22)カナダのノヴァスコシア、ケープブレトン島にあった要塞。フランス軍の拠点となっていたが、一七四七年、ウィリアム・ペパレル指揮下の植民地軍が占拠。

(23)フィリップ・シング(一七〇三―八九)。アイルランド生まれの銀細工師。ジャントー・クラブの最初からのメンバーで、フランクリンと公共事業や電気実験で行動をともにすることが多かった。独立宣言署名のさい彼が制作したインクスタンドが使われたという。

(24)十八世紀初頭ドイツに現れた浸礼派。洗礼の方法により、文字通り「浸す人」と呼ばれた。敬虔主義の一派。迫害を逃れて、一七一九年、ペンシルヴェニア植民地ジャーマンタウンなどに集団移住し、オハイオ川流域方面に広がっていった。教義として、訴訟、戦争といった争いごとを容認しなかった。

(25)一六八七―一七四一。ドイツ名は、ヴォールファート。ダンカー教徒の指導者。同教徒の拠点ランカスターの「エフラータ・クロイスター」からフィラデルフィアに来て、フランクリンと交友関係があった。

(26)一七五六年六月以降、クエーカー教徒の植民地議会議員三五名のうち、二五名が良心上の理由ないしはブラドッグ将軍の遠征失敗の責任をとらされて、辞任した。

第九章　社会活動（二）

フランクリン・ストーブの考案

時間の順序からすると、もっと前に書いておくべきだったが、一七四二年、私は部屋の暖房を改善するとともに、外から入ってくる新鮮な空気を途中で暖められたら燃料の節約にもなるのではないかと考えて、開放式ストーブを発明し、古くからの友人のロバート・グレイス氏にその新型のストーブを進呈した。溶鉱炉をもっていた彼は、このストーブの効率がすぐれているためにストーブ用の鉄板の需要が増えるのではないかと考えて、鉄板の鋳造にとりかかった。私も需要を増やすためにパンフレットを書いて出版した。タイトルは「新発明のペンシルヴェニア型暖炉の解説。構造および使用法についての詳細な説明。従来の部屋暖房にまさる利点の証明。本商品にたいする疑問、反対にたいする回答および反論、等々」としておいた。このパンフレットは非常に効果的だった。トマス総督はパンフレットに説明してあったストーブの構造がひどく気に入ったらしく、数年間の独占販売特許権を認めてやろうといってくれたが、私はこのせっかくの申し出を断わった。というのは、そういった話があったとき、私はいつも自分にとって重要な意味をもつ自分なりの原則をもっていたからだった。つまり、私たちは他人の発明から大きな恩恵を受けているのであるから、自分の発明を他人に提供できる機会があったら、その機会を喜び、気前よくそれを無料で提供すべきだと思っていたのである。

ところが、ロンドンのある鉄鋼商人は私のパンフレットの大部分を勝手に利用して、それがまるで自分のものであるかのように書き改め、ストーブの構造に些細な変更を加えてストーブの効率を悪くしてしまっていたが、ロンドンでこのストーブの特許をとり、私が聞いたところによると、ちょっとした財産を築いたとのことであった。そして、この事件は他人が私の発明を盗んで特許をとった唯一のケースではなかった。もっとも、そうすることで、いつも成功したというわけでもなかった。私は、このような場合、私自身が特許をとって儲けようという気持はなく、また争いごとになるのが嫌だったので、異議申し立てをすることもしなかった。ペンシルヴェニアと近隣の植民地においてきわめて多くの家庭でこのストーブを使うようになってから、住民たちが燃やす薪は大いに節約されるようになったし、現在もその状態はつづいている。

高等学院の設立

和平が成立して、講和条約が結ばれ、その結果、自衛軍の問題にもけりがついたので、私はまた高等学院《アカデミー》設立の問題に目を向けた。その第一段階として、この計画に積極的に参加してくれそうな友人を募った。そうした友人はほとんどジャントー・クラブの会員から集めることができた。私は「ペンシルヴェニアの青年教育にかんする提案」と題したパンフレットを書いて出版し、主だった住民に無料で配布した。これを読んで住民の気持がその方向に傾いたのではないかと思われるやいなや、私は青年のために高等学院を設立し維持するための募金運動をはじめた。募金は、五年間、毎年分割で払うようにした。分割払いのほうがより多く募金が集まると判断したからだったが、その判断は間違ってなく、最終的には〔私の記憶に間違いがなければ〕募金は五〇〇〇ポンドにまで達した。この提案書の前書きのなかで、私はこれを提案するのは私ではなく、公共心に富んだ何人かの紳士方であると述べるとともに、いつもの私の方針に従って、公共の利益を目的にしたこの企画の発起人として私自身の名前を表に出すことはできるだけ避けた。

寄付に応じてくれた人たちはただちに計画を実行に移そうと、自分たちのなかから二四人を学院評議員として選出し、当時、法務長官を務めていたフランシス氏①と私に管理運営にかんする規則の基本を定めるようにといった。この規則ができ上がり、署名も済んだところで、私たちは一軒の家を借り受けて校舎とし、教師を雇い入れ、なんとか開校にこぎつけたが、それは同じ一七四九年のことだったと記憶している②。学生の数は急速に増え、校舎一つでは手狭になってきたので、校舎を建て増しする目的で土地を適当な場所に探していたところ、偶然だったが、すでにでき上がっている大きな建物が一つ空いており、ちょっと手入れをすると、校舎としても十分使えることがわかった。この建物というのは、前にも述べたことがあるホイットフィールド師の説教に集まった人たちによって建築されたもので、それが使えるようになったのには、次のような経緯があった。

この建物はそれぞれ違った宗派の人たちの寄付によって建てられていたので、なによりもそのことを考慮に入れなければならなかった。建物および土地の管理権をもつ委員の指名に当たっては、委員の数がある特定の宗派に偏らないように注意しなければならなかった。そうしないと、本来の意図とは違って、そのうち数の力で特定の宗派が建物の使用を独占しかねないからで、その理由で各宗派から一名の委員を選出するようにしてあった。つまり、イギリス国教会、長老会派、バプティスト、モラヴィア派③などからそれぞれ一名を選ぶのだ。もし死亡によって欠員が生じた場合も、欠員はその宗派の寄付者のなかから補充する。モラヴィア教徒の委員はたまたま同僚委員のあいだで評判がよくなく、彼が死ぬとその宗派からは補充しないことになった。ところが、そうすると別の宗派のどこかが二名になってしまい、それをどうやって避けるかが問題となり、何人かの名前が上がるには上がったが、いまいった理由で話がどうしてもまとまらない。そうしているうちに、最後にある人が私はどの宗派にも属していないし、正直な人間だから私がよいのではないかと、私の名前をもちだした。それが功を奏して、結局、私が選ばれることになった。
この建物が建てられたときのあの熱狂的な雰囲気はすでに冷えきっていて、管理委員会は地代の支払いや、建築時の借金の残りの返済のために新しく寄付を募る必要に迫られていたが、それも思うようにはゆかず困りはてていた。私はそのとき建物と学院双方に責任のある委員となっていたので、機会あるごとに双方の委員会と交渉し、こんなふうに話をまとめた。つまり、建物の管理委員会は建物を学院側に譲渡し、学院側は借金を返済する。そして、本来の目的に従ってときどきやってくる説教者のためにいつでもこの建物の大ホールが使用できるようにしておくとともに、金のない青年たちの教育のために授業料なしの高等学院はつづけるというものであった。そこで、その線にそって書類を作成し、高等学院の評議会は借金を返済し、土地と建物の所有権が自分たちのものになると、広い天井の高い大ホールを上下に二分し、それぞれの階に授業のための教室をつくり、さらに土地を買い足してすべてが私たちの目的に適うよう整備されたところで、学生たちをこの新しい校舎に移したのであった。

職人との交渉、資材の購入、工事現場での監督といったやっかいで手間のかかる仕事はすべて私の肩にかかってきたが、そのころにはもうそれが自分の個人的な商売のじゃまにならなくなっていたので、むしろそうしたことを私は楽しみながらやっていった。というのは、その前の年に、勤勉で正直で、しかもきわめて有能なデイヴィッド・ホール氏(4)を共同経営者に選んでいたからだった。彼は四年間私の店で働いていたので、人柄は十分わかっており、印刷所の仕事を私にかわってすべて引き受け、儲かった利益の私の分け前も、毎年、きちんと払っていた。彼との共同経営はその後も一八年間つづき、私たち双方にとって成功だった。

学院評議会はその後総督からの特許状によって法人組織となり、その基金もイギリスでの募金と植民地領主からの土地の払い下げで増えていった。それに、植民地議会もかなりの補助を出してくれて、こうして現在のフィラデルフィア大学の礎《いしずえ》が築かれたのであった。私は創設当初からすでに四〇年近く評議員を務めており、この大学で教育を受けた青年たちがその能力を伸ばして著名人となり、公職について社会に奉仕し、この国に光彩をそえる人物になっているのを目のあたりにして、このうえない満足感を味わっている。

すでに述べたように、個人的な商売をはなれて自由な身になったとき、私はそれまで蓄えてきたささやかだが十分な資産でこれからは好きな科学の研究や趣味に向ける時間的な余裕ができたことをうれしく思った。私はイギリスから講演にきていたスペンサー博士⑤の実験器具をそっくり買い取り、喜び勇んで私なりに電気にかんする実験にとりかかった。ところが、世間の人たちは、私のことを時間的に余裕のある人間だとみなして、さまざまな公の仕事にひっぱりだそうとするのであった。市政のあらゆる部門からなにかと声がかかったし、義務のような仕事も押しつけてきた。

植民地議会議員に

総督は私を治安判事に任命し、市の行政当局は私を市会議員に、その後は参議会の議員の一人に選んだ。一般市民は植民地議会のフィラデルフィア代表に私を選出したが、この最後の地位は私にとってとても有り難いものだった。というのは、議会には書記として以前から出席していたが、書記では参加できない、面白くもなんともない議員たちの議論をただ黙って聞いているのにあきあきしていたからだった。そんなとき私は、退屈しのぎに魔方陣を考えたり、円陣をつくったりして、なんとか時間つぶしをするしかなかった。そして自分が議員になれば、社会に役立つことが多くできるのではないかと思うこともあった。ところで、このような役職に推薦されたことで、私はまったく自尊心がくすぐられなかったわけではなかった。そんなふうに感じたときがあるにはあったからだ。自分の生まれの低さを考えると、こうした社会的な地位は私にとって大きな意味をもっていた。そして、それがまったくこちらからもとめたものでなく、世間の人たちによる高い評価のおのずからなる証明となっていたので、私には、それだけにうれしかった。

治安判事の職務は、何度か法廷に出席し判事席にすわって訴訟の申し立てを聞いたが、判事として恥ずかしくない役目をはたすためには、自分がいまもちあわせているよりもっと多く普通法の知識が必要であることに気づき、私は植民地議会の立法者としてやらなくてはならないもっと重要な義務をおろそかにするわけにはいかないという口実をつくって、やがて裁判所には出かけないようになった。植民地議会には、一〇年間、毎年くりかえして選ばれていたが、選挙民に投票を依頼したことは一度もなかったし、直接であれ間接であれ、私に投票してほしいという意思表示をしたこともなかった。議会に席を占めることになった年から私にかわって息子が書記に任命されていた。⑥

インディアンとの交渉、そしてラム酒騒動

次の年、インディアンとカーライル⑦で協定を結ぶことになった。総督は植民地議会に教書を送り、参議会の数人とともに協定の交渉に当たる委員を議会から選出するようにといってきた。議会は議長〔ノリス氏だった〕と私を指名した。権限を委任された私たちは予定どおりカーライルへ出かけ、インディアンたちと会った。彼らは極端に酔っぱらいがちで、いったん酔っぱらうと喧嘩早くなり、暴力を振るうので、私たちは彼らにいっさい酒を売ることを禁止した。すると彼らがこの禁止措置に文句をいってきたので、もし交渉中飲まずしらふでいたら、交渉が終りしだい、たっぷりラム酒を飲ませてやろうというと、彼らも飲まないと約束をし、またその約束を守った。というのは、飲もうにも飲む酒がなかったからで、交渉はこのうえなく静粛に行なわれ、双方にとって満足できる結論に達した。

交渉がまとまると、早速、彼らはラム酒を要求し、私たちは約束の酒を渡した。午後のことだった。彼らは成人した男と女と子供たちで、一〇〇人近くはいたと思うが、町の境界線のすぐ外に建てた仮小屋に寝泊まりしていた。夕方、彼らのあいだからすさまじい物音が聞こえてきたので、交渉委員は何事かと思って行ってみると、彼らは広場のまんなかに大きなかがり火を焚き、男も女もみんなぐでんぐでんに酔っぱらって喧嘩をはじめ、殴りあっていた。半裸の赤銅色をした彼らの肉体が大かがり火のにぶい光にかろうじて照らしだされ、彼らは恐ろしい大声をあげて叫びながら、燃えさしを手におたがいを追いまわし殴りあっている。その光景は私たちに想像できるかぎりの地獄の様相に似ていた。この騒ぎを鎮める手だてはなさそうだったので、私たちは自分たちの宿舎に引きあげた。真夜中になって、彼らは大挙して私たちのところに押しかけてきて、戸口のドアを叩き、もっとラム酒をよこせとわめきたてたが、私たちは知らん顔をしていた。

翌日、そのように大騒ぎして私たちに迷惑をかけたことに気づいた彼らは、私たちのところに長老三人を謝罪によこした。ところが、代表たちは自分たちの過ちを認めるには認めたが、それをいっさいラム酒のせいにするだけでなく、ラム酒を弁護してこんなことをいうのだった。「万物を創造なさった偉大な霊はすべてのものをなにか役に立つよう創造なさったのであり、どのような役をお考えになって創造されたにせよ、つねにその役に立つようにしてやらなければならない。ラム酒をお造りになったとき、この偉大な霊は『これはインディアンに飲ませて酔わせるもの』といわれたので、そうしなければならない』。もし大地の耕作者たる白人に土地をあたえるためにこの野蛮人どもを根絶することがほんとうに神のご意志であるならば、私はこのラム酒をそのための手段であると考えてもおかしくないと考えている。事実、かつて海岸地方に住んでいたすべての部族はこうして絶滅していったのである。[8]

病院建設の寄付集め

一七五一年、私のとりわけ親しかった友人のあのトマス・ボンド博士[9]が、ここの住民であろうとなかろうと、金のない貧しい病人を受け入れて治療する病院をフィラデルフィアに建設しようという考えを思いついた。この計画はまことに有益な計画であり、世間ではこれも私が最初に思いついた計画だと考えているようだが、それを最初にいいだしたのは彼だったのである。彼はそのための寄付集めを熱心かつ積極的に行なったが、そうした病院作りの計画はそれまでアメリカでは例がなかったので、最初のうちは理解してくれる人がおらず、はかばかしい成功を収めることができなかった。

最後に、彼は私を喜ばせるようなことをいって私に協力をもとめてきた。彼は「寄付を頼みにいったところ、多くの人たちから何度もこの件でフランクリンさんとは相談したのか、そのとき彼はなんといったか、といったことを聞かれ、まだ相談していない［この件はあなたとは方面違いだと思ったものですから」と答えると、それではちょっと考えさせていただきたい、といって、寄付を断わった」というのであった。私は計画の性格や、予想される計画の有用性についていくつか質問をしてみて、非常に満足できる説明を受けたので、私自身、寄付を出すだけでなく、募金運動に全面的に協力する約束をした。しかし、寄付集めに乗りだすまえに、新聞にこの病院の問題にかんする文章を載せて、[10]人びとに心の準備をさせる地ならしをしておいた。こういった場合、いつも私はそのようにしていたのであるが、彼はそうした準備をおこたっていたのだった。

寄付はこのあと、強制しなくとも気前よく出してくれる人が増えていったが、やがてまた集まりが悪くなってきたので、植民地議会からなんらかの援助を仰がなければ無理だろうと考えて議会に請願することにし、実際、請願書を出した。ところが、地方出身の議員たちがまず難色を示した。この病院はフィラデルフィアの住民しか利用できない、したがって、ここの住民のみが負担すべきであるといって反対するのだった。しかも、住民全部が賛成しているかどうか怪しいという。そうした反対にたいして、私はすでに多くの人の賛同をえているので、自発的な寄付だけでも二〇〇〇ポンドを集めることが可能なのは間違いないところだと主張したが、彼らにはそれがまったく信じがたい予想に思われ、絶対不可能だといい張って、譲らなかった。

こうした事態に直面して、私は一計を案じることにした。寄付者の請願の趣旨に従って、寄付者を法人組織にし、金額未定の交付金をその法人に交付するという法案を提出する許可をもとめたのである。議会は、この法案は気にいらなければ否決できると考えて許可した。私は重要な一つの条項を条件づきにして、法案の原案を作成した。つまり、「そして、前記の権限に基づき以下のごとく定めるものとする。前記の寄付者は総会を開き、幹事および会計担当者を選任し、寄付によって二〇〇〇ポンドの基金を積み立て〔そこから生じる年間利子は、貧乏な病人を食事、介護、診療相談、薬品の費用を請求せずに前記の病院に収容する目的のために使用するものとする〕、また、当分は植民地議会議長に基金額を明らかにし、前記の議長は前記の病院の創設、建築、仕上げの費用に当てるため、病院の会計係にたいして二ヵ年分割払いで二〇〇〇ポンドを支払うべく植民地政府財務担当者に命令書を出し、それに署名することを合法とみなし、それが要求されているものとする」とした。このような条件をつけたため、法案は議会を通過した。

補助金交付に反対していた議員たちも費用を負担せず、慈善家であるという名誉だけはえられると考えて、法案通過に賛成した。そして、このあと私は寄付をもとめてまわるさい、この法律の条件づきの契約を寄付勧誘の新たな理由にかかげた。一人に寄付をしてもらえば、それが二倍になるからだった。こうしてこの条件は双方に役立ったのである。寄付はこれでたちまち必要とされる額を上まわり、私たちは議会に交付金の請求をして受けとり、病院建設の計画を実施に移すことができた。便利でりっぱな病院が短期間で完成し、利用者が絶えず、その有用性が証明されて、この施設は今日まで繁盛をつづけている。政治的な駆け引きが成功したことを、私はこれほどうれしく思った例をほかに思い出すことはできない。というより、後年思い出して、悪知恵を働かせながらこれほど容易にいい訳をみいだせる例を思いつくことができないでいる。

同じくこのころだったと思うが、いま一人、新しい計画を思いついた牧師のギルバート・テネント師[11]が私のところへやってきた。新しい教会を建設するための募金運動を助けてくれないかというのである。この教会は、彼が以前ホイットフィールド師の教えに従っていた長老会派のあいだで組織した会衆のために建設しようとするものだった。私としては、あまりにも頻繁に寄付をもとめて仲間の市民たちに嫌がられるのが嫌だったので、このときはきっぱりと断わった。すると、彼は、それだったら私のこれまでの経験から、気前がよく、公共心に富んでいると思う人たちのリストを教えてくれないだろうかという。私は私でこれまで寄付を頼んださいに快く応じてくれたのに、そのあとでその人の名前を別に寄付をせびりにいくことがわかっている人に教えることは、私には、とてもできないことに思われたので、そういったリストを渡すことには応じなかった。

すると、今度は助言だけでもいいからお願いしたいという。私も助言だけだったら喜んでしょうと応じた。私が助言してやったのは、次のようなことだった。まず最初寄付してくれそうだと思われる人たちに寄付してもらう、次に寄付してくれるかどうかわからない人のところへ行って、寄付してくれた人のリストをみせて寄付をもとめる、そして、最後に絶対寄付はしないだろうとわかっている人にも一応声をかけてみる、というのは、そういった人たちのなかにも、こちらが思い違いをしている人がいるかもしれないからということだった。それを聞くと、彼は大声で笑って、感謝とともに私の助言を受け入れた。彼はいわれたとおりにやってみた。そして、すべての人に声をかけ、予想したより多くの寄付を集め、それで今もアーチ・ストリートに建っているあの広々としたりっぱな教会を建築したのだった。

道路の舗装と照明

私たちの町フィラデルフィアは非常に整然と設計され、通りはまっすぐで、縦横の通りは直角に交わっていたが、残念なことに、長いあいだ舗装されないままに放置されていた。それで雨が降ると、重い荷物を積んだ馬車の車輪で掘り返されて泥沼のようになり、横断するのがたいへんだった。そして、雨が降らないと、今度は土埃で我慢できなくなる。私はジャージー・マーケット[12]と呼ばれている市場の近くに住んでいたが、住民たちが食糧品を買いに出て、泥まみれになって歩きまわっているのをみて気の毒に思った。そのうちこの市場のまんなかあたりのほんのわずかな地面が煉瓦の舗装となって、市場のなかに入ってしまえば、足場がしっかりしたが、そこにたどりつくまでに履いている靴は上の方まで泥だらけになってしまうのだった。私はこの問題をみんなと話したり、文章を書いたりしていたが、最後は市場と人家が並んでいる両側が煉瓦敷きになっている舗道のあいだの道路を舗装する計画を立て、舗装させることができた。これで当分は市場まで足を濡らすことなく容易に近づけるようになったが、同じ通りの残りの部分は依然として舗装がされておらず、馬車が泥んこの道路から舗装された部分にやってきて、泥を舗装してある道路の上にまき散らすので、舗装はすぐ泥まみれになってしまう。道路の清掃人などいないときのことで、通りにたまった泥はいつまでも取り除かれず残されていた。

私はなんとかしなければならないと思って、心あたりを探していたが、そのころ、このあたりの各家庭が月に六ペンス払ってくれれば、一週に二回道路を清掃して家の前の泥もとり除き、舗装をいつもきれいにしておく仕事を引き受けてもよいという貧しい働き者の男が一人みつかった。私はこれだけのわずかな出費でえられる隣近所の利益、つまり、足で室内に泥を持ちこむことがなくなり、家をきれいにしておけるとか、買い物客がそれだけ来やすくなるので、客の数も多くなり、店の売上もよくなるとか、風の強い日、土埃が商品の上にたまることがなくなるとか、そういった利益を説いた文章を書いて印刷し、それを各家庭に配り、一両日中にこの六ペンスを払う契約に応じてくれるかどうか、それを各家庭をまわって確かめた。反対する者は一人もおらず、みんな賛成の署名をし、当分はこれでうまくやってゆけた。住民たちはみんな市場のまわりの舗装道路がきれいになったことを喜んでいた。だれにとってもそのほうが都合がよかったからで、そうしたことから、町の通りのすべてを舗装するというのが住民全体の希望するところとなり、そのための税金だったら、喜んで払うと考えるようになった。

その後、頃合いをみはからって、私はフィラデルフィアの舗装のための法律を立案し、植民地議会に提案した。私が、一七五七年、イギリスに出かける直前のことで、議会を通過したのは私が出発したあとのことだった。それも、課税の方法に私には改善だとは思われない若干の修正が施されていた。ただし、通りの舗装とともに照明のための条項が加えられていて、これは大きな改善といってよかった。町全体を照明で明るくするという考えの重要性を人びとに最初に認識させたのは、自宅の戸口にランプを吊るして照明の効果を実例で示した民間人の故ジョン・クリフトン氏⑬であった。町全体を明るくするというこの公共のための利益をもたらした名誉は、これまた、私にあたえられているが、本当はこの紳士にあたえられるべきものなのである。

私はただ彼の例にならっただけで、もし私になんらかの功績があるとしたら、それは最初ロンドンからとり寄せた球形のランプとは違った形のランプを選んだことであろう。この球形のランプは通りの照明という点では不便であることがわかった。空気が下から入っていかないので、煙は上から簡単には出てゆかず、なかに閉じこめられて球のなかをぐるぐる回るだけで、本来の目的の明るさが曇ってしまうのだ。そのうえ、やっかいなことに、毎日拭いて磨いておかなければならない。さらに間違ってなにかをぶつけたりすると、割れてしまって、全体が使いものにならなくなる。それで私は、四枚の平ったい板ガラスでランプを作り、上には煙が出ていく長い漏斗《じょうご》型の通風筒を、下には空気を通す割れ目をつけ、こうして煙が昇ってゆきやすいように工夫した。このようにすれば、ランプはいつもきれいに保てるし、ロンドン製のもののように数時間で曇ったりすることもなく、また朝までずっと明るかった。そして、間違ってなにかをぶつけても、たいていはガラス一枚が割れるだけで簡単にとり替えられた。

私が時どき不思議に思ったのは、ロンドンの連中がヴォックスホール⑭で使っている球形ランプは底に穴があいているので曇らないのをみていながら、どうして街灯のランプに穴をあけることを思いつかなかったのか、ということだった。しかし、この穴は別の目的、つまり、その穴から垂れ下がっている細い麻糸でランプの芯にすばやく火を点ける目的であけてあるのであって、空気を送りこむという別の使い方は思いつかなかったようなのである。それでランプに点火して数時間もたつと、ロンドンの通りの照明はまことに不十分になっていたのであった。

こういった社会改良計画を話題にしながら、いま思い出したのであるが、ロンドン滞在中、私はそこで知り合ったもっともりっぱな人物の一人であり、また有益な企画のすぐれた推進者でもあったフォザギル博士⑮にそのような計画を一つ提案したことがあった。ロンドンの通りは晴れた日に清掃することがなく、たまった軽い土埃をとり除くこともなかった。その土埃は積もったままになっていて、いったん雨が降るとそれが泥んこになり、数日もすると舗装の上に深いぬかるみができてしまって、貧しい人間が箒でいつも掃いていた狭い小路以外は横切ることができなくなった。それでそのたまった泥を掻き寄せ、覆いをはずした荷車に投げ込んで運びだすのだが、それには大変な労力が必要だった。そして、その荷車の両側からは荷車が揺れるたびに積んだ泥が少しずつ舗装の上に飛び散り、しばしば歩行者に迷惑をかけていた。そうしたことを私は毎日のように目にしていたが、それにもかかわらず、この泥だらけの通りの清掃をしない理由というのは、清掃のときに窓から土埃が店や住宅に舞い込んでくるからというのだった。

ある偶然のことから私は通りの清掃がどんなにわずかな時間でやれるかを知ることになった。ある朝、クレイヴン・ストリート⑯にあった私の滞在している家の玄関口に出てみると、一人の貧しい女性が白樺の箒で家の前の舗道を掃いているのが目に入った。彼女はものすごく青白い顔をしており、病気の発作がやっと治まったといったように弱々しくみえた。私はだれに雇われてここを清掃しているのか聞いてみた。すると彼女は「頼まれてはいませんけれど、私、ひどく貧しく、お金に困っていますので、紳士方の玄関口を掃除させていただいているのです、いくらかでもお払いくださる方がいらっしゃるかと思いまして」と答えた。そこで私は、通り全部をきれいに掃いたら、一シリング払ってやろうといった。九時のことだった。正午に彼女がその一シリングを受けとりにきた。最初彼女をみたとき、あまりにものろのろと仕事をやっていて、そんなに早く仕事が終えられるとはぜんぜん信じられなかったので、召使をやって調べさせたところ、彼はもどってくるや、通りは完全に掃いてあるし、泥も通りのまんなかの下水溝に掃きこんであると報告した。そして、このあと降った雨で下水溝の泥はすっかり押し流され、舗道だけでなく下水溝まで完全にきれいになっていた。

そこで私はあの弱々しい女性がわずか三時間でこれだけの清掃ができるのであれば、働きざかりの屈強な男だったら、その半分の時間でそれができるだろうと判断した。ついでながら、ここでいっておきたいのであるが、このように狭い通りであれば、下水溝はそれぞれ歩道に近い両側に二本つけるより、通りのまんなかに一本だけつけたほうがなにかと好都合だと思う。というのは、通りに降る雨は両側からまんなかに流れ、そこに集まり強い流れとなって溝にたまっていた泥を残らず押し流していくからだ。ところが、二つに分けると、流れは弱くなり、どちらの下水溝もきれいにならないで底の泥をただどろどろにして、溢れださせるだけに終り、溢れでた泥は馬車の車輪や馬の蹄によって歩道に勢いよくはねあげられ、その結果、歩道は汚れて滑りやすくなり、歩行者に泥がはねかかったりすることにもなる。

私が信頼できるフォザギル博士に申し出た提案というのは次のようなものだった。

「ロンドンおよびウェストミンスターの通りをより効果的に清掃し、また清掃の効果を高めるために次のことを提案したい。

乾燥の季節には、それぞれ受持ちの通りと小路にたまっている土埃を掃きだし、それ以外の季節には通りにたまった泥を掻き集めるために数名の夜警と契約を結ぶ。

これらの目的のために夜警には箒その他の必要な清掃道具を提供し、清掃のために雇った貧乏な人たちに手渡せるようつねに夜警詰所に保管しておく。

乾燥する夏は商店や住宅の窓がまだ開いていないうちに通りの土埃を一定の距離ごとに掃き寄せておき、道路清掃人に覆いのある荷車で除去させる。

掻き集めた泥は馬車の車輪や馬の蹄で飛び散ることがないよう、ただ積み上げておくのではなく、清掃人に車体が車輪の上部ではなく低く地面すれすれに付いてある荷車で運び出させること。車体の底は格子細工にして藁をしいておくと、積み込んだ泥は流れださず、泥の重さの大部分を占める水だけがもれてゆき、全体の重量はずいぶん軽くなるので、このような荷車を適当な距離に配置しておく。そこまでは手押し車で泥を運んでいって、泥の水がなくなるまで荷車はその場に停めておき、それから馬に引かせて運び出す」

その後、私はこの提案の後半の部分がはたして実行可能かどうか疑うようになった。というのは、通りのなかには狭いものがあり、通行をじゃましないように水を切るための荷車を停めておくのがむずかしかったりするからだった。しかし、前半の部分、すなわち、店が開かないうちに土埃を掃いてとり除くという部分は夜明けが早い夏は実行可能だといまも信じている。というのは、ある朝、七時ごろストランド大通りとフリート通り[17]を歩いていったところ、もう夜が明けてから三時間がたってすっかり明るくなっているというのに、商店はまだ一軒も開いていないことをこの目で確かめたからだった。ロンドンの住民たちは好んでろうそくの明かりで遅くまで夜起きていて、太陽の光で寝ているのだ。それでいて彼らはしばしばろうそくにかかる税金や、獣脂の値段が高いといってしょっちゅう不平をいっている。

こうした些細な事柄はとくに注目する価値もなければ、語る価値もないと思う人がいるかもしれない。たしかに、風の強い日に土埃が一人の人間の目に入ったとか、一軒の店に吹きこんだとか、そういったことはなんら重要な意味をもたないかもしれないが、人口の多い都会でこうしたことが無数にくりかえし起こったら、それはそれで重要な意味をもってくるのである。したがって、こういった一見つまらなく思われる事柄にそれなりの注意を払う人がいても非難することもないのではないか。

人間の幸福というものは稀にしか起こらない大きな幸運よりは毎日起こる小さな便利さから生じるものなのだ。したがって、貧しい青年に髭の剃り方と剃刀の研ぎ方を教えてやったほうが、一〇〇〇ギニーの金をあたえるよりも人生における彼の幸福により大きく貢献することになる。金は使えばすぐになくなり、ばかな使い方をしたという後悔の念しか残さないが、前者の場合は年じゅう床屋で待たされたり、床屋の薄汚い指や、嫌な吐く息や、ちっとも切れない剃刀に悩まされることとから開放され、自分のもっとも都合のよいときに髭を剃り、よく切れる剃刀で髭を剃るという快感を毎日味わうことができるようになるからだ。このように考えて、フィラデルフィアで長くきわめて幸福な生活を送ってきた私は、この愛する町のためにいつか役に立つこともあろうかと願いながら、これに先立つ数ページを書いてきたのだ。そしてまた、アメリカのほかの町にもこれが役立つことを願っている。

郵便事業の改善

私はこのころしばらくアメリカの郵政長官によって会計検査官に採用され、いくつかの郵便局を管轄下において、局員たちの取締りにあたっていたが、一七五三年、長官の死にさいしてイギリスの郵政大臣の指名で、ウィリアム・ハンター氏⑱とともに彼のあとを継ぐアメリカの郵政長官代理となった。アメリカの郵便局はこれまでイギリスの郵便事業にとって利益の上がることがなかった。私たちは郵便局が収益を上げ、そこから六〇〇ポンドを捻出できるようになったら、二人でその額を報酬としてもらえることになっていたが、それだけの利益を上げるためにはいろいろと改善しなければならないところがあった。そうした改善には当然最初は経費が必要で、最初の四年間、私たちの郵便局は九〇〇ポンドを上まわる赤字を出した。しかし、その後すぐに採算がとれるようになって、私はその後イギリス政府の気まぐれによって更迭されることになるが⑲、それまでにわが植民地の郵便局はアイルランドよりも三倍も多い純益を国王の金庫に収めるまでになった。この件については、このあとまたとり上げることになると思う。イギリス政府がこのように恥知らずな態度をとったあと、私たちはイギリスにたいして、びた一文たりとも払うようなことはしていない。

その同じ年郵便局の仕事でニューイングランドへ旅行する機会があり、ケンブリッジの大学は向こうから文学修士の学位を私に授与してくれた。コネチカット植民地にあるイェール大学も同様の名誉をそれに先立ってあたえてくれていた。[20] こうして、大学教育をまったく受けていないのに、こうした大学から名誉ある学位を受けることになったのである。これは自然科学の電気の分野で私が貢献した進歩や発見を勘案してあたえられた名誉であると思っている。

(1) テンチ・フランシス（?―一七五八）。弁護士。一七三八年、メリーランド植民地から移住してきて、三年後、ペンシルヴェニア植民地法務長官に任命され、一四年間その地位にあった。高等学院設立の法律面の整備でフランクリンに協力。

(2) フランクリンの記憶違いで、一七五一年。校舎の改造はまだ終っていなかったが、初年度から一〇〇名を上まわる学生が集まった。その後、一七五五年、単科大学として、そして一七九一年、総合大学として、それぞれ認可が下りた。単科大学認可にあたって、フランクリンは予想に反して、大学評議会の議長から外された。これが現在のペンシルヴェニア大学に発展する。

(3) 十五世紀にチェコスロヴァキア中部のモラヴィア地方に興ったプロテスタントの一派。異端者として焚刑に処せられたヤン・フスの信奉者たちにはじまる。一七四一年、ツィンツェンドルフ伯爵に率いられた信者がアメリカに移住し、信仰の自由を保証するペンシルヴェニア植民地にベスレヘムという町を建設。フランクリンも書いているように、すぐれた教会音楽で知られた。

(4) 一七一四—七二。ロンドンの印刷工。スコットランド系。一七四四年、三年後に西インド諸島で独立させるというフランクリンの誘いに応じてフィラデルフィアに来たが、『自伝』にあるように、一七四八年、彼の人柄と職人としての腕に惚れ込んだフランクリンは共同経営者として店の仕事をまかせた。

(5) アーチボルド・スペンサー(一六九八ころ—一七六〇)。エディンバラ出身。男性助産婦だったが、アメリカに来てからは、電気の実験を見せ物にした巡回教師として知られ、一七四三年、ボストン滞在中に彼の実験をみたフランクリンは電気現象に興味をもつようになった。のちヴァージニア植民地フレデリックスバーグに定住。晩年二〇年は、理神論者を標榜しながら、メリーランドで英国国教会の教会付き牧師となった。姓を「スペンス」としている版もある。

(6) 次の年というと、一七五二年になるが、フランクリンの記憶違いで、正しくは一七五三年のこと。

(7) ペンシルヴェニア植民地カンバーランド郡の中心地。サスケハナ川の西五マイルにある。当時、開拓がはじまって数年しかたっておらず、住民の安全、インディアンとの交易のためにも彼らと協定を結ぶ必要があった。

(8) このインディアン観はフランクリンの偏見というよりは、人類の歴史は狩猟の段階から農耕、工業と発展してゆくという当時の通説に基づいており、大西洋沿岸のインディアンの実態についてはクレヴクールの『アメリカ農民の手紙』(一七八二)の報告を読んでいたと推定されている。しかし、インディアンによる辺境地の白人入植者に対する度重なる襲撃に頭を悩まされていた彼にとって、インディアンは「野蛮人」であり、彼らを「抹殺する」ことが「神の意思」であると信じていたのも無理からぬところがある。

(9) 一七一二—八四。ロンドン、パリで医学教育を受け、弟のフィニアス（一七一七—七五）とともに植民地で医者として活躍し、フランクリン家の家庭医的な存在でもあった。フィラデルフィア病院の建設、アメリカ学術協会の設立のさいフランクリンに協力した。

(10) 一七五一年八月八日の『ガゼット』紙に発表した「ペンシルヴェニア病院にかんする報告」。この病院建設の計画は、十八世紀初頭のイギリスの地方の実情を明らかにした資料として知られるデフォーの『グレートブリテン全島巡回記』を彼が読んで思い立ったという。

(11) 一七〇三—六四。アイルランド生まれの長老会派牧師。一七一八年、一家で渡米し、イェール大学を卒業し、ニュージャージー植民地ブランズウィックで牧師をしていたが、一七四〇年、ホイットフィールド師と東海岸各地を布教してまわって、「大いなる目覚め」運動に加わった。その後、フィラデルフィアに留まって、ホイットフィールド師の信奉者を中心に新しい「ニュー・ライツ」長老会派を組織した。

(12) フィラデルフィアの波止場に近いマーケット・ストリートにあった古い市場。

(13) ？—一七五九。クエーカー教徒の裕福な薬剤師。フランクリンのこの記述で歴史に名を残したが、その後、その夫の死が確認されていない女性と結婚したとしてクエーカー教徒の世界から追放された。

(14) ヴォックスホール・ガーデンの略。ロンドンのテムズ川南岸にあった大衆遊園地。十七世紀後半開園され、一八五九年、閉鎖されるまで社交・流行の中心として知られた。

(15) ジョン・フォザギル（一七一二—八〇）。イギリスの医者で、クエーカー教徒。ペンシルヴェニア植民地のクエーカー教徒とも関係があり、終始一貫、植民地側を支持し、フランクリンがペン一族と交渉にあたったさいには、フランクリンを側面から援助した。三六四ページ参照。

(16) フランクリンは、一七五七―六二年と一七六四―七五年の二回、この通りの未亡人マーガレット・スティーヴンソンの家に滞在していた。

(17) ストランド大通りはザ・シティとウェストミンスターを結ぶ主要道路で、テムズ川と並行して走っていたので「ストランド(岸)」と呼ばれた。フリート通りはロンドンの古い通りで、新聞など、出版業の中心として知られる。

(18) ?―一七六一。ヴァージニア植民地ウィリアムズバーグに店を構える印刷業者。『ヴァージニア・ガゼット』紙を発行。フランクリンとともにアメリカ郵政長官代理に任命された。同業者として親しく、フランクリンは彼の私生児をひきとって、教育の面倒をみた。

(19) イギリス本国と植民地の関係が険悪化するなか、一七六四年、フランクリンは植民地代表としてロンドンに派遣されたが、その間に、マサチューセッツ植民地総督ハッチンソンがイギリスの友人にあてた私信を入手して、結果的にそれを公表することになり、一七七四年一月、植民地住民の感情を刺激したとして枢密院で一大政治問題となり、郵政長官代理を解任された。この「ハッチンソン書簡」事件は、彼の政治生活での重大な事件であり、『自伝』で「このあとまたとり上げる」といいながら、結局、書かれずに終った。

(20) ケンブリッジの大学はハーヴァード大学。学位授与の年月は彼の記憶違いで前後している。ハーヴァード大学からは一七五三年七月二十五日、イェール大学からは同年九月十二日に授与されている。

第十章　植民地防衛の軍事活動

オールバニー会議に参加

一七五四年、ふたたびフランスとの戦争が起こりそうになってきたので、イギリス植民地担当大臣の命令で、各植民地の代表委員はオールバニー[1]に集まって会議を開き、そこでインディアンの六部族の酋長と彼らの占有地および私たちの植民地双方の防衛手段にかんして協議することになった。ハミルトン総督はこの命令を受けとるやいなや、植民地議会に通告し、オールバニーでの会議でインディアンたちに贈る適当な贈り物を調達するとともに、ペンシルヴェニアを代表し、領主側のトマス・ペン氏[2]と秘書のピーターズ氏に加わる委員として議会議長（ノリス氏）と私を指名するよう求めた。議会はこの指名を受け入れ、贈り物の品も調達した。ただし、この植民地の外でこういった会議を開くことに難色を示す者も何人かいたが、それはともかく、私たちは六月の中旬ごろオールバニーでほかの植民地代表と会った。

オールバニーへ行く途中、私は植民地防衛や、そういったほかの重要な目的ですべての植民地が一つの政府の下に連合するための案を考え、その原案を起草してみた。ニューヨークを通ったとき、こういった公の事柄にたいへん詳しいジェイムズ・アレグザンダー[3]とケネディ[4]の両氏に私の案をみてもらった。そして、二人の賛同に勇気づけられて、私は思い切ってこの案を会議に提出した。ほかの委員の何人かも同様の案をつくってきているようだった。会議では予定に先立って植民地連合を結成すべきか否かという問題がとり上げられ、これは満場一致で可決された。それから用意されてあった数種の案が検討され、会議にその結果を報告する目的で各植民地からの一名からなる委員会がつくられた。その結果、思いがけないことに、私の案が選ばれ、いくつかの修正を施したうえで全体の会議に報告された。

私の案によると、植民地の中央政府は国王に任命され支持された大総督によって行政上の運営がなされ、植民地統一議会は各植民地議会において植民地住民によって選出されることになっていた。この件にかんする議論はインディアン部族との協議と並行して連日行なわれ、多くの反対意見や問題点が指摘され、最終的には、そうした問題はすべて解決され、連合案は満場一致で可決され、決議の写しがイギリス植民地担当省および各植民地の議会に送付された。この連合案は数奇な運命をたどることになった。まずすべての植民地議会では、この案が国王の特権を認めすぎているとして採択することを拒否し、また、イギリスではあまりにも民主的すぎるとみなされたのである。植民地担当省はこの案を承認もしなければ、国王の裁可をもとめることもしなかった。植民地担当省は〔自分たちの代案のほうがより目的に適っていると考えたようで〕代案を出してきた。それによると、植民地の総督たちはそれぞれの参議会の議員とともに会議を開いて、軍隊の募集とか、要塞の建設とかにかんする命令を下し、経費はイギリス本国の財務省に要求することになっていた。アメリカにたいする課税法をイギリス議会が決定し、そうした経費はそこから差し引くというのであった。私の提案は印刷されている私の政治文書のなかにみつかると思う。

その年の冬、私はボストンにずっと留まっていたので、この両方の案についてシャーリー総督⑤と大いに議論することができた。このとき私たちが交した議論の一部は、これまた、私の政治文書のなかに残っているはずである。私の案にたいする反対の理由はさまざまであり、矛盾するところも多かったが、それでも、私の案こそ中庸をえたものではなかったかといま私は思っている。そして、いまなお私の案が採択されていたら、イギリス、植民地双方にとって幸運だったのではないかと考えている。植民地が私の案のように連合していたら、自衛のために十分な戦力をもつようになっていて、イギリスから軍隊を派遣してもらわなくてもよかっただろうし、もちろん、それにともなって生じた植民地への課税強化の口実も、それがきっかけとなった流血の戦争も、避けることができたと思うからである。しかし、そのような間違いはなにもいまにはじまったことではないのである。歴史は国家や王侯貴族のそうした過ちにみちみちている。

人の住む世界を見渡すがよい、いかに自分自身の利益を知る
あるいは知りながらそれを追求する者の少なきことか⑥

為政者というものは、一般的に、なすべきことをいっぱい抱えこんでいるものだから、自分から進んで新しい計画を立てたり、それを実行したりする手間暇かかることはしないものなのだ。したがって、いかにすぐれた公共政策であろうと、先見の明をもって採択されることはまずなく、いつも必要に迫られ止むをえなくなって採用されるのである。

ペンシルヴェニアの総督⑦は植民地議会に私の案を提案するにあたって、この計画は「自分には非常に明快かつ堅実な判断のうえにたって立案されたように思われるし、できるかぎり詳細かつ本格的に検討する価値があると考える」として、賛成の意向を表明した。しかし、植民地議会はある一人の議員⑧の裏工作もあって、私がたまたま議会を欠席した日にこの法案を上程し、まったく検討することもなく廃案にしてしまった。そのことを知って、私は悔やんでも悔やみきれない思いをした。

議論好きなモリス新総督

この年、ボストンへ出かける旅行の途中、私はニューヨークでイギリスから到着したばかりのペンシルヴェニアの新総督モリス氏[9]に、偶然、出会った。以前から親しい関係にあった友人であったが、彼は領主からあたえられる訓令によって引き起こされる植民地とのいざこざに嫌気をおぼえて辞職したハミルトン氏の後任として授権状を携えてきていた。モリス氏は自分も、前任者同様、行政官として不愉快な対応を覚悟しなければならないだろうかと私にたずねるので、私は、いや、そんなことはないだろう、植民地議会と余計ないい争いをしないよう気をつけさえすれば、反対にけっこう楽しくやってゆけるのではないか、と答えた。すると彼は明るい口調で「それでしたら、フランクリンさん、そのいい争いなるものをどうすれば避けられるのか、お教え願いたいですね。ご存知でしょうが、私、じつはそのいい争いが好きなんです、私の最大の楽しみの一つといってもよいでしょうね。でも、ご忠告に敬意を表して、できればいい争いは避けるようにするとお約束しましょう」というのだった。彼はたしかに雄弁であり、鋭い詭弁家だったので、たいい争いが好きだというのにも理由がないではなかった。そして、会話中議論がはじまると、たいていの場合、相手をうち負かしていた。彼は少年のころから議論好きに育てられていたのだった。彼の父親は〔私が聞いたところでは〕夕食後、食卓にすわっているいるあいだ子供たち同士に議論を戦わせ、それを自分の楽しみにしていたというのだが、私はこうした議論好きの習慣はあまり賢明なことではないと思っている。というのは、私の観察によると、このようになんにでも反対し反論する議論好きな人間は、一般に、人間関係が不幸になっていくと思うし、ときには議論で勝利をえるかもしれないが、それで相手の好意をもえることは絶対にないからだ。そして、好意のほうが人生では勝利よりもっと役に立つのである。

私たちはニューヨークで別れ、彼はフィラデルフィアへ、私はボストンへ向かった。ボストンからの帰り道、ニューヨークでペンシルヴェニア植民地議会の議事録をみる機会があったが、目を通してみると、私とあのように約束したにもかかわらず、彼は議会ともう派手に喧嘩をやっており、その後も彼が総督の地位に留まっているかぎり、両者のあいだの争いが絶えたことはついぞなかった。

私もこのあとこうした争いに一枚加わるという羽目になった。というのは、植民地議会にもどるやいなや、私は総督の演説や教書に回答する委員会のすべてに名前をつらね、委員会はまた私に回答を書くようもとめたからだった。彼の教書もそうだったが、私たちの回答もしばしば手厳しく、ときには度をこして相手に罵倒の言葉を浴びせかけるものとなった。そして議会にかわって私がその回答を書いていることを彼は知っていたので、もし二人がどこかで鉢合わせでもしたら、殺しあいの大喧嘩がはじまるだろうと想像していた。

ところが、彼はとても気立てのよい温厚な紳士だったので、このように意見が対立していても、私たちは個人的にはそれで仲が悪くなるということはなく、夕食をともにすることも少なくなかった。議会での対立が最悪の状態になっていたある日の午後、私たちは、偶然、通りで顔を合わせた。「フランクリン君」と、彼がいった、「よかったら拙宅までご足労願えませんか。一晩いっしょに過ごしましょう。君が気に入りそうな友人も何人か来ることになっているんでね」。そして私の腕をとるや、自宅のほうへひっぱっていった。夕食後、ぶどう酒を飲みながら愉快に会話を楽しんでいたとき、彼は冗談のような口調でサンチョ・パンサ⑩の話をもち出し、あいつの考えにはいたく感心するよ、というのだった。サンチョ・パンサはある国の首相にしてやろうといわれたとき、黒ん坊の国の首相にしていただきたい、それだったら国民と意見が合わなければ、黒ん坊、売り飛ばすことができるから、といったという話だ。それを聞いて、私の隣にすわっていた友人の一人が「フランクリンさん、どうしてなんですか、あのクエーカー教徒の糞ったれどもの肩をもってばかりいるっていうのは。あの連中こそ売り飛ばしたほうがいいんじゃないかね、領主がいい値で買ってくれますぞ」といった。「いや、総督はまだ売り飛ばせるほどあの連中を悪口の墨で黒く塗ってないですよ」と、私は応じた。総督はたしかにすべての教書でクエーカー教徒が大勢を占めている議会の悪口をいって、一生懸命墨を塗ろうとしていたが、議会で、塗られた墨を片っ端から拭いおとし、その墨を逆に総督に塗りつけていたのだ。それでハミルトン氏と同様、こんな調子では自分も墨だらけになりかねないと思って、議会との争いに嫌気がさし、彼は総督の地位を立ち去ることにしたのだった。

こうした総督と植民地議会との抗争対立はすべて、実際は、植民地の領主、世襲の支配者のわがままによるものだった。領主は植民地防衛のための費用を調達しなくてはならなくなったとき、信じがたい不当さで自分たちが所有する広大な領地を課税の対象から除外することを法律に明記することを条件にして、防衛に必要な税金徴収を認めるという訓令を自分の代理人たる総督に送っていたからである。総督からはこの訓令を守るという誓約書までとっていた。議会は三年間この不当な要求に抵抗したが、結局は、折れざるをえなかった。最後にモリス総督の後任となったデニー大尉が、敢然と、この訓令に反旗を翻すことになったが、そうなるまでどのような経緯があったかは、またのちほど述べることにしよう。

自衛のために公債発行

どうやら話を先に進めすぎたようだ。モリス総督の政権時代に起こったことで言及しておかなければならないいくつかの事件がまだ残っているからだ。

フランスとのあいだの戦争が事実上はじまり、[11] マサチューセッツ植民地の政府はクラウン・ポイントにたいする攻撃を計画し、援助をもとめてペンシルヴェニア植民地にはクィンジー氏[12]を、ニューヨーク植民地にはのちに総督となったパウナル氏[13]を派遣した。私が植民地議会に議席をもっていて議会の内部事情に通じており、また生まれが彼と同じボストンだったので、クィンジー氏は私を頼って援助をもとめてきた。私は彼からの要請を議会に伝え、議会はそれを受け入れて、食糧調達のための経費として一万ポンドの援助を承認した。ところが、総督は領主の領地にかんして、たとえ必要な税金であっても完全に免税するという条項が入っていないかぎり、法案は〔そこにはこの一万ポンドとともに、ほかの国王の御用金の出費も含まれていた〕承認するわけにはいかないというのである。議会はニューイングランドにたいする援助をぜひ認めたいと願っていたが、どうすればそれが実現できるか途方に暮れてしまった。クィンジー氏は同意をもとめて極力モリス総督に働きかけたが、総督は頑として受けつけようとはしない。

そこで私は総督ぬきで事態を打開する方法を提案した。公債局の管理委員会にたいして公債の発行をもとめるという方法である。公債を発行する権限は法律上議会に属していた。しかし、じつをいうと、そのとき公債局には現金の持ち合わせはほとんどない状態だった。私は公債の償還期限を一年以内とし、五パーセントの利息をつけることを提案した。この公債で私は食糧品は容易に購入できると思っていた。議会もほとんどためらうことなくこの提案の採択に踏みきった。

公債をただちに印刷し、私はそれに署名するとともに、公債の処理にあたる委員に任命された。公債の支払いにあてる資金は物品税から生じる収入と植民地で貸しつけてあった流通紙幣の利子を考えていたが、それが十分以上あることが知られていたので、この公債にはすぐに信用がつき、食糧品の支払いのさいに受けとってもらえただけでなく、現金を手元に寝かせていた金持たちも多くがこれに投資するようになった。この公債は手元に置いていても利子が生じるし、必要なば現金としても使えたので有利だと思われたからで、その結果、みんなが争うようにして買いもとめ、数週間で全部売りきれてしまった。こうしてこの重要な件は私の考えた方法で解決された。クィンジー氏は丁重な覚え書を議会に送って感謝の気持をつたえ、自分の交渉の成功に満足して帰った。彼はその後も私に誠実きわまりない愛情のこもった友情を示しつづけた。

ブラドッグ将軍に協力

イギリス政府はオールバニーで提案された植民地連合を認めようとせず、また、この連合に植民地の防衛を任せなかった。植民地がこの連合によって軍事的にあまりにも強くなったり、自分たちの軍事力を過信したりするのを恐れていたのだった。そのころになると、植民地に猜疑心と嫉妬心をいだき、イギリス正規軍二個連隊を率いるブラドッグ将軍[14]を植民地防衛のためと称して送りこんできた。彼はヴァージニア植民地のアレクサンドリアに上陸し、そこからメリーランド植民地のフレデリックタウンまで進軍してきて、そこで車馬の調達をするためしばらく駐屯することになった。ある情報によると、将軍は私たちが今度の戦争に反対していると思って、植民地議会に強い偏見をいだいているとのことだった。

それを恐れた議会は、私に議会の代表としてではなく植民地の郵政長官として表敬訪問に出かけてくれないかと頼んできた。将軍は今後各地の植民地総督とたえず通信する必要があるだろうが、その急送文書を迅速かつ確実に送達する方法を前もって打ち合わせておきたいという口実で出かけてほしいというのである。こうした通信の費用は植民地議会が負担することになっていた。私はこのときの旅行に息子もともなっていった。将軍はまだフレデリックタウンに留まっていて、四輪荷馬車の徴発のためにメリーランドとヴァージニアの奥地に派遣した部下たちの帰りをいらいらしながら待っているところだった。私は数日を彼といっしょに過ごして、毎日食事をともにし、将軍がアメリカに到着する以前に植民地が彼の作戦を容易なものにするためすでに行なったことと、現在も行なっていることを知らせることで彼の偏見をとり除く願ってもない機会に恵まれた。

ブラドッグ将軍の許を立ち去ろうとしていたとき、徴発できた四輪荷馬車の報告がとどいたが、その数はわずか二五台にとどまり、それも全部が全部使えるとはいえない状態のようだった。将軍と将校たちはみんな驚いて、これではどうしようもない、今度の遠征はこれでもうお終いだと宣言した。そして、食糧、梱包した荷物などを運ぶ手段として少なくとも一五〇台の荷馬車が必要だというのに、それが手に入らないこんな国に軍隊を送りこむイギリス政府の無知さ加減を容赦なく非難するのだった。

それを聞いて、私は思わずこんなことをいってしまった。イギリス軍がペンシルヴェニア植民地に上陸しなかったのはなんとも残念なことです、あそこだったらほとんどすべての農民が四輪荷馬車をもっていたでしょうから、といったのだ。すると将軍は私のこの言葉にとびついてきて「それでは、君はそちらの方で信用があり、顔もきくと聞いているので荷馬車の調達などなんでもないだろう、一つお願いしよう」というのである。私は、それでは四輪荷馬車の持ち主にどういった条件を出すつもりなのか確かめてみた。彼はそうした場合に私が必要だと考える条件を書いてくれないかというので、それに応じて条件を出すと、将軍はそれに同意し、すぐさまそれに従って委任状と訓令が準備された。そのときの条件がどんなものだったかは、ランカスター⑮に着くとただちに公表した次の公示に示されている。この公示はたちまち大きな結果をもたらした。それがどういったものだったか知りたいと思う向きもあろうかと思って、次にその全文を収録しておこう。

公示

一七五五年四月二十六日、ランカスター⑯にて今まさにウィルズ・クリーク[17]に結集しているイギリス国王の軍隊は、四頭馬つきの荷馬車一五〇台および乗馬あるいは荷馬一五〇〇頭を必要としている。ブラドック将軍閣下は以上の車馬の賃貸契約を将軍に代わって私に取り結ぶ権限を委譲なさった。それに従い、ランカスターにおいては、この時点から来週水曜日夕刻まで、ヨーク[18]においては、来週木曜日午前中から金曜日夕刻まで、この目的にそった契約を受け付けることをここに公示する。馬付きの荷馬車あるいは馬だけの賃貸契約を行なう。条件は次の通り。

一、健康な馬四頭と馭者一名を備えた荷馬車一台には一日一五シリングを支払う。荷鞍ないしは他の鞍と馬具を備えた強健な馬一頭には一日二シリングを支払う。鞍のない強健な馬には一頭一日一八ペンスを支払う。

二、支払いはウィルズ・クリークでこれらの馬が軍隊に加わった時点から始まる（軍隊に加わる時点は来る五月二十日あるいはそれ以前でなければならない）。ウィルズ・クリークに来るまでに要した日時、および除隊後、帰宅に要する日時については、さらにそれ相応の額を支払う。

三、荷馬車とそれに付随する馬、鞍付きの馬、荷馬は私とその所有者が選んだ第三者によって評価され価格を決定する。軍務に服務中に荷馬車、それに付随する馬、あるいはその他の馬に損失が生じた場合は、前記の評価額を考慮して損失の補償を支払う。

四、荷馬車とそれに付随する馬あるいは単独の馬の所有者にたいし、契約時に要求があれば七日分の前払い金を支払う。残りについては、除隊時にブラドッグ将軍あるいは軍主計官を通して支払う。あるいは、要求に応じてその都度支払う。

五、荷馬車の馭者あるいは馬の世話人は、いかなる理由があろうと兵士としての義務を求められることはない。あるいは荷馬車と馬を扱ったり世話をしたりする以外のいかなる任務も命令されることはない。

六、荷馬車あるいは馬が駐屯地にその馬の飼料に必要な分以上に持ち込んだ燕麦、トウモロコシなどすべての糧秣は軍隊用に買い上げ、それ相応の代価を支払う。

注記　息子ウィリアム・フランクリンはカンバーランド郡においていかなる者とも前記に定められた契約を結ぶ権限を付与されている。

B・フランクリン

ランカスター、ヨークならびにカンバーランド各郡の住民の皆さんへ

親愛なる同胞の皆さん

数日前、たまたまフレデリックタウン[19]の駐屯地に赴いたところ、イギリス軍の将軍ならびに将校たちは期待していた馬や荷馬車の調達が不調に終り、ひどく焦慮しておられました。この植民地こそ車馬の供給がもっともあてにできるものと期待しておられたからです。ところが、総督と議会との対立があって、植民地防衛のための予算が認められなければ、そのための措置も講じられておりません。

実は、武装部隊をただちに当地方の三郡に派遣し、必要な数だけ最良の荷馬車と馬を徴発し、これらの車馬を馭したり世話をしたりするのに必要な人員も徴用せよという命令が出されております。

こういった折りにイギリス軍がこの地方を通過したりすると、苛立っている彼らの今の感情、とくに植民地にたいする彼らの激しい憤慨ゆえに、植民地住民とのあいだで大きな衝突が生じるのではないかと憂慮せざるをえません。したがって、私としては、適切公正な手段でできることがあればそれをやってみたいと思っています。そのための労をぜひとらせていただきます。

この奥地の三郡の住民の皆さんは最近流通する通貨の不足を不満として議会に訴えていましたが、今、皆さん方はかなりの額の通貨を受けとり、おたがいそれを分配する機会があたえられているのです。といいますのは、もし今回の遠征が一二〇日継続するならば(その可能性は十二分あると思われますが)、これら四輪荷馬車および馬の賃貸料は三万ポンドを上回る額になると思われますし、それだけの額がイギリス王の金、銀貨で支払われることになっているからです。

今回の遠征は難しいものではありません。軍隊は一日一二マイル以上進軍することはなく、荷馬車も荷馬も軍事活動に絶対欠かせない物資のみを運搬することになっていて、軍隊と行動をともにし、それより早く移動することはないし、進軍中でも野営地でももっとも安全な場所に配置されることになっています。

もし皆さんが、私が信じているように、国王陛下の善良にして忠実なる臣下であるならば、あなた方は今こそ国王陛下にたいし最善の奉仕をなさるとともに、あなた方自身の利益となることができるのです。農場の仕事があって一人では荷馬車一台、馬四頭、馭者一人を提供できない人もいるでしょうが、その場合も、三人あるいは四人が協力すれば、一人は荷馬車を、もう一人は一頭ないしは二頭の馬を、そして三人目は馭者を提供し、賃貸料は提供した数で比例配分すれば、協力はできるはずなのです。それでも、このように有利な報酬と無理のない条件が示されているのに、みずから進んで国王および植民地のためにこの奉仕をささげようとしないなら、あなた方の忠誠心ははなはだしく疑われることになるでしょう。国王の事業というものは絶対になされなければならないのです。あなた方を防衛するためはるばる遠方からやってきた多数の勇敢な軍隊は、あなた方が果たすべき義務を果たさないために無為無策に時を過ごしてよいのでしょうか。四輪荷馬車と馬はなにがあろうと調達しなければならないのです。それが駄目だと、おそらく強行手段が取られるでしょう。そうなったら、あなた方自身はしかるべき筋に補償を求めるでしょうが、おそらくあなた方の訴えは同情されることも、取り上げられることもないでしょう。

私自身はこの問題になにか特別の利害関係があるというのではありません。というのは（善を行ない悪を避けるために、できるかぎり協力したいという満足感を除けば）私がやろうとしていることは、私には、骨折り損のくたびれ儲けという結果に終るだろうと思われるからです。もし四輪荷馬車と馬が手に入らないというのであったら、私は一四日以内にその旨を報告しなければなりません。そうなったら、軽騎兵隊長のサー・ジョン・シンクレアが騎兵隊一団を率いて、ただちにすでに述べた徴発の目的のためにこの植民地に乗り込んでくるでしょう。真にあなた方に好意をいだく友人の一人としてそのような知らせを耳にすることがないよう心から祈っています。

B・フランクリン

私はブラドッグ将軍から荷馬車の持ち主に支払う前渡し金として約八〇〇ポンドを受けとったが、その額では不十分でさらに二〇〇ポンド以上を自分で立て替えて払うことになった。こうして二週間のあいだ一五〇台の四輪荷馬車と二五九頭の荷馬が駐屯地に向かうことになった。公示で万一荷馬車あるいは馬に損失があった場合は、評価額に応じて損失を補償すると約束しておいたが、持ち主たちは将軍を知らないし、彼の約束をどこまで信用してよいのかもわからないので、支払いを保証する念書が必要だといい張り、私はいわれるままに念書を書いて渡した。

ある日、駐屯地にいたときだったが、ダンバー大佐[20]の連隊の将校たちと夕食をともにしていると、大佐は下級将校のことが心配になっているといった。彼がいうには、下級の将校の連中はだいたいが裕福でないので、これから長い進軍の途中必要なものがでてくるだろうが、それを買うにも買えない荒野を進軍するのだから、あらかじめ食糧品などを十分調達しておくべきだと思うのに、こんなに物価が高い国ではそうする余裕もないと文句をいっているというのである。彼らに同情した私は救援物資を少し調達してやろうかと決心したが、大佐にはそうした私の気持はつたえないで、翌朝、自由に使える公金が多少ある委員会に、これらの将校たちのおかれた状況を考慮し日常生活の必需品や嗜好品を贈ってやるよう手紙で働きかけた。私の息子は多少軍隊生活の体験があり、駐屯地でなにが必要であるか知っていたので、彼に必要なもののリストを作らせ、そのリストを手紙に同封した。委員会はそれを認め、そのために動いてくれた。救援物資は四輪荷馬車とほとんど時を同じくして、息子の指揮のもと駐屯地にとどけられた。それらは二〇個の箱に詰められており、次の品々が入っていた。

棒砂糖　六ポンド
上質ムスコヴァード黒砂糖　六ポンド
上質緑茶　一ポンド
上質ボヒー茶　一ポンド
上質粉末コーヒー　六ポンド
チョコレート　六ポンド
極上白ビスケット　五〇ポンド
胡椒　半ポンド
極上白ぶどう酒酢　一クォート
グロスター・チーズ　一個
上質バター　二〇ポンド入り一樽
マデーラ古ぶどう酒　二ダース
ジャマイカ・ラム酒　二ガロン

芥子　一壜
熟成ハム　二個
乾燥牛舌肉　半ダース
ライス　六ポンド
乾ぶどう　六ポンド

これら二〇箱は丁寧に荷造りされており、二〇頭の馬の背に積まれてとどいた。それぞれの箱は積んできた馬とともに一人の将校の贈り物となっていた。将校たちはたいへん感謝してこの贈り物を受けとり、連隊の両大佐も丁重きわまりない言葉を連ねた手紙でこの親切な贈り物にたいする感謝の意を私につたえてきた。ブラドッグ将軍も私がこのように荷馬車などの徴発に協力したことに大いに満足し、ただちに私が前払いとして立て替えていた金額を払うとともに、何度も私の労をねぎらい今後とも後方から食糧補給に援助してほしいと協力をもとめるのであった。私もこの仕事を引き受け、彼の敗北の知らせがとどくまで、せっせと補給をつづけた。私は食糧補給のために英貨にして一〇〇〇ポンドをこえる費用を立て替えており、その明細書を彼に送った。私にとって幸いなことに、この明細書はあの戦闘がはじまる数日前に将軍の手元にとどき、彼はただちに一〇〇〇ポンドという大変な額の支払いを命じる手形を軍主計官に振りださせ、私に送ってくれた。残りは次の機会に清算するとのことだった。じつはこれだけでも払ってもらえて幸運だった。というのは、最後まで残りは払ってもらえなかったからである。このことはまたあとで話すことにしよう。

私はこのブラドック将軍はそれなりに勇敢な軍人であったと思っている。もしヨーロッパのどこかでの戦争であったら、彼はおそらくすぐれた指揮官として歴史に名を残していただろう。しかし、自信過剰でイギリス正規軍の戦力をあまりにも過大評価していた。そしてまた、アメリカ植民地の住民とインディアンにたいしてはあまりにも強い偏見をいだいていた。インディアンとの通訳ジョージ・クローガンは一〇〇名のインディアンを伴って将軍の率いるイギリス軍に加わっていたが、もし将軍がこのインディアンを人間扱いしていたら、彼らは道案内、斥候として大いに役立ったであろうと思われるが、彼は彼らを粗末にあつかい人間として認めなかったので、インディアンたちはやがてイギリス軍からはなれていった。

ブラドッグ将軍敗北する

ある日、ブラドッグ将軍と話していると、彼はこのあとどちら方面に進軍する予定にしているか私に話してくれた。「デュケイン要塞[21]を陥落させたあと」と、彼はいった、「ナイアガラの要塞に向かう。そこを陥落させたら、次はフロンテナック[22]を攻める。それまでに冬になったら無理かもしれないが、そうはならないだろう。デュケイン要塞攻略は三、四日以上かかることはないだろうし、それから先ナイアガラまで進軍を阻むものはなにもないとみている」。しかし、私のほうは進軍の途中森や茂みを切りひらきながら、ものすごく狭い一本道を通って行くしかないので、その延々と続く細い一本の列を心に描いてみたり、かつて一五〇〇名のフランス軍がイロコイ族㉓の領土に進入して手痛い敗北を喫したときのことをなにかの本で読んで知っていたりしたので、無理ではないかと思うところがあり、彼の考える遠征の結果にはちょっと懸念をいだかずにはいられなかった。

しかし、たしかに、大砲で重装備されたこの優秀な軍隊を率いてなんとか無事にデュケインまで到着することができたら、あの要塞はまだ完全に防備が整っていないというし、強力な守備隊が揃っているわけでもないので、短期間、抵抗を受けるかもしれないが、それだけで終るだろう。将軍の進軍の妨げになるのではないかと私が恐れていた唯一のことはインディアンたちの待ち伏せであった。なにしろあの連中ときたらいつも待ち伏せていて、その待ち伏せのやり方がじつに巧妙なのである。私はそれ以上はなにもいわなかったが、それにしても、軍隊は四マイル近く狭い道を切りひらいて進んで行かなければならず、そういったところで側面から奇襲攻撃を受けたら、隊列は糸のように寸断されて、おたがいのあいだの距離ははなれてしまい、救援に駆けつけても間に合わないという危険がいくらでもあったのである。

ブラドッグ将軍はそうした私の無知を笑って、こんなふうに答えた。「あの野蛮人どもはたしかに訓練を受けてないアメリカ植民地軍にとっては手強い敵かもしれないが、国王陛下の訓練された正規軍に立ち向かうなんてできるはずないだろう」。私も軍人相手に軍人の職業を問題にしてもはじまらないと思ってそれ以上はなにもいわなかった。しかしながら、インディアンたちは、私が懸念したように、長蛇の列をなして進軍するという弱みにつけこんでくることはせず、イギリス軍は要塞まであと九マイルという地点まで妨害を受けず進むことができた。ところが軍隊が一ヵ所に集結しようとしたとき〔先遣隊は川を渡ったところで全軍が渡り切るのを待っていた〕、そして、それまで通ってきた森よりもっと広々とした場所に来たとき、突然、彼らは木立や茂みの後ろから先遣隊めがけ猛烈な砲火を浴びせてきたのである。それによって将軍は敵が間近まで迫ってきているのをはじめて知らされたのであった。先遣隊は混乱に陥った。それをみて将軍は、急遽、救援隊を送ったが、四輪荷馬車や、積み荷、馬などのあいだを通りぬけて駆けつけなければならず、さらにいっそうの混乱となった。やがて敵の砲火は部隊の側面にも向けられ、将校は馬に乗っていたため兵士たちよりめだち標的となり、兵士たちはばたばた倒されていった。彼らは命令を下す者がいないので、また、いても、命令など耳に入らず一ヵ所に集まってごったがえすだけだった。立っている者は狙い撃ちされ、最後は三分の二が殺されてしまった。残りの者はパニック状態となり、全員が雪崩をうって逃亡した。四輪荷馬車の馭者は荷馬車から馬を切りはなし、その馬に乗って逃げた。ほかの連中もそれにならって逃げ、後には荷馬車と、食糧品、大砲、その他の軍需品がそっくり残され、敵に奪われてしまった。

将軍自身も傷を負ったが、なんとか救出された。秘書のシャーリー氏[24]は将軍のすぐそばで戦死した。八六名の将校中六三名が戦死ないしは負傷し、一一〇〇名いた兵士のうち七一四名が戦死した。この一一〇〇名の兵士は全軍のなかの選りぬきの兵士たちで、残りはダンバー大佐とともに残っていて、より重い軍需品や、食糧、荷物をもってあとから合流する手筈になっていた。敗走兵たちは追跡を免れてダンバー大佐の駐屯地にたどりついたが、彼らがもたらしたパニックに大佐も部下もたちまちとり憑かれてしまった。大佐はそれでも一〇〇〇名をこえる部下を従えており、それにたいしてブラドッグ将軍を敗走させた敵軍はインディアンとフランス兵を合わせて多くとも四〇〇名をこえなかったのに、大佐はさらに戦闘をつづけ、いくらかでも失われた名誉を挽回する努力をするどころか、火薬など、軍需品すべてを放棄する命令をだしたのであった。植民地まで逃げて帰るのに足手まといとなるものはできるだけ減らし、馬の数はできるだけ増やそうと考えたのである。

そこにヴァージニア、メリーランド、ペンシルヴェニア植民地の三総督から辺地の開拓地に残されている住民の保護のために麾下の軍隊をそのまま駐屯させておくようにという要請がとどいた。ところが、彼はフィラデルフィアに着くまでわが身の危険を感じていたらしく、そういった開拓地には目もくれずさっさと逃げて帰ってきた。フィラデルフィアまで帰ってきたら、住民のほうが自分たちを守ってくれると思ったのだ。このイギリス正規軍の行動の一部始終を目のあたりにした私たち植民地住民は、それまでイギリス軍隊の強さを高く評価していたが、それがなんら根拠のない買いかぶりだったのではないかとはじめて疑ってみることになった。

イギリス軍は上陸して植民地の向こうに横たわっている未開拓の辺境地まで進軍していっていたが、その最初から途中の住民を略奪して丸裸にし、貧しい家族を完全に破滅に追いやっていた。それだけでなく、住民が抗議すると、侮辱したり、悪態をついたり、監禁したりした。植民地を守ってくれる軍隊が必要であっても、このような防衛隊だったら願い下げにしていただきたいと思うのに十分だった。それにしても、一七八一年に私たちを支援してくれたフランス軍の行動[25]と比べると、なんと違っていたことだろう。フランス軍はロードアイランドからヴァージニアまで、植民地のなかでもっとも未開拓の地方七〇〇マイル近くを進軍してきたが、その間、豚一匹、鶏一羽、いや、リンゴ一個すら盗まれたという苦情は出なかったのである。

ブラドック将軍の副官の一人だったオーム大尉[26]は重傷を負い、将軍とともに救出された。そして、その後、数日後に最期の息を引きとることになる将軍のかたわらにずっと控えていたが、彼が私に話してくれたところによると、最初の日、将軍は夜になって、あんなことになると思った人がいただろうか、と一言つぶやいた以外まったく口をきかなかったという。その後数日間彼はなにもいわなかったが、最後の最後になって、やつらにもう一度出会ったら今度こそどのようにあつかったらいいかもっとよくわかるんだが、とぽつりといって、その数分後に息を引きとったとのことだった。

秘書関係の文書は将軍のすべての指令、訓令、書簡とともに敵軍の手に渡り、彼らはそうした文書の多くをフランス語に訳して、それを印刷し、宣戦布告以前からイギリス政府が戦争をしかける意図をもっていたという証拠にした。そのなかに私は将軍が大臣にあてた書簡数通を発見したが、そこで彼は私がイギリス軍に尽くした大きな貢献を高く評価するとともに、それを表彰するよう推薦してくれていた。デイヴィッド・ヒューム[27]といえば、数年後、フランス大使だったハーコート卿の秘書となり、さらにその後、国務大臣となったコンウェイ将軍の秘書も務めた人物であるが、その彼も国務大臣室に保管されていた文書のなかに私のことを高く評価し推薦するブラドッグ将軍からの書簡をみたといっていた。しかし、将軍の植民地遠征が、結局、失敗に終ったために、私がはたしたそういった貢献はそれほど価値のあるものだとはみなされなかった。というのは、せっかく推薦してもらったが、私にはなんの役にも立たなかったからである。

ブラドッグ将軍に私が報酬として要求したことは、ただ一つ、つまり、金で買われた身分の植民地の奉公人はこれ以上兵士として徴用せず、すでに徴用した者はすぐ除隊させるよう将校に命令することだった。彼はこの要求を快く受け入れ、数人のそうした奉公人が私の願い出にもとづいて主人の許に帰された。ダンバー大佐は指揮官の権限を握ると、寛大とはいえなくなった。彼がフィラデルフィアに退却して、いや、敗北してきたとき、私は奉公人の除隊を命じる故将軍の命令書をみせて、ランカスター郡の貧しい農民が奉公人として使っていた兵士の除隊を認めるよう彼に願い出たところ、彼は数日後にニューヨークに出発することにしているので、その農民たち本人が途中のトレントン[28]の町に出頭してきたら返してやろうと約束した。農民たちは費用と労力を個人で負担してトレントンまで出かけていったが、大佐には約束を守る気持などぜんぜんなく、彼らは大変な損失をこうむり、失望するだけに終った。

四輪荷馬車と馬が奪われたという知らせが広まるやいなや、持ち主たちはいっせいに私が保証していた金の支払いを求めて私のところに押しかけてきた。彼らの要求に私はすっかり困って、ただ、補償金は軍司計官のところで準備してあるが、支払うためにはシャーリー将軍の許可が必要である、いま手紙で将軍にその許可を求めているが、将軍が遠方にいるので返事がくるにはもう少し時間がかかりそうだ、といった説明をして、なんとか安心させるしかなかった。いましばらく辛抱して待っていてほしいともいったが、しかし、それではだれも満足せず私を訴えるという者さえあらわれてきた。シャーリー将軍は最後に彼らの要求を調査する委員会を任命し、それで支払いの命令が出て、この恐るべき状況から私はなんとか逃れることができたのだった。要求総額は二万ポンド近くにまでなっていたから、もしそれを私個人が払わなければならなかったら、私は確実に破産していただろう。

この敗北の知らせがとどくまえのことだったが、ボンドという兄弟の二人の博士が、デュケイン要塞陥落のニュースがとどいたら大々的に花火大会を開いて陥落を祝うという計画を立て、その費用のために募金運動を行なっているので、ぜひ協力してほしいと寄付の申込書をもってやってきた。私はむずかしい顔をみせて「祝い事っていうものは、祝う理由がはっきりしてからはじめたって十分間に合うものですよ」といった。彼らは私がこの計画にすぐさま応じないのに驚いた様子で、「なんですって、まさか要塞が陥落しないとでも思ってるんじゃないですよね」と、博士の一人がいった。私は「陥落しないなどとはいってませんが、戦争ではなにが起こるかわかりませんからね」と答えて、なぜ疑っているか、理由を説明してやった。募金は中止となり、花火大会の準備が続行していたら、発起人たちはまわりから笑いものにされ悔しい思いをしただろうが、そうした思いはせずにすんだ。ボンド博士はその後、別のおりに、フランクリンに予想させるとろくなことはないといっていた。

(1) ニューヨーク植民地の首都。同植民地の東部にあり、ハドソン川に面する。政治的にはニューヨーク市より重要だった。一六一四年、オランダ人が交易地として砦を築いた。
(2) フランクリンの記憶違いで、トマス・ペンではなく、甥のジョン・ペンが正しい。初代領主ウィリアム・ペンには三人の息子がいたが、父の跡を継いで実質的に植民地経営にあたったのは次男のトマス。しかし、オールバニー会議の開かれた一七五四年、彼はイギリスにいた。ジョンは三男リチャードの息子。

(3) 一六九一―一七五六。ニューヨーク植民地の弁護士、政治家。スコットランドの名門貴族出身。一七一五年、イギリス王朝の王位継承をめぐる騒乱を逃れて、ニューヨーク植民地に渡り、政界で活躍。学識ある知識人で、アメリカ学術協会の最初からのメンバーの一人だった。フランクリンのオールバニー連合案を積極的に支持。

(4) アーチボールド・ケネディ（一六八五―一七六三）。ニューヨーク植民地の政治家。スコットランドの貴族の出。土地の投機で財をなす。現在、自由の女神像がたつニューヨーク湾のベドロー島は、彼の所有地だった。

(5) ウィリアム・シャーリー（一六九四―一七七一）。ロンドンの法廷弁護士。一七三一年、ボストンに移住。職業軍人ではないが、ルイスバーグ遠征に成功し、その後、植民地防衛に派遣されたイギリス正規軍のブラドッグ将軍の戦傷死後、司令官に任命された。マサチューセッツ植民地の国王任命の総督。植民地連合を支持した。

(6) ドライデン訳（一六九三）によるユヴェナリスの「サトゥラ」第一〇篇からの引用。美徳と健康が人間の幸福に十分であるにもかかわらず、富を追求することの愚かさを指摘。

(7) ジェイムズ・ハミルトン（一七一〇ころ―八三）。既出のアンドルー・ハミルトンの息子。一七四八―五四年、一七五九―六三年の二回総督を務める。図書館、大学、学術協会の設立に際してフランクリンに協力したが、植民地議会とは対立することが多かった。

(8) 植民地議会の議長だったアイザック・ノリスと推定されている。

(9) ロバート・ハンター・モリス(一七〇〇ころ―六四)。ペンシルヴェニア総督(一七五四―六四)。ニュージャージー植民地国王任命の総督ルイス・モリスの息子。ニュージャージー最高裁判事としてクエーカー教徒にたいする強硬姿勢で知られ、そこを領主トマス・ペンにみこまれて、総督に抜擢された。フランクリンは彼と個人的には友人関係を保っていたが、紙幣増刷、植民地防衛、領主の課税問題と対立することが多かっただけでなく、私信では、彼のことを悪漢、間抜け、嘘つきなどと罵っていた。植民地に生まれ育ったが、総督として領主から直接指示を受けるため渡英していたので「イギリスから到着したばかり」という。

(10) セルバンテスの『ドン・キホーテ』の副主人公。この話は第一巻第二九章に出てくるが、細部は違っている。

(11) フレンチ・インディアン戦争のなかで、一七五四年、フランス軍はオハイオ川流域のイギリス系入植者に攻撃を加え、植民地軍はこれに抵抗できなかった。翌一七五五年、イギリス政府はブラドッグ将軍の率いる正規軍を派遣し、『自伝』に書かれたような結果を招いた。一方、オールバニー北方九〇マイルのシャンプレーン湖の西岸にあったフランス軍のクラウン・ポイント要塞をアマースト将軍麾下のイギリス軍が、一七五九年、占領した。

(12) ジョサイア・クィンジー(一七一〇―八四)。マサチューセッツ植民地の最裕福といわれた商人、植民地議会議員。ボストン郊外のブレイントリーにガラス工場をもち、同業のフランクリンの兄ジョンと付き合いがあり、その関係からフランクリンとも面識があった。

(13) トマス・パウナル(一七二二―一八〇五)。イギリスの行政官。一七五三年、オズボーン・ニューヨーク植民地総督の秘書としてアメリカに来た。マサチューセッツ植民地総督(一七五七―六〇)。

その間、各植民地を視察旅行してまわり、フィラデルフィアでフランクリンと知り合った。イギリス帰国後、その時の見聞をまとめて「植民地の行政」(一七六四)を発表。
(14)エドワード・ブラドッグ(一六九五―一七五五)。イギリスの職業軍人。十五歳で連隊旗手(少尉)となり、一七五四年、大将となる。一七五五年、植民地防衛軍の最高指揮官としてヴァージニアに上陸し、『自伝』にあるように、不十分な情報と防備のまま、経験のない辺境地に軍を進め、モノンガヒーラ川でインディアンの待ち伏せに遭い、致命的な敗北を喫し、彼自身重傷を負って不本意な生涯を終えた。
(15)一週間で一五〇台の四輪馬車と三〇〇頭の馬の調達に成功した。
(16)ペンシルヴェニア植民地東南部にある町。
(17)メリーランド植民地西部にある、ポトマック川に合流する小さな川。そこにカンバーランド要塞があった。
(18)ペンシルヴェニア植民地東南部にある町。
(19)メリーランド植民地ボルティモアの西にある町。
(20)トマス・ダンバー(?―一七六七)。ブラドッグ将軍の死後、現地で、あとを引き継いだ大佐。辺境地防衛を放棄して、撤退したため、指揮官を解任された。
(21)現在のピッツバーグにあった要塞。一七五四年フランス軍によって建設された。
(22)カナダのオンタリオ湖の東端にある、現在のキングストン。ニューフランスの総督に因んだ地名。
(23)ニューヨーク州の東北部ハドソン川流域からエリー湖におよぶ広大な土地に住んでいた有力なインディアン部族。フレンチ・インディアン戦争では、イギリス側と同盟を結び、植民地東部のモーホーク川流域から西部進出を図るフランス軍と敵対していた。

(24)ウィリアム・シャーリー二世（一七二一—五五）。シャーリー総督（三一五ページ注参照）の長男。海軍将校。ブラドッグ将軍の秘書を務めていた。

(25)一七八一年十月、独立戦争に決着をつけたヴァージニア植民地ヨークタウンの包囲作戦のときのこと。フランス軍は応援に遠路かけつけてきた。なお、この部分は自伝原稿の余白に書き添えられており、読み直して加えたコメントとされる。

(26)ロバート・オーム（?—一七九〇）。陸軍大尉、ブラドッグ将軍の副官。一七五五年、将軍とともに戦傷を負い、軍人としてなんらかの不名誉な行為があって翌年イギリスに帰った。

(27)一七一一—七六。スコットランド出身のイギリスの著名な哲学者、歴史家、政治経済思想家。『人性論』（一七三九—四〇）、『人間悟性の研究』（一七五八）、『英国史』（一七五四—六一）などの著書がある。ヘンリー・コンウェイ将軍、ハートフォード侯フランシス・コンウェイ将軍（ハーコート卿としているのはフランクリンの間違い）などの秘書を務めた。フランクリンとは、一七五七年、彼が渡英してから知り合った。新大陸が生んだ「最初の哲学者」「すぐれた文人」とフランクリンを高く評価したが、その一方で「きわめて党派的な人物」と警戒する面もあった。なお、ハートフォード卿（一七二一—九五）はイギリスの外交官。アイルランド知事。ヒュームは、彼の秘書としてパリに滞在（一七六三—六五）。ヘンリー・シーモア・コンウェイは彼の弟。軍人、政治家で、一七六五—六八年、国務大臣を務めた。植民地との武力衝突に終始反対だった。

(28)ニュージャージー植民地の首都。

第十一章　植民地課税をめぐる対立抗争

領主への課税をめぐって

モリス総督はブラドック将軍が敗北するまでは、植民地議会に圧力を加えて領主の領地には課税することなしに植民地防衛のための課税法案をつくらせたり、そのような免税の特別措置がないといって課税法案を拒否したりして、議会に新しい教書をつぎつぎと送りつけ、私たちを悩ませつづけていたが、将軍の敗北後は、それまでにもまして、危険とその必要性が高まっていたにもかかわらず、自分の主張を通そうと議会にたいする攻撃を強めてきた。しかし、植民地議会は、正義は自分たちの側にあると信じて、また、議会が認めた財政法案を総督に修正を許したりしたら、植民地住民の基本的権利の放棄につながりかねないと考えて、自分たちの立場を断固として譲らなかった。

事実、五万ポンドの支出を認めた最近の法案に領主は修正を求めてきたが、[1]その修正はたった一語だけの修正を求めるものであった。この法案では不動産、動産のすべての資産に、領主の資産を除外せず、課税するとなっていたのであるが、総督が求めてきた修正は、除外〝せず〟を除外〝して〟にせよというものだった。一見すると、小さな修正だったが、内容的にはとてつもなく大きな修正だった。しかし、こうしたとんでもない修正要求のニュースがイギリスにとどくと、植民地を支持する人たちは、私たちがいつも総督の教書にたいする議会回答を送っていたこともあって、領主たちが総督にそのような訓令を送るのは卑劣であり不当であるとして、領主たちをいっせいに攻撃するようになった。なかには植民地防衛の妨害をしたのだから、領主たちは植民地にたいする自分たちの権利を放棄したも同然だという者もいた。このように攻撃されて、さすがの領主たちも、この植民地防衛の目的に議会がどのような課税を認めようと、それとは別に五〇〇〇ポンドの追加を負担するようにという命令を自分たちの歳入徴収官に送った。

これが議会に通告されると、議会は一般課税による領主の分担分にかわるものとしてこれを受けとり、免税条項を含んだ新しい法案をつくって、その線でこの法案は議会を通過した。この法律によって私は六万ポンドの防衛費の使い方にかんする委員会の一員に任命された。私はこの法律の作成や、議会での承認のために努力していたが、それと同時に、自発的な自衛軍組織の創設と訓練にかかわる法律の作成にも関係していた。この法律はクエーカー教徒には参加の選択の自由を認めるよう配慮がなされてあったので、それほど反対されずに議会を通過した。

自衛軍を立ち上げるのに必要な組合をスタートさせるために、私はこうした自衛軍に向けられると予想されるあらゆる反対を想定し回答する「対話」[②]と題した文章を書いて雑誌に掲載したが、それが大きな効果をもたらしたようだった。フィラデルフィアの町と周辺のいくつかの中隊が軍事訓練を計画し実行していたとき、総督は敵軍が出没する北西部の辺境地帯の防衛にあたり、住民を保護するための軍勢を集め、要塞線をしくよう私を説得しようとした。私はそういった軍事活動に資格があるとは思えなかったが、ともかく引き受けることにした。総督は私に全権を委譲し、適任と思われる者を将校にするさい必要となる一束の白紙将校任命書を私に預けた。兵士を集めるのには大した苦労はなく、すぐに五六〇名が私の指揮下に集まった。息子は先頃の戦争中カナダで軍隊に加わって、将校の経験があったので、[③]副官に任命した。彼は副官として大いに役に立った。

辺境地の要塞建設

インディアンたちはモラヴィア教徒が入植していたジネデンハット[④]という村を焼き払い住民を虐殺していたが、その場所が要塞を築くのにもってこいの地形であるように思われた。そこまで進軍していくために、私はモラヴィア教徒の本拠地ベスレヘムにひとまず中隊を集結させることにしたが、驚いたことに、ベスレヘムではじつに見事な防衛態勢がすでにとられていた。ジネデンハットの襲撃で彼らはインディアンによる襲撃の危険を感じていたからだった。主な建物は防御柵で守られており、ニューヨークから大量の武器と弾薬が購入されていた。そのうえ、高い石造りの家の窓と窓との間には舗装用の小さな石をうず高く積み上げてあった。インディアンが攻めこんで来るようなことがあったら、女たちが窓から彼らの頭をめがけてその石を投げつけるというのである。男たちも常時武装して見はりを行ない、駐屯隊のいる町と同じように、時間をきめて交代で見はっていた。

このベスレヘムではスパンゲンバーグ主教⑤と話し合う機会があり、私は自分の驚きを彼につたえた。というのは、モラヴィア教徒はイギリス議会で制定された法律によって植民地での兵役を免除されていると聞いていたからだった。したがって、武器をとることはとうてい彼らの良心が許さないのではないかと思っていたのだ。主教はこの私の驚きにたいして、それは自分たちにとって絶対の信条ではなく、あの法律をかちえたとき、大多数の者はそれを自分たちの信条にしようとしたが、今度の場合、驚いたことに、それを支持する者はほんのわずかしかいなかった、と答えた。そうしてみると、あの法律が制定されたとき、彼らは自分自身あるいはイギリス議会のいずれかを欺いていたとしか思われないが、現在のように危険が身に迫っている場合は、常識のほうが気まぐれな意見よりも強い説得力をもつということなのである。

要塞建設の仕事に取りかかったのは一月初めのことだった。私はこの地方の北部防衛のために要塞建設を命じてミニシンクス方面⑥に先遣隊を送り、また同じ命令をあたえて南部方面にも別の一隊を派遣した。私自身は残りの部隊とともに、要塞建設がそれ以上に焦眉の急とされていたジネデンハットに向かった。モラヴィア教徒たちは、工具や、軍需品、荷物などを運ぶ五台の荷馬車を調達してくれた。

ベスレヘムをいよいよ出発するという間際に、インディアン襲撃によって農園を追われた一一人の農民がやってきた。もう一度農園にもどって家畜を連れもどしたいので、小銃をなんとかしてくれないかというのである。私はそれぞれに小銃一丁と必要な火薬を渡してやった。私たちが出発し、まだ何マイルも行かないうちに雨が降りだし、一日中雨は降りつづいた。途中には雨宿りのできるような人家はなく、夕方近くなってようやくドイツ移民の農家にたどりつき、そこの母屋と納屋を借りて、びしょ濡れのまま身を寄せ合って夜を過ごした。進軍の途中でインディアンから攻撃を受けなかったのは幸いだった。というのは、私たちの武器はごく普通の種類のもので、小銃の引き金を濡らさずにしておけなかったからだ。インディアンたちは濡らさないよう巧妙な工夫をしていたが、私たちにはそれができなかったのだ。前に述べた貧しい一一人の農民は、その日、インディアンの襲撃を受け、一〇人が殺されていた。逃げ帰ってきたただ一人によると、彼の小銃も仲間の小銃も雨で点火薬がびしょ濡れになっていて、発砲できなかったという。

翌日はよく晴れて、私たちは進軍をつづけ、荒涼たるジネデンハットに着くことができた。近くに製材所があり、周りには板材の山がいくつか残されてあった。それを使ってともかく小屋を作ったが、もう寒さの厳しい季節でテントを用意していなかったので、これは絶対必要な作業だった。私たちがまず最初にやらなければならなかったことは、土地の住民が地中に半分埋めてあった死体をみつけて、本式に埋葬することだった。

翌日は午前中をかけて建設する要塞の設計と地取りを行なった。要塞の周囲は四五五フィートで、そこに直径一フィートの丸太を四五〇本並べて打ちこみ、同じ長さ四五五フィートの柵を作る必要があった。私たちは七〇丁の斧をもってきていたが、それを総動員して仕事を開始し、つぎつぎと木を切り倒していった。兵士たちは斧の使い方に慣れていて大いに仕事ははかどった。このように木がつぎつぎと切り倒されていくのを眺めながら、私は興味をもつようになり、兵士たちが二人がかりで一本の松の木を切り倒しにかかったとき、どれだけ時間がかかるか時計で計ってみた。直径一四インチの松の木は六分で地面に倒れた。一本の松の木から一方の端を尖らせた一八フィートの木杭が三本とれた。木を切り倒しているあいだ、ほかの兵士たちは木杭を並べて立てる深さ三フィートの穴を周りにつぎつぎと掘っていった。

四輪荷馬車は車体を取りはずし、連桿の部分を結合している閂をはずして前後の車輪を切り離し、二輪の荷車を一〇台つくった。荷車それぞれには二頭の馬をつけ、森のなかから要塞の予定地まで木杭を運んだ。木杭の柵ができ上がったところで、今度は、大工たちがその内側に高さが六フィートの板敷きの床を張りめぐらし、いざというときには、兵士が中に立てこもって銃眼から発砲できるようにした。私たちは旋回砲を一門もってきていて、それを一つの方向に向けて据えつけ、もし砲音の聞こえる範囲にインディアンがかくれていたら、そのインディアンにこちらにはこんな大砲があることを知らせようと思って、一発、発砲した。こうして私たちの要塞は〔こんな貧弱な防御柵がそのように堂々とした名前で呼べるとして〕、一日おきに激しい雨が降り毎日仕事ができたわけではなかったが、一週間で完成した。

このときの兵士たちの仕事を観察しながら気づいたのだが、人間というものは忙しく仕事をしているときがもっとも満足しているものである。仕事をした日はみんな機嫌がよく、明るくしている。一日、目いっぱい仕事をしたという意識があるので、夜は楽しく過ごせるのだ。ところが、仕事をしなかった日は食事の豚肉やパンなどに難癖をつけたり、反抗的になったり、喧嘩腰の態度をとったりしてずっと不機嫌でいる。そんなことから私はある船長のことを思い出した。彼は自分の主義として部下の船員たちを朝から晩まで忙しくこき使っていた。あるとき、航海士がやってきて、やるべきことは全部やってこれ以上やらせる仕事がないというと、船長はこういったというのだ。「ああ、それなら、錨を磨かせろ」。

どれほど貧弱なものでも、要塞は要塞で、大砲をもっていないインディアンたちにたいする防衛には十分であった。いまや確実に駐屯地の足固めをし、いざという場合逃げこむことのできる要塞も完成したので、私たちは小隊に分かれて近隣の地方の斥候に出かけた。インディアンと出っくわすことはなかったが、近くの岡のうえに彼らが身を潜め私たちの動向を見はっていたと思われる場所をいくつか発見した。こうした場所には、ここで紹介する価値があると思われるインディアン特有の工夫が施されてあった。冬だったので暖をとる焚き火の必要があったが、普通に地面で焚き火をしたら、その炎で遠くからでも隠れ場所がわかってしまう。そこで彼らは地面に直径三フィート、深さはそれよりもう少し深い穴を掘っていた。森のなかに置きっぱなしにしてある焼けた丸太の側面から手斧で火のついた炭を削りとった跡がみつかった。それで穴の底に小さな火を起こし、足先を温めるため中に両脚を入れ上半身を仰向けにして寝ていたらしいのである。穴の周りの雑草や芝草のなかに彼らが寝ていた身体の跡が残されてあった。足先を温めておくことは彼らにとって大事なことのようだった。こんなふうに工夫してあれば、光、炎、火花、あるいは煙によってさえ隠れ場所が発見される危険はないだろう。人数はそんなに多くなかったようで、私たちのほうがずっと多く勝つ見込みがないと思って襲撃してこなかったらしい。

私たちには軍隊づき牧師として熱心な長老会派のビーティ師⑦が同行していた。彼は兵士たちがだれも自分の祈禱や説教の集会に出席しないといつも不満を述べていた。一方、兵士たちは、徴兵されたとき、給料と食糧に加えて毎日一ジル⑧のラム酒が支給されると約束されており、このラム酒は午前と午後二度に分けて規則正しく支給されていた。私がみるかぎり、兵士たちも同じ規則正しさでそれを受けとりにやってきていた。それを知って、私はビーティ師に「ラム酒の支給役などなさるのはたぶん牧師という聖なる職業を汚すことになるでしょうが、もしラム酒の支給役をお引き受けになり、祈禱が終ったあとすぐに支給なさったら、みんな祈禱の集会にやってくるんじゃないでしょうかね」といってみた。彼はこの考えが気に入ったようで、引き受けた。そして、何人かにラム酒を計る仕事を手伝ってもらってその支給役を完璧にやってのけ、彼の祈禱会にはこれまでになく兵士全員が出席した。しかも時間に遅れることなく出席するのをみて、私は祈禱に出席しない連中を軍規で処罰するよりこの方法のほうがずっと効果的で望ましいと思った。

ここでの軍事活動は、これで終りに近づき、要塞に食糧を十分蓄えることができたころ、総督から植民地議会を招集したという手紙が送られてきた。この辺境地の情勢が一段落し私が残っている必要がもはやないようだったら、議会に出席してくれないかというのだった。議会の友人たちも手紙を送ってきて、可能だったらぜひ会議に出てきてくれないかと嘆願する。計画していた三つの要塞もそのころにはもう完成しつつあったし、住民たちも要塞に守られて農園に残ることに反対しなかったので、私はもどることにした。インディアンとの戦争で経験のあるニューイングランドの将校クラパム大佐⑨が私たちの駐屯地を訪れてきていて、彼が軍の指揮を引き継いでくれた。それで私も心置きなくもどる決心がついた。私は彼に授権状を手渡し、守備隊全員を集めてその授権状を読み上げ、彼を軍事活動に熟練している点では私よりはるかにふさわしい指揮官であると紹介した。兵士たちにも短い激励の言葉を述べて、一同に別れを告げた。ベスレヘムまで護衛をつけてもらい、そこで数日の休息をとって辺境の開拓地で溜まった疲れをいやした。最初の夜は、あまりにもベッドがりっぱだったので、ほとんど眠ることができなかった。それまでジネデンハットの小屋で一枚か二枚の毛布にくるまって固い床の上で寝ていたのとはあまりにも様子が違ったからだった。

モラヴィア教徒の風俗習慣

ベスレヘムにいるあいだに、私はモラヴィア教徒たちの風俗習慣を少し調べてみた。彼らのなかにはいっしょに調べてくれる者もいて、みんなとても親切だった。モラヴィア教徒たちは稼いだ収入を共有財産とみなし、食事も共有の食卓で食べるし、共有施設の寮で大勢がいっしょに寝泊まりしていた。寮では天井のすぐ下に小さな穴が一定の距離をおいてずっと空いているのに気づいたが、これは換気のためのようで、私はなかなか気のきいた工夫だと思った。教会へも行ってみたが、すばらしい音楽で楽しませてもらった。オルガンの演奏に、バイオリン、オーボエ、フルート、クラリネットなどが加わっていた。彼らの説教は、たいていの場合、私たちの習慣のように男性、女性、子供たちが混じった会衆を相手に行なうのではなく、あるときは既婚の男性のため、また別のときはその妻たち、次に若い男性、若い女性、そして小さな子供たちとそれぞれ単独に集めて行なわれていた。私が聞いた説教は最後の子供たちのためのもので、子供たちは教会に入ってくると、男の子は若い男性教師の指導の下で、女の子は若い女性教師に従って何列かのベンチにすわらせられた。講話は子供たちの理解力に合わせた内容にしてあり、楽しく親しみやすい話し方で語りかけ、いわば宥めすかすようにして、善い行いを勧めていた。子供たちの振る舞いはたいへん行儀のよいものだったが、顔色が青白く、不健康にみえたので、私は子供たちが屋内にとめおかれすぎているのか、十分戸外での運動が許されていないのか疑わざるをえなかった。

モラヴィア教徒の結婚についても、それがくじで決められるという噂があったので、その噂が正しいかどうか確かめてみたが、くじによる結婚は特殊な場合を除いて行なわれていないとのことだった。普通は、結婚しようと思ったら、若い男性は自分の属する階級の長老に申しでて、それを聞いた長老が若い女性の監督にあたっている年長の婦人に相談する。これらの両性の年長者はそれぞれの若い人の気質や性癖をよく知っているので、だれとだれとの結婚が望ましいかだれよりもよく判断でき、その判断は一般に受け入れられているとのことだった。ただし、たとえばであるが、一人の青年に同じ程度ふさわしい若い女性が二人あるいは三人みつかった場合、結婚はくじで決められるというのである。これを聞いて、私は当事者たち相互の選択によるのでないと、ひどく不幸な結婚になるのではないかと異議を唱えてみた。するとこの友人は、当事者たち自身に選択させても不幸な結果になることがあるでしょう、というのであった。それはその通りなので、私はこれ以上否定するわけにはいかなかった。

連隊長に選ばれる

フィラデルフィアにもどってみると、自衛軍のための組合は順調にいっていた。クエーカー教徒でない一般住民はほとんどすべて組合に加入しており、自分たちをいくつかの中隊に編成し、新しい法律に従って大尉、中尉、少尉を選んでいた。ボンド博士は私を訪れてきて、一般の人たちのあいだでこの法律にたいする支持が広まるようどれだけ自分が苦労したかという話をし、それが自分の努力のせいだといかにも恩きせがましくいうので、私のほうにも私が書いた例の「対話」によるところが多いのではないかという自惚れの気持がなくはなかったが、しかし、もしかすると彼のいうほうが正しいのかもしれないと思い直して、彼には思いたいように思わせておいた。こういった場合、このようにするのが一般に最善であると私は思っていたからだった。

将校たちは集会を開いて私を連隊長に選んだ。私は今度はそれを引き受けた。中隊の数がいくつあったかはっきり記憶していないが、約一二〇〇名の兵士が堂々とパレードを行ない、真鍮製野砲六門を備えた砲兵隊の一個中隊がそれにつづいた。砲兵隊は一分間に一二発も発砲できるほど大砲のあつかいに熟練していた。私が連隊を閲兵した最初のとき、兵士たちは自宅まで私を送ってきて、玄関の前で私に向かって礼砲の一斉射撃を行なったが、そのすさまじい響きに私の電気実験のガラス器具は棚から落ちて壊れてしまった。そして、私の連隊長という地位もこのガラス器具に劣らず、結局のところ、もろくはかないものだった。というのは、イギリス本国でこの法律が廃案となり、[10]こうした地位もその後すぐ廃止になったからである。

連隊長をやっていた短い期間に起きたことであるが、ある日、ヴァージニア植民地へ出かけようとしていたとき、連隊の将校たちが町のはずれのローワー・フェリーまで私を護衛して行くのが自分たち将校の義務だと思うといってあらわれてきた。私はちょうど馬に乗ろうとしていたときだったが、三〇から四〇名がみんな馬に乗り軍服に身をつつみ、玄関口に押し寄せてきた。このような計画があるとは前もって知らされていなかったが、もし知らされていたら断わっていただろう。私は性格的にどのようなときでも儀式ばったことが嫌いだったからだが、しかし、今回はいまさら断わるわけにもいかず、私は彼らがこのように突然あらわれたことを遺憾に思うしかなかった。そのうえ困ったことに、将校たちは剣を抜き、剣を抜いたまま馬を走らせたのである。その後、だれかがこのことを領主に手紙で知らせたらしく、[11]領主はかんかんに怒った。彼が植民地を訪れたときも、そのような敬意が示されたことが一度もなかったし、彼が任命した総督にもなかったからだった。領主にいわせると、そのような敬意を表してよいのは、君主にたいしてだけだというのだが、私はこういった礼法についてはそのときも、また現在も、無知そのもので、彼がいったことが正しいのかもしれないとは思っている。

だがしかし、このばかばかしい事件によって領主の私にたいする悪意と恨みはますます強まった。領主は、以前から、彼の領地の課税免除にかんする私の言動ゆえに少なからず恨みをいだいていた。たしかに私はこの領主の課税免除には激しく反対し、そのような要求をしてくる領主の卑劣さと不当性を手厳しく非難していた。彼は自分に有利な税徴収の法案が議会で当然通るところだったのに、私が議会での勢力を利用してそれを邪魔し、国王にたいする奉仕のとんでもない支障となっていると、植民地担当大臣に訴えていた。そして、今度の将校たちとのパレードを私が武力で植民地政権を自分の手から奪いとろうとする証拠の一つとしてとり上げたのであった。彼はまた当時郵政長官だったサー・エヴェラード・フォークナー[12]に訴えて私を役職から外そうとしたが、結果的には、サー・エヴェラードから穏やかにたしなめられるだけだった。

総督と植民地議会はたえずいがみあっていたし、私は一議員としてその争いにかかわっていたが、総督と私のあいだには友人としての関係がずっと保たれていた。私たちは個人的に喧嘩したことは一度もなかった。このあとも彼の教書に回答を書いているのは私であるとわかっていたようだが、彼は私個人に怒りを示すようなことはほとんどなかった。それは彼の職業的な習慣からくるものだった。弁護士として教育されていた彼は、自分たちがどちらも訴訟で争っている依頼人の弁護人にすぎない、つまり、彼は領主側を弁護し、私は議会側を弁護しているにすぎないと割り切っていたのだ。それで彼はなにか難問が生じると、まるで友人であるかのように私を訪ねてきて、私の助言をもとめ、ときには、それほど多くはなかったが、私の助言を受け入れていた。私たちはブラドッグ将軍の軍隊に食糧を調達する仕事で協力しあったし、将軍の敗北のショッキングな知らせがとどいたとき、総督は急遽私に使いをよこして、奥地の未開拓地放棄の防止策はどうしたらよいか私の意見を求めた。どのような助言をしたか、いまではははっきり覚えていないが、こんなふうにいったように思う。ダンバー大佐に手紙を送って、できればそのまま開拓地に残って開拓地の防衛にあたるよう説得する。そして、遠征をつづけるのは、植民地からの増援部隊が到着してからにする。私が開拓地からもどると、総督はダンバー大佐と彼の部隊はほかの任務についているので、私がデュケイン要塞攻略のための植民地軍を指揮して遠征に出てほしいというのだった。彼は私をそのために軍司令官に任命したいという。しかし、私自身は総督が思っているほど自分の軍事的才能を評価していなかったし、総督も本心からそうは思っていないように思われるところがあった。おそらく彼は、私が住民のあいだで人気があるので、それを利用すれば徴兵も簡単にできるだろうし、議会でも顔がきくので軍事費を楽に引き出せるのではないかと思ったようだった。しかも、領主の領地には課税せずにできるだろうと思っていたのだ。しかし、私が期待したように応じないのを知って、彼はこの計画を取り下げ、その後まもなく総督を辞任し、デニー大尉[13]が総督になった。

電気実験に成功

この新総督の在任中に私が公共問題ではたした役割の話をするまえに、科学の分野で研究をして名声を獲得するにいたった経緯を少しここで述べておいたほうがよいだろう。

一七四六年、私はボストンへ行っていたが、そこで、スコットランドからやってきたばかりのスペンサー博士[14]という人に会って、いくつか電気にかんする実験をみせてもらった。その実験は彼がまだ実験に慣れていなかったので完璧なものとはいえなかったが、対象がまったく初めてのものだったので私は驚くとともに、ひどく関心をそそられた。フィラデルフィアにもどってからしばらくたったときのこと、私たちの会員制図書館にロンドンのイギリス王立協会会員のピーター・コリンソン氏[15]からガラス管一本と電気実験に使う説明書が贈られてきた。私はここぞとばかりにこの機会をとらえて、ボストンでみてきたばかりの実験を何度もやってみた。そうしてイギリスから送られてきた説明書にある実験がやすやすとできるようになっただけでなく、それ以外多くの新しい実験もやれるようになった。いま何度もやってみたといったが、しばらくのあいだ、私の家はこの新しいふしぎな現象をみにやってきた人たちでいっぱいだった。このわずらわしい訪問者を少し仲間に分担してもらおうと、私はフィラデルフィアのガラス工場に似たようなガラス管を作らせ、それを仲間に分けてやり、最後にはここでもこの実験ができる者が数人できた。

そのなかで、とくに際立っていたのは近くに住んでいたなにかと器用なキナズリー氏[16]で、彼がたまたま失業中だったので、この電気実験を見せ物にして金をとったらどうだろうかと彼に勧め、そのために二篇の説明文まで書いてやった。そこでは前の実験が後につづく実験の理解の助けになるような順序に実験を並べ、その順序に説明文も書いておいた。彼はこの目的のために精密な器具をいくつか手に入れていたが、みると私が自分の手で大雑把に作っていた小さな機械の類いがすべて専門の機械製造業者によってみごとに作られてあった。彼の実験と説明には大ぜいの人が集まり、それをみた人たちはみんな大満足だった。それから間もなくして、彼は方々の植民地を巡回して各植民地の首都で実験を公開し、ちょっとした金を稼いでいたようだが、西インド諸島では全般に空気が湿っていたため実験には困難がともなったとのことだった。

コリンソン氏にはガラス管など実験器具を贈ってもらっていたので、いずれ感謝するつもりだったし、実験の成功も当然知らせなければならないと思っていた。私は実験の結果を報告する手紙を何通か彼に書き送った。彼はこれらの報告の手紙をイギリス王立協会で発表してくれたが、それほど注目すべきものとはみなされず、王立協会の紀要にも掲載されなかった。私はキナズリー氏のために書いた稲妻と電気の同一性を証明した論文を、私の知人で同じく王立協会会員であったミッチェル博士[17]に送ったが、博士からの手紙によると、彼が王立協会で発表したところ、ただ専門家に笑われただけだったという。ところが、その同じ論文をフォザギル博士にみせたところ、彼は、握りつぶすにはもったいない価値のある論文だと判断し、出版するよう助言した。そこでコリンソン氏は『ジェントルマンズ・マガジン』誌のケイヴ編集長[18]にこの論文を載せるよう手渡したが、ケイヴ編集長はむしろ単独のパンフレットで出版したほうがよいと考え、フォザギル博士はそのために序文を書いてくれた。彼は売れると思ったらしいが、その判断は正しかった。パンフレットはあとからとどけた論文を追加して、四つ折判の本に膨れあがり、五度も版を重ね、しかも印税は払う必要がなかったからである。

「フィラデルフィア実験」とノレ師の反論

しかしながら、これらの私の論文がイギリスでひろく注目されるようになったのは、だいぶたってからのことだった。たまたまこの論文集の一部が、フランスだけでなく、ヨーロッパ全土で当然ながら科学者としての名声が行き渡っていたビュフォン伯爵[19]の手に渡った。彼はダリバール氏[20]を説得してこの論文集をフランス語に翻訳し、パリで出版した。これを知って、フランス王室づきの自然科学教師で有能な科学実験の専門家だったノレ師[21]がひどく腹を立てることになった。彼はすでに電気にかんする一つの理論をうち立て、それを発表し、その理論がそのころ一般に普及していたからだった。彼は最初のうちは、そのような研究がアメリカなどから出てきたとはとうてい信じられず、彼の理論を貶めるために彼と敵対しているパリの学者がでっち上げたものに相違ないといっていたが、それまでそんな人間がいるとは信じていなかったフィラデルフィアのフランクリンという人間がたしかにフィラデルフィアにいることを知らされた。そこで彼は一冊の本になるほど多くの手紙を書いて、それを出版した。その手紙は主として私にあてたもので、自分の理論を擁護し私の実験とその実験から導き出された結論を否定するものとなっていた。

私はいったんはノレ師に返答するつもりで、手紙を書きはじめたが、よくよく考えてみると、私の論文は実験の結果を報告しているだけで、それはくりかえし実験することによって確認できるものであった。そして、もし確認できなければ、いくら擁護してもはじまらないし、実験の結果も推定として提出しているだけで、独断的に述べているわけではないので、私にはなにも弁護する義務などないように思われた。それに違った二ヵ国語で書かれた論争だと、誤訳やそこから生じるおたがいの誤解などによって、いたずらに長引くことになりかねないし、現にノレ師からの手紙の一通などは、大部分が翻訳の誤りにもとづいていたので、発表した論文は自然のなりゆきにまかせることにした。それに、公務で思うように自由な時間がとれないときでもあったので、すでに発表した実験結果についてあれこれ議論するよりは、新しい実験にもっと時間をかけるほうが賢明だと判断し、ノレ師にはまったく返事をしなかった。結果的にも、返事をしなかったことを悔やむようなことにはならなかった。というのは、私の友人でフランス王立学術協会の会員だったル・ロワ氏[22]が私の説を支持して、ノレ師に反論してくれたからだった。私の著書はイタリア語、ドイツ語、ラテン語に翻訳され、それによって私が主張した理論はしだいにノレ師の理論にかわってヨーロッパの学者たちが全面的に受けいれるようになり、ノレ師の説を支持する者は彼の直接の教え子のB氏を除くと、最後は彼一人になってしまった。

私の著書が突然世間で話題を呼ぶようになったのは、それ以上に、ダリバール氏とドゥロル氏[23]の二人が、雲のなかから稲妻をとり出すために私が著書のなかで提案した実験をマルリ[24]で行なってみごとに成功したことによってであった。この成功で全国的にフランス国民の注意がこの実験に向けられた。実験物理学の実験装置一式を所有してこの分野で講演旅行をやっていたドゥロル氏はこの実験を「フィラデルフィア実験」と名づけ、くりかえし行なっていたが、宮廷で国王の前でその実験を披露してからは、パリの物見高い人びとは彼の実験を一目みようと押しかけてくるようになった。この驚くべき実験についての話や、その後フィラデルフィアで凧を使って同じような実験をし、それがみごとに成功し、私自身、限りない喜びを味わったという話などをして、この自伝をいたずらに膨らませることはやめにしよう。両方とも電気学の発達史に出ているからだ[25]。

稲妻実験でイギリス王立協会から金メダル

イギリスの医者で、当時パリに滞在していたライト博士[26]はイギリス王立協会の会員である友人の一人に手紙を書いて、私の電気の実験がいかに海外の学者間で高い評価を受けているか、それに比べると、イギリスでは私の研究がほとんど注目されていないことに海外の学者がふしぎがっている、といったことをつたえた。これを受けて王立協会は以前そこで発表された私の研究報告の再審査を行なうことを決議し、著名なウォトソン博士(27)がその報告とその後同じ問題について私がイギリスに送ったすべての報告の要約を作り、それに私にたいする賞賛の言葉をそえてくれた。この要約は王立協会の紀要に掲載され、ロンドン在住の数人の会員、とりわけ器用さで知られたキャントン氏(28)が、雲のなかから先の尖った金属棒で稲妻をとり出すことを実験で確かめ、その成功を報告したので、王立協会はただちに過去において私を軽くあしらい、私の実験を無視していたことにたいし十分すぎるほどの償いをしてくれた。私から会員の申請をしたわけでもなかったのに、王立協会は私を会員に推挙するとともに、(29)通例の年会費の支払いをも免除してくれたのである。会費は払いつづけていたら、二五ギニーに達していただろう。また紀要(30)もずっと無料で送ってくれている。そして、一七五三年度の「サー・ゴッドフリー・コプリー記念金メダル」を私に授与することを決定し、授与にあたっては王立協会会長のマックルズフィールド卿(31)がたいへん心のこもった祝辞を述べてくれた。私はこれをこのうえなく名誉なことだと思った。

(1) モリス総督がこの修正を求めたのは一七五五年十一月十七日のこと。

(2)「ペンシルヴェニアの現状についてのXとYとZとの間の対話」と題された論文で、最初『ペンシルヴェニア・ガゼット』紙（一七五五年十二月十八日）に掲載され、つづいて『ジェントルマンズ・マガジン』誌（一七五六年三月）に再録された。
(3)ウィリアム・フランクリンはキング・ジョージ戦争中（一七四六―四七）、カナダ軍に対するイギリス植民地軍に少尉として参加し、オールバニーに滞在した。
(4)現在のペンシルヴェニア州ワイスポートにあった村。ベスレヘムから北西二〇マイル。一七五五年十一月二十四日インディアンに襲撃され、さらに、翌一七五六年一月一日、ここに駐屯していた植民地軍が再度襲撃を受けた。
(5)オーガスタス・ゴットリーブ・スパンゲンバーグ（一七〇四―九二）。ドイツ生まれのモラヴィア派の主教。一七三五―六二年、アメリカに滞在し、植民地の同派の指導にあたるとともに、植民地の布教状況をヨーロッパに報告した。
(6)ペンシルヴェニア植民地のデラウェア川上流地域のインディアンによる呼び名。
(7)チャールズ・クリントン・ビーティ（一七一五ころ―七二）。「ニュー・ライト」長老会派の牧師。デュケイン遠征軍の従軍牧師。ニュージャージー大学（現プリンストン大学）創立に関係し、募金集めにイギリス、西インド諸島を旅行。インディアンをイスラエルの一〇部族の子孫であるとか、コロンブス以前にアメリカを発見したというウェールズの伝説的な王子マドックの後裔であるとか、奇抜な説で会衆の心を引きつけた。それだからこそ、フランクリンの提案に応じたのであろう。
(8)容量の単位。四分の一パイント。
(9)ウィリアム・クラパム（?―一七六三）。インディアン討伐で有名なニューイングランドの軍人。

フランクリンの推薦で要塞の指揮官となったが、酒飲みで問題を起こし解任された。除隊後ピッツバーグの近くに住んでいたが、インディアンの襲撃を受け、頭皮を剝がれた。

(10) この事件は一七五六年二月二十八日のこと。領主は植民地自衛軍の強化に危険を感じて、同年十月、自衛軍設置法を廃案にした。

(11) リチャード・ピーターズ（二五七ページ注参照）が、領主トマス・ペンにフランクリンが王室の一員であるかのように振る舞っていると報告。

(12) 一六八四―一七五八。イギリスの商人、行政官。一七四五年、郵政長官。ヴォルテールの友人で、イギリス滞在の長かった彼はロンドンのフォークナー邸に滞在していた。

(13) ウィリアム・デニー（一七〇九―六五）。イギリスの軍人。一七五六年、ペンシルヴェニア植民地総督に任命された。三四五ページで、植民地にきたときの様子が描かれているが、実際は、経済的な理由から厄介な総督を引き受けただけで、行政能力に欠け、植民地のあり方にも定見がなく、領主の訓令に拘束され、その一方で、給料を頼っている植民地議会にもいい顔をみせようとして、双方の不信を招くことになった。最後は、密輸業者からの収賄の疑いで、わずか三年で解任されたが、イギリス帰国後、植民地で稼いだ金で裕福に暮らしたという。

(14) 二八四ページ注（5）参照。

(15) 一六九四―一七六八。イギリスのクエーカー教徒の商人。自然科学にも造詣が深く、ことに植物学者としてリンネや、アメリカのジョン・バートラムと親交があった。王立協会会員。フランクリンの生涯で最も重要な知人の一人。フィラデルフィア図書館の図書選定に助言をし、フランクリンの電気に関する実験観察の報告書を出版（一七五一）。

(16)エベニーザー・キナズリー（一七一一—七八）。バプティストの牧師。フィラデルフィア高等学院の教師。フランクリンの指導に従って、電気実験の実演をしてみせた。

(17)ジョン・ミッチェル（?—一七六六）。イギリスの医者、博物学者、地図製作者、王立協会会員。一七二〇年ころ、ヴァージニア植民地に来て、その後、各植民地をひろく旅行して、当時最も信頼できるとされた地図を作成した（一七五五）。

(18)エドワード・ケイヴ（一六九一—一七五四）。イギリスの印刷・出版業者、ジャーナリスト。『ジェントルマンズ・マガジン』を発行。アメリカに関する論文や、科学論文を積極的に掲載した。フランクリンの電気に関する論文集も出版。

(19)ジョルジュ＝ルイ・ルクレール・ド・ビュフォン（一七〇七—八八）。フランスの著名な博物学者、思想家。三六巻の『博物誌』（一七八四—八九）で知られる。ニュートンの著作も翻訳。アメリカの多湿な風土は人間を含め動植物を退化、矮小化するという理論を主張し、『ヴァージニア覚え書』でジェファソンの反駁を招いた。

(20)トマ＝フランソワ・ダリバール（一七〇三—九九）。フランスの物理学者、植物学者。フランクリンの電気関係の著書を仏訳し、稲妻と電気の同一性を実験で証明。フランクリンは、一七六七年、彼とパリで会っている。

(21)ジャン＝アントワヌ・ノレ（一七〇〇—七〇）。フランスの代表的な自然科学者。フランス王立学術協会会長、フランス皇太子の個人教師。彼の『実験物理学講義』（一七四三）が、当時、この方面の最も権威あるものとされていた。

(22)ジャン＝バティスト・ル・ロワ（一七二〇—一八〇〇）。フランスの物理学者。発電機、避雷針、液体比重計など、実用的な装置を発明した。フランクリンは、パリ滞在中の一七六七年に彼と会って、親交を結び、一七七三年には彼をアメリカ学術協会の会員に推薦した。

(23) フランスの自然学者。生没年、名前など、伝記的な詳細は不詳。ソルボンヌ大学でダリバールの指導を受けたという。

(24) パリから一八マイルのところにある村。

(25) たとえば、酸素の発見者として知られるイギリスの化学者ジョーゼフ・プリーストリーの「電気の歴史と現状」(一七六七)に、フランクリンからの直接の情報に基づくと思われるこの実験の記述があるが、彼自身がこの実験の報告書を公表していないことから、彼の生涯のハイライトとなるこの発見を疑問視する研究者もいる。

(26) エドワード・ライト(?—一七六一)。スコットランド生まれのイギリスの医者。顕微鏡に関心をもっていた。ノアの大洪水を歴史的事実として証明しようとしたという。

(27) ウィリアム・ウォトソン(一七一五—八七)。イギリスの自然科学者、博物学者。王立協会の会員。電気に関して先駆的な実験を行なっていた。

(28) ジョン・キャントン(一七一八—七二)。イギリスの自然科学者、学校教師。王立協会の会員。電気現象に興味をいだき、フランクリンの稲妻=電気説を早くから支持していた。

(29) 一七五六年五月のこと。王立協会の会員となるには、最小限三名の会員の推薦状を添えて自分で出願することになっていたが、フランクリンは自分で申請していないので、異例のことだった。

(30) 一六五四ころ—一七〇九。イギリス国会議員。準男爵。自然科学に興味をもっていたが、彼自身は学者でなく、サー・ハンス・スローン(一一七ページ注参照)と親しく、稀覯本や古い原稿の蒐集で知られた。没後、彼の寄附金一〇〇ポンドを基金に、毎年一名ずつ科学の進歩に貢献した学者に授与する「記念金メダル」が設置された。

(31) マックルズフィールド伯ジョージ・パーカー(一六九七—一七六四)。イギリスの天文学者、数学者。王立協会会長(一七五二—六四)。

第十二章　植民地代表として再びイギリスへ

デニー新総督と領主の訓令

植民地の新しい総督になったデニー大尉(1)は、いま述べたイギリス王立協会からの金メダルをあずかってきて、市が主催して行なった彼の歓迎会の席上で渡してくれた。彼は、私の名声を前々から聞きおよんでいて、私に尊敬の気持をいだいていたので、このさいそれを述べさせてほしいと、えらく丁重な挨拶をするのであった。食事のあと、一同がその当時の習慣に従って談笑しながら酒を飲んでいると、彼は私を別室に誘って、イギリスにいる友人たちに、ぜひとも私と親交を結ぶよう勧められてきたと打ちあけた。彼は政務を円滑に行なうさい、私が最善の助言をあたえるとともに、もっとも効果的に協力してくれる人間だと聞かされてきたのだった。それで、なによりも私とは十分連絡をとって誤解のないようにやってゆきたいと思っている、そして、自分はあらゆる場合に、自分の力でできるすべてのことを私のためにするつもりだから、その点自分をあてにしてほしい、といった。

彼はこのほか領主がこの植民地に好意を寄せていることや、このところ長期間にわたってつづいている領主の政策に反対する住民の運動がおさまり、領主と植民地の住民とのあいだに和解が成立したら、すべての住民にとって、とりわけ私にとって有利な結果になるだろう、そしてまた、その和解を実現させるためには、私がだれよりも役に立つ人間であると一般に思われているので、そのために一肌ぬいでくれれば、それにみあった謝礼は間違いなくだしてもらえるだろう、そんなことをさかんに話したのである。酒を飲んでいた人たちは、私たち二人がすぐには食卓にもどっていかなかったので、マデーラ酒を一本とどけてよこしたが、総督のほうはそれをさかんに飲み、飲めば飲むほどいよいよくどく、自分の願いごとや約束ごとをならべたてるのだった。

私はこれにたいして、次のように答えた。私はいま恵み深い神のおかげで、領主からとくべつ引立ててもらわなくともやっていける立場にあるし、また植民地議会の一員であるから、領主の引立てに応じることはとてもできないことである。しかし、なにも領主に個人的な恨みをもっているわけではないから、領主が提案する公共の政策が住民の利益になると思われたら、いつだって私自身、その法案をほかのだれよりも熱心に支持し推進するだろう、そしてまた、過去において領主に反対してきたが、それはこれまで賛成するようにいわれた法案が明白に領主の利益をはかることばかり考えたもので、住民の利益がそれによって大きくそこなわれると判断したからだったのだ。しかしそれはそれとして、総督が私に敬意を表してくれたことはまことに感謝にたえないところで、私としても、総督がその任務をできるかぎり円滑にやっていけるように全面的に協力するつもりであるから、あてにしていてけっこうである。しかし同時に、彼の前任者のモリス総督の足手まといになったあの不幸な訓令と同じものをまたたずさえてきていないことを希望する、そういったことを彼につたえたのだった。

総督はこの最後の点にかんして、そのとき、はっきりとした返事はしなかった。ところが、このあと植民地議会と交渉の段階に入ると、またしても例の訓令にもとづく法案をもち出し、議論をむしかえすのだった。そこで私は前のときと同様、まず最初、領主の訓令の通達をもとめる要求文、ついでこの訓令にたいする批判文の執筆者になって、積極的に反対運動を行なった。これらの文章はそのときの議事録と、のちに私が出版した『歴史的概観』[2]のなかに載っているのではないかと思う。

しかし、私と総督のあいだには、個人的な敵対感情はぜんぜんなく、私たち二人はいっしょに時を過ごすことも多かった。彼は学識をもち、世間をひろくみているし、談話の相手としてなかなか愉快で楽しい人間だった。私のかっての友人であるジェイムズ・ラルフがまだ生きていることをはじめて教えてくれたのも彼だった。それによると、ラルフはイギリスで一流の政治評論家の一人として重きをなしており、また皇太子フレデリックと国王との争い[3]のさいの活躍で、年金三〇〇ポンドを受けているとのことだった。また詩人としての彼の評判は、ポープが『愚物列伝』[4]のなかで彼の詩をくそみそにやっつけたために実際大したことはなかったが、彼の散文は、他人の追随を許さぬりっぱなものとみなされていた。

優柔不断なラウドン卿

いよいよ最後に植民地議会は領主たちが住民の権利だけでなく、国王にたいする忠勤とも相いれない訓令[5]によって、あくまでも頑迷に自分たちの代理人である総督を拘束しようとしていることを知って、これに反対するため国王に直接請願する決議を行ない、私を代表に任命してイギリスに派遣し、請願書を提出し、その請願書の擁護にあたらせることにした。これに先だって植民地議会は、総額六万ポンドを国王のご用金として支出することを認めた法案を総督に送付してあったにもかかわらず〔このうち一万ポンドは当時の軍司令官ラウドン卿[6]が自分の裁量で自由に使えることになっていた〕、総督は領主からの訓令に従い、断固としてこの法案の通過を拒絶していたのだ。

私はニューヨークに停泊していた郵便船のモリス船長と渡航のための約束をして、食糧品などをすでに船中にもちこんでいたが、そのときになって、ラウドン卿が私に語った彼自身の言葉によると、国王にたいする忠勤が総督と植民地議会との争いのためにさまたげられるようになってはいけないので、自分が両者のあいだに入って調停しようと、フィラデルフィアにわざわざやってきたのだった。

調停のためにラウドン卿は双方のいい分を聞こうと、総督と私に会見を申しこんできた。私たちは集まって、問題の法案について話しあった。私は植民地議会を弁護して、当時の公報に掲載されている論点を一つ残らずあげて強硬にこちらの立場を主張した。そうした議論はもともと私が書いたもので、植民地議会の議事録とともに印刷してあったのだ。総督はまた総督で、領主の訓令のことや自分がその訓令を守るという誓約をしてあること、したがって、その約束にそむけば身の破滅を招く結果になることなどをあげて弁解したが、それにもかかわらず、もしラウドン卿がそうするよう勧めたら、自分の首をかけてやってみてもいいような様子だった。

しかし、ラウドン卿はついにそうした勧告をしようとしなかった。私は自分の説得によって彼がそうしてくれるのではないかと一度は考えたほどだったが、結局最後は、逆に植民地議会の側に譲歩をうながしてきた。彼は植民地議会を譲歩させるため議員たちの説得に一肌ぬいでくれないかと頼みこむとともに、自分としては、国境防衛のために国王の軍隊を派遣する労を惜しむつもりはないが、しかし同時に、私たちがいままでどおりに防衛の費用を自分たちで負担するのでなければ、国境は外敵にさらしたまま放置するほかないだろうと宣言するのだった。

私は会見の経過内容を植民地議会に報告し、いくつかの決議文を起草し、提出した。そしてそのなかで、私は私たち住民の権利をはっきりと宣言するとともに、私たちがこの権利にたいする自分たちの主張を決して放棄したわけではなく、今回にかぎって〝強権発動〟のためその権利行使を一時みあわせたにすぎないこと、そしてまた、私たちはこういった強権発動にあくまでも抗議するものであることを言明したのである。それで植民地議会もついに先の法案を廃案にして、領主の訓令に抵触することのない法案を新しくつくることに同意した。総督はもちろんこの新法案を可決し、ここでようやく私は渡航できるようになった。ところが、こんなことをしているうちに、例の郵便船は私の食糧品などを積んだまま、すでに出港していたので、私はたいへんな損害をこうむることになった。それればかりか私がこの一件で報酬として受けとったものは、ただラウドン卿からの慰労の言葉だけで、調停の功績はすべてラウドン卿の努力によるものとされてしまった。

ラウドン卿は私より一足先にニューヨークへ出発した。そして郵便船の出帆の日時は、彼が自由に決定できることになっており、またそのときニューヨークに二艘の郵便船が停泊中で、そのうちの一艘は、彼の話によれば、すぐ出帆するとのことだったので、一足ちがいで乗り遅れてはいけないと思い、私は出港の正確な時間を知らせてくれるよう彼に頼んでおいた。彼からの返事によると、「船は今度の土曜日に出帆すると公式には発表してあるが、あなただから申し上げるけれど、月曜日の朝までにおいで願えれば間にあうことになっている。しかしそれ以上は遅れないようにしていただきたい」とのことだった。

旅行中に渡船場の連絡船に思いがけない事故があったため、私が着いたのは月曜日の昼すぎだった。そしてまた、その日は出帆に好都合な風向きだったので、私は船がもう出港してしまったのではないかと、ずいぶん心配したが、やがて船がまだ港内にいて、翌日までは出ないという知らせを受けて、一安心した。これでいよいよ私もヨーロッパにむけて出発することになったと思わない人はいないだろう。私自身がそう思っていた。ところが、その当時、私はラウドン卿がどういう性格の人間であるかあまりよく知っていなかったが、彼には〝優柔不断〟というどうしようもない特徴があったのである。そういった例をいくつかあげてみることにしよう。

私がニューヨークへ来たのは、四月のはじめごろだったが、私たちの船が港を出たのは六月も末近いころだった。最初、郵便船が二艘すでに長期間、港内に停泊していたが、両船とも、いつも明日はできあがるというラウドン将軍の手紙のため出港できないでいた。このあと、郵便船がまた一艘到着したが、これもまた足止めになった。そして私たちが出発しないうちに、四艘目が到着することになっていた。私たちの船はこの港にいちばん長く停泊していたので、いちばん先に出港するはずだったが、ほかの船もすべて乗客は予約ずみで、一部の乗客は早く出発してもらいたくて、ずいぶんいらだっていた。それに商人たちは自分たちの手紙や、保険〔戦争中だった〕と秋荷のために出した指令のことで落ちついてはいられなかった。しかし、いくら心配したところでどうにもしようがなかった。というのは、ラウドン卿の手紙がいっこうできてこなかったからである。しかしながら、このラウドン卿はだれが訪ねていっても、必ずペンを握って机に向かっていたため、人びとはどうしても書かなければならない手紙を山ほどかかえこんでいるのだろうと思っていた。

私もある朝、彼に敬意を表するため出かけたが、将軍の控え室でフィラデルフィアからやってきたイニス[7]という使いの者に出あった。彼はデニー総督から将軍にあてた書類をとどけるため、わざわざやってきたのだった。彼はフィラデルフィアにいる私の友人からも手紙を何通かあずかってきていて、それを渡してくれたので、私は彼に手紙の返事をもっていってもらおうと考え、彼の帰る日の予定と宿泊している場所をたずねた。すると彼は、明日の朝九時に、総督あての将軍の返事を受けとりにくるよう命令されているので、返事を受けとりしだいすぐ出発する予定にしているとのことだった。私はその日のうちに返事を彼に渡した。

ところが、二週間後のある日、私はまたも同じ場所でこのイニスに出あったのである。「おやおや、イニス君、また出かけて来たのかい」「出かけて来たですって? とんでもございません。まだ帰ってさえいないのですよ」「それはまたどういうわけだね」「いや、この二週間というもの、私は、毎朝毎朝、いわれたとおり、将軍の手紙をいただきにこちらへ参っているわけですが、いまだにその手紙ができないというわけです」「そんなばかなことないだろう。将軍はずいぶん筆まめなお方だし、しょっちゅう机に向かっておられるじゃないか」「それはそうかもしれませんが、あの将軍は看板にかいてあるセント・ジョージ[8]のようなお方なのです。いつも馬にまたがっておられるが、絶対に走り出すことをしないのです」。

この使いの者のこういった観察はそれなりの根拠があったようである。というのは、ピット氏[9]がこの将軍を解任し、かわりにアマーストおよびウルフの両将軍[10]を派遣することにした一つの理由が、私がイギリスで聞いたところによると、ラウドン将軍からまったく報告がとどかないので、いったい彼がなにをやっているのか、ピット首相自身わからなかったためだというからである。

このように来る日も来る日も、出港を待っているうちに、郵便船が三艘ともサンディー・フック[11]へ移り、そこに停泊していた艦隊に合流したので、乗客たちは、突然出港の命令が出て船が出帆し、あとにとり残されるようなことになってはかなわないものだから、船に乗っているのがいちばん安全だろうと考え、船に集まってきた。私たちは、記憶に間違いがなければ、約六週間を船上で暮らし、航海用の食糧をおおかた食べつくしてしまって、さらに買い足さなければならなかった。そして最後に艦隊が、将軍以下、全軍を乗せてルイスバーグに向かって動きだした。ルイスバーグの要塞を包囲して占領するつもりだったのだ。郵便船は三艘とも、将軍の急を要する公文書がいつできあがっても受けとれる態勢をとって、将軍の船のすぐ近くに控えているよう命じられた。

私たちの船は、海上を動きだしてから五日間も待たされたあと、ようやく出発する許可を一通の手紙とともに受けとり、艦隊をはなれてイギリスへ向かうことになった。将軍はなお残りの二艘を手ばなさず、自分とともにハリファックス[12]まで連れていった。そして将軍はこのハリファックスに短期間滞在して、部下たちに仮想の要塞にたいする攻撃の演習をやらせていたが、このあと、ルイスバーグ包囲の決心をひるがえし、部下の全軍とともに、前に述べた二艘の郵便船と乗っている船客全員を引きつれて、また、ニューヨークへ帰ることにしたのだ。しかも、この将軍の留守中に、フランス軍とインディアンたちはニューヨーク植民地の辺境にあるジョージ要塞[13]を占領したばかりでなく、インディアンたちは降伏した守備隊の多くの者を虐殺していたのだった。

私はこのあとロンドンで、この郵便船の一艘の船長であったボネル船長に出あったが、彼が私にしてくれた話によると、一ヵ月間、港に足止めされているあいだに、ひどく海草や貝がらが船の底に付着して、郵便船にとっていちばん大切な船の速度が落ちざるをえないほどになったので、将軍にそのことを伝え、船を傾けて船底をきれいに掃除する時間を認めてほしいと願い出たところ、それにはどのくらい時間が必要であるかと聞くので、三日はほしいと答えたそうだが、将軍は、「一日でできるというのであれば許可するが、そうでなければ許可するわけにはいかない。明後日、必ず出港することにしてあるからだ」といったそうである。それでボネル船長はそのまま引きさがって許可をもらわなかったが、このあと、彼は一日一日と待たされて、結局三ヵ月間まるまる引きとめられたのであった。

私はまた同じくロンドンで、ボネル船長の船に乗っていた乗客の一人に出あったが、この人は将軍があんなに長いあいだ自分たちをだましてニューヨークに引きとめたばかりか、ハリファックスにまで引っぱっていったあげく、もう一度、ニューヨークへ連れもどしたことを、ひどく憤慨し、絶対に損害賠償で将軍を訴えるといきまいていた。彼がほんとうに訴訟を起こしたかどうか、私は聞いていないが、彼がこうむったという商売上の損害は、じつに莫大なものだったようだ。

一般的にいって、どうしてこのような男が大軍の指揮をとるといった、これほど重要な任務をまかされることになったのか、ふしぎでならなかったが、私もこのあとさらに広い世間をみて、社会的な地位を手に入れる手段や、それをあたえる者の動機を知り、そういった事柄にいちいち驚かないようになった。

ブラドッグ将軍の死にともなって、軍の指揮を引きつぐことになったシャーリー将軍[14]が、その後もずっと指揮官の地位にとどまっていたら、一七五七年のラウドン将軍の作戦よりずっと上手な戦争を展開していただろうと私は考えている。というのは、ラウドン将軍の戦争のやり方は、軽率で費用ばかりかかり、しかもわが国の名誉を想像を絶するほど傷つけていたのにたいし、シャーリー将軍のほうは、職業軍人でこそなかったが、良識のある聡明な人で、ほかの人の有益な忠告に耳をかたむけるし、慎重に計画をたてる能力をもつとともに、いったんたてた計画は、敏速かつ徹底的に実行したからである。ラウドン将軍は大軍を率いていながら、植民地を防衛するどころか、ハリファックスでのんびり演習などやって、そのあいだに植民地をまったく無防備な状態にしておくことをしたので、その結果、ジョージ要塞が敵の手に奪われてしまったのである。そのうえ彼は、長期間にわたって食糧品の輸出を禁止して、私たち住民の商業上の活動を混乱におとしいれ、私たちの貿易に被害をあたえたのだった。禁止した表向きの理由は、敵に兵糧を奪われないようにするためということだったが、実際は、軍関係の契約者たちの利益のために食糧品の価格を下落させようという狙いがあったのであり、ただの邪推かもしれないが、将軍がその利益の一部を受けとっているとの噂もあった。そして、ようやくこの輸出禁止を解くことにしたさいも、チャールズタウン⑮へ通知するのを怠っていたため、カロライナの船隊はさらに三ヵ月近くも港内に足止めされ、そのために船底を虫にひどく食いあらされて、大部分の船はイギリスへ帰る途中、浸水して沈没するという結果になった。

シャーリー氏は指揮官というわずらわしい任務から解放されて、心からうれしく思ったことだろう。軍事に通じていない人間にとって軍隊の指揮にあたることほど、わずらわしいことはないからである。ラウドン卿が指揮官の地位を引きついだとき、ニューヨーク市が主催して開いた彼の祝賀会に私は出席した。シャーリー氏もこの日かぎりで解任されるわけだが、やはりその祝賀会に姿をみせていた。その日は、将校や市民、それにほかの地方の人びとも大ぜい集まってきたので、近所から椅子をいくつか借りてくることになったが、その借りてきた椅子のなかに一つだけめだって低い椅子があり、それがたまたまシャーリー氏にあたった。私は彼の隣にすわっていたので、このことに気がつき、「これはまた、ずいぶん低い椅子をあてがわれたものですね」といったが、シャーリー氏のほうは、「なに、かまいませんよ、フランクリンさん。〝低い椅子〟ほどすわり心地のよいものはありませんからね」と答えるのだった。

すでに述べたように、ニューヨークで待たされているあいだに、私はブラドッグ将軍に納めた食糧品などの勘定書を全部とりそろえることができた。私はこの仕事をやるために何人か人を雇って手伝ってもらっていたので、これより早く勘定書をすべて揃えるわけにはゆかなかったのだ。そこでこの勘定書をラウドン卿に提出して、残額の支払いを要求し、彼のほうも、規則に従って担当の係官にその勘定書を調べるよう命じた。係官はいちいち受領証と品物を対照したのちに、勘定書のとおりで残額を支払わなければならないことを確認したので、ラウドン卿は支払いの命令書を主計官に出すという約束をした。

ところが、この約束がいつまでものびのびになるのだった。私は彼と日時を約束してたびたび受けとりに出かけたが、彼は命令書を渡してくれなかった。そして最後に、私がいよいよ出発するというときになって、彼は考え直した結果、自分の会計と前任者の会計を混同しないことにきめたというのである。「だから」と彼はいった、「君はイギリスに到着したら、財務省へ行って勘定書をみせるだけでけっこう。その場で払ってもらえるだろう」。

私はニューヨークでこんなに長く待たされたため、思いがけない費用がひどくかかったことを理由にあげて、いますぐ払ってほしいと頼んでみたが、なんの効果もなかった。そこで私は手数料もとらずに協力したのだから、こちらが立てかえた金を払ってもらうのに、これ以上面倒なことになったり、のばされたりしたのではまったく割りがあわないではないか、といってやったが、彼は彼で、「なにをいってるんだ。自分は儲けてないなどといったら、それを信用するとでも思ってるのかい。こういうことは、俺たちがだれよりもよく知ってるのさ。軍隊に品物を納める仕事をやってる連中は、だれだって、やがて自分のふところを肥やす方法をみつけるものなのさ」という。私は自分の場合にかぎってそんなことはない、びた一文だって自分のふところに入れていない、と断言したが、彼は明らかに私のいうことなど頭から信じない様子だった。それにまた、私自身、のちになって、たしかにこういった仕事で莫大な財産をつくる人間が大ぜいいることを知った。結局、私はこの残額を今日にいたるまで受けとっていないが、これについては、いずれまた述べることがあるだろう。

科学と実験の新時代

私たちの乗った郵便船の船長は、出帆するまえから、自分の船の速度が速いということを、さかんに自慢していた。ところが、いざ海へ出てみると、あいにくなことに、九六枚も帆を張っている船にしては、極端なほど速度がでないので、船長はずいぶん口惜《くや》しがっていた。私たちの船と似たりよったりで、速度のでない船がもう一艘近くを進んでいたが、それすら私たちを追いこしていった。それをみて、船長はいろいろ原因を考えていたが、そのうち乗船者全員に船尾のほうに集まって、できるだけ船の旗竿《はたざお》の近くに立ってみるようにと命じた。船には私たち乗客を含めて、およそ四〇人が乗っていたが、その全員が命じられた場所に立つと、船は速力をとりもどし、やがて先ほど追いこしていった船をずっと後方に引きはなした。こうして船長が想像したとおり、船首の部分に積みこみすぎた荷物が原因であることがはっきりしたのだった。水をいれた樽が全都船首のほうに積んであったようで、船長はその樽をずっと船尾へ移すよう命令した。すると、このあと私たちの船は、本来の性能をとりもどし、船隊のなかでもっとも船足の速い船になった。

船長によると、この船はかつて一三ノット、つまり一時間に一三マイルの速度で航海したことがあったそうである。ところが私たちの船に乗客として乗っていたイギリス海軍のケネディ大佐⑯が、船長のこの話に反対して、そんなことは不可能だし、今までそんな速度で走った船は聞いたこともない、だから、それはきっと測程索の目盛りになにか誤りがあったか、測程器の使用に手違いがあってそうなったのだろうといいだした。そこで二人は賭をして、風が十分ある日に決着をつけることになった。ケネディ大佐は船の測程索を厳密に点検し、間違いのないことを確かめたうえで、自分自身が測程器を使って計測することにした。約束どおり、数日後追い風が強く吹いている日に、郵便船の船長ラトウィッジ[17]が、間違いなく今日は一三ノットで走っているというので、ケネディ大佐は測定し、その結果、賭に敗れたことを自分で認めた。

こうした事実を私が述べたのは、次のような観察を述べたかったからである。新造船というものは一度実際に走らせてみないかぎり、船足が速いかどうかわからないと、いままで一般にいわれ、これが造船の技術の一つの欠陥とみなされている。これは、快速船の設計図どおり正確に新しい船を建造しても、いざ走らせてみると、船足が逆にひどくおそい船ができることがあるからであるが、しかし、私は船の積荷や艤装《ぎそう》や操縦の方法にかんして船員たちの考え方がそれぞれ異なっているため、一つには、そういう結果が生まれるのではないかと考えている。船員たちはそれぞれ独自のやり方をもっているので、同じ船でも、ある一人の船長の判断と命令で積荷をした場合は、もう一人の船長の場合より船足が速くなることもあれば、おそくなることもあるのだ。それに加えて、一人の人間が一艘の船の設計と、艤装と、操縦を担当するということはほとんどないことで、たいていの場合は船体をつくる人、艤装を受けもつ人、それに積荷と航海を担当する人はそれぞれ違っているし、また、そのなかにはほかの人たちの考え方と経験の全部に通じているといった恵まれた立場にたつ者が一人もいないので、だれ一人として全体を総合することによって、正しい結論を引きだすことができないのである。

私の観察の経験によると、航海中の帆の操作といった単純なことがらにおいてすら、風は同じでも当直の指揮にあたる上級船員がかわるたびに、つぎつぎと違った判断が下されていくことが多くある。帆のしぼり方や広げ方は人によってさまざまなので、船員たちが規準とする一定の規則をもっているとはとても思えない。だがしかし、私は、まず第一に、快速の航行のためにもっとも適した船体の形について、次にマストのもっとも適当な大きさと位置について、ついで帆の型と数と風向きにたいする角度について、そして最後に、積荷の位置について一連の実験を行ない、結論を出したらいいのではないかと考えている。今日《こんにち》は実験の時代である。だから、そういった一連の実験を正確に行ない、その結果を総合すれば、大きな利益があがることだろう。それゆえに私は、近い将来、だれかすぐれた学者がそういった実験を行なってくれるだろうと確信しているし、その人が成功するよう心から祈っている。

航海中の危険

私たちは数度にわたり航海中敵船に追跡されたが、そのつど、全力疾走して難をのがれ、三〇日で測鉛がとどくところにまでたどりついた。船長は慎重に私たちの位置を測定したところ、目的地のファルマス港⑱のすぐ近くまで来ていたので、夜のうちに全力疾走しておけば、明日の明け方にはファルマス港の入口あたりまで行けるものと判断した。それにまた、夜のあいだに航海すれば、イギリス海峡の入口近くにたびたび出没している敵の私掠船の目をのがれることもできるのではないかと考えたのだ。こうして私たちの船は帆を全部張れるだけ張った。その夜は風が非常に強い追い風だったので、私たちはその風にのってぐんぐん進んだ。

船長は船の位置を測定したあと、シリー群島[19]の暗礁を遠くさけて通れると思う方向に進路を定めた。しかし、セント・ジョージ海峡[20]にははげしい潮の流れが北に向かって流れることがよくあって、このために船乗りたちはまどわされるのである。サー・クラウズリー・シャヴェル[21]の艦隊が遭難したのもこのためであった。そして私たちに起こった災難も、おそらくはこの潮流が原因だったのではないかと思っている。

私たちの船の船首には、見はり番が一人配置されていた。そして船員たちは、この男に向かって何度も「前方をよく見はっているんだぞ」と声をかけ、そのつどその男は、「わかってる、わかってる」と答えていた。しかし、こういった連中はときどき機械的に返事をすることがあるといわれているように、このときも、どうやら目をつぶって半分眠っていたらしいのである。というのは、灯台が私たちの真正面にあったのに気づかなかったからだ。しかもその灯台は補助帆のかげになっていて、舵《かじ》をとっている男も、ほかの見はりの者たちもみつけることができない位置にあった。ところがたまたま船が大きくゆれたため、灯台が目にとびこんできたわけだが、そのときはもう、それこそ目と鼻の先にまで灯台が迫っていたので、たいへんな騒ぎになった。私にはその灯台の光が車の輪くらいの大きさにみえたものだった。

真夜中のことで、船長はぐっすり眠っていた。しかし、ケネディ大佐がすぐ甲板にとび出してきて、危険が迫っていることをみてとるや、帆は全部張ったまま、船を下手まわしにする命令を下した。このやり方はマストをいためる危険な操作であったが、ともかく、この処置で私たちは衝突せずにそこを通過し、難船をまぬがれたのだった。私たちの船は灯台がたっている岩礁へ文字どおりまっすぐ乗り上げるところだったのだ。こうして危険をまぬがれたこのときの体験から、私は灯台というものがどんなに有益なものであるかを痛感し、もしアメリカへ生きて帰れる日があったら、アメリカにもっと多く灯台をたてる運動を推進しようと決心した。

明け方、測鉛などで調べた結果、私たちは目的地のファルマス港のすぐ近くにきていることがはっきりしたが、濃霧のため陸地はかくれてみえなかった。九時ごろ、霧が晴れだして、劇場の幕があがるように水面から消えていったが、その下からファルマスの町と、港に停泊中の船と、周囲の野原があらわれてきた。それは長いあいだ、空漠たる大洋の単調な眺めばかりで、ほかにはなにもみるものがなかった人間にとって、たとえようもなくうれしい眺めだった。それに戦争中だったので、航海中、いろいろと不安な思いをしていただけに、いまやそういった不安からも解放されたかと思うと、この陸地の姿は私たちにとってさらにいっそううれしいものだった。

私は息子とともに、このあとただちにロンドンへ向かい、途中で、ソールズベリー平原のストーンヘンジ[22]と、ウィルトンの町にある珍しい骨董品を集めたペンブルック卿[23]の邸宅と庭園を見物するためにちょっと足を止めただけにして、一七五七年七月二十七日には、ロンドンに到着した[24]。

グランヴィル卿と意見交換

私はチャールズ氏[25]が私のために予約しておいてくれた宿所に落ちつくと、すぐその足でフォザギル博士[26]をたずねていった。博士にぜひ会って、これからどのように行動すればよいか彼の意見を聞いてみるよう勧められていたからだった。博士は政府に直接請願するやり方には反対で、まず領主に会って個人的に話しあったほうがいいのではないかという考えをもっていた。領主のほうも、もしかすると親しい友人たちの調停と説得によって事態を友好的に解決しようという気になるかもしれないからだった。そこで私は、私の昔からの友人でもあり、また取引先でもあったピーター・コリンソン氏をたずねてみた。すると彼はヴァージニアの大商人のジョン・ハンベリー[27]から私が到着したら連絡してほしいと頼まれていたことを私につたえた。ハンベリー氏は、当時、枢密院《すうみついん》の議長だったグランヴィル卿[28]ができるだけ早く私に会いたいという希望をもっていたので、私を彼のところへ連れていこうと思っていたのだ。私は次の日の朝、彼といっしょに行く約束をした。

ハンベリー氏は、約束どおり、翌朝、私をたずねてきて、自分の馬車でグランヴィル卿の邸宅まで連れていってくれた。この貴族はたいへん丁重に私を迎えるとともに、アメリカの現状についてあれこれ質問し、私たちはしばらくその問題を話しあったが、やがて彼はこういうのだった。「あなたがたアメリカ人は、憲法の本質について間違った考えをもっておられるようです。あなたがたは、国王が総督にあたえられる訓令は法律でないと主張し、訓令を認めるか認めないか、それはあなたがたがご自身の判断で自由にきめてよいことだとお考えになっておられる。ところが、国王の訓令というものは国王が外国に派遣なさる使節にたいして、ささいな儀礼上のことにかんし、その使節の行動を規制するためにあたえられる非公式な訓令などとはわけが違うのです。訓令はまず法律にくわしい判事たちが起草し、ついで枢密院で審議と討議をかさね、場合によっては修正を受け、そのうえで、国王が署名されるものなのです。こうして、それはあなたがたアメリカ人にかんするかぎり〝国法〟となるのです。なぜかといえば、国王こそ植民地の唯一の立法者であるからです」。

私はそういった考えは聞いたことのない新説であると反論した。私が私たちの憲章からつねに理解していたところによれば、私たちの法律は私たちの植民地議会でつくるべきものであった。たしかに私たちの法律は国王の裁可をえるため国王に提出しなければならないが、しかし、いったん裁可されたものは国王といえどもこれを撤回することも、変更することもできないはずだった。そしてまた、植民地議会が国王の裁可なしに恒久的な法律をつくることができないと同じように、国王も植民地議会の同意なしに植民地の法律をつくることはできないのである。そういった点を述べて反論したのであるが、彼のほうは私の考え方が全面的に間違っていると確信をもっていうのだった。私はそのようには思わなかったが、ともかく、彼との話しあいによって、国王側が私たち植民地にたいしてもっている感情と思われるものが明らかになり、それが私にはちょっと意外だったので、自分の宿に帰るとすぐにその点をノートに書きとめておいた。

そして、私は二〇年ほど前に起こったある事件を思い出した。イギリスの政府が議会に提出した法案のなかに国王の訓令をそのまま植民地の法律にしようとする条項があったときのことで、下院がその条項を否決したものだから、私たちは、反対した下院の議員を植民地の味方、自由の味方として彼らに拍手を送ったものだった。しかし、それにもかかわらず、一七六五年、彼ら下院の議員たちがわれわれ植民地にたいしてとった態度㉙から判断すると、どうやら彼らがこのように国王にたいしてこの絶対主権をこばんだのは、ただ自分たち自身のためにこういった主権を留保しておくためだったらしいのである。

領主ペンとの交渉

領主たちは、フォザギル博士が話をしておいてくれたので、数日後、スプリング・ガーデン㉚にあったトマス・ペン氏[31]の邸宅で私と会見することに同意した。会談の冒頭で私たちはおたがい合理的な和解を希望しているむねを確認しあったが、その〝合理的な〟という言葉の意味については、双方がそれぞれ違った考え方をしていたようである。そして、このあと私たちは私がひとつひとつあげた数ヵ条の抗議について審議にはいった。

領主たちは最大限に自分たちのとってきた行動を弁護するし、また私は私で、植民地議会側の態度を弁護した。こうして私たちのあいだには広いみぞがあり、双方の考え方はひどくかけ離れているので、合意に達する望みはとてもありそうにみえなかった。しかし、それはそれとして、私のほうが抗議の項目を文書にまとめて領主側に渡すことで話がまとまり、彼らはそれをみたうえで検討することを約束した。

私はさっそく抗議の文書を手渡した。ところが領主側は、この文書を顧問弁護士のファーディナンド・ジョン・パリス[32]の手にゆだねてしまったのである。このパリスという男は、隣のメリーランド植民地の領主ボルティモア卿を相手どって七〇年つづいた大がかりな訴訟事件[33]で、彼らにかわって法律上の一切の事務を処理し、また植民地議会との争いにさいしても、領主側の書類や教書を代行してすべて作成してきた人物であった。彼は尊大で怒りっぽい男だった。それに彼が書いた文書は論理がじつにあやふやで、表現ばかりが傲慢なものだったので、私は植民地議会の回答文のなかで、彼の文書を相当手きびしくやっつけたことがしょっちゅうあった。そのために私のことを深く恨みに思っており、それが会うたびごとにあらわれるので、私は彼と二人だけで今度の問題を論議するようにという領主側の提案を断わり、領主以外の者とはいかなる人物とも交渉する気持がないことをつたえた。

このあとさらに領主たちは、パリスに入れ知恵されて、私の文書を法務長官と法務次官に送り、彼らの意見と勧告をもとめることにしたが、それがなんとあと八日で一年になるという長いあいだ、無回答のまま放置されたのである。そのあいだじゅう私は領主たちにくりかえし回答をもとめたが、彼らはまだ法務長官と法務次官の意見を受けとっていないからというだけで、最後まで回答をよこさなかった。彼らが最後にどのような意見を受けとったか、私はついに知ることがなかった。彼らが通知してこなかったからであるが、それでいて、その裏では、パリスが起草して署名した長文の教書を植民地議会に送って私の文書を槍玉にあげ、書式に欠点があるのは、私が礼儀をわきまえていない証拠だと非難し、自分たちの態度をみえすいた理屈で弁護し、そのうえ事態の解決のために、植民地議会がだれか〝公平無私なる人物〟をほかに派遣して交渉にあたらせるというのなら、自分たちも喜んで応じる用意があると述べたのである。こうして彼らは、私が彼らのいう〝公平無私なる人物〟ではないことを暗にほのめかしていたのだった。

書式が不備だとか、非礼だとかいう点は、おそらく、私がこの文書の宛名に「真実にして絶対なるペンシルヴェニア植民地の領主」という、彼らが自称する肩書をつけなかったからだと思うが、私はこの文書は会談のさい口頭でつたえたことを確認するためにのみ文書化したものであって、そんな大げさな肩書をつける必要はないと判断して省略しただけのことだった。

ところが、こんなふうにして交渉が長びいているうちに、植民地議会のほうがデニー総督を説得し、領主の財産にも一般住民の財産と同様、課税するという法案を可決し、[34]例の教書にたいしてはなんら回答をしなかった。そしてこの領主にたいする課税こそ私たちが争っていた主要な論点だったのである。

それにもかかわらず、この法案がイギリスにまわされてくると、領主たちはパリスの助言に従って、この法案を国王が裁可するのを阻止しようとはかった。この目的のために、彼らは枢密院を通じて国王に請願を行ない、審問が開かれることになった。領主側は二人の弁護士を雇って法案に反対させ、私も二人の弁護士に法案の弁護を依頼した。彼らの主張によれば、この法案は一般住民の財産にかかる税の負担を軽くするために、領主の財産に重税をかけることを狙ったものであるから、もしもこのような法律がこのまま施行され、税金の査定が植民地議会のなすがままにまかされるようなことになると、一般住民に人気のない領主はやがて破産せざるをえなくなるだろうというのだった。私たちはこの法案は決してそのような意図をもっていないし、またそのような結果が生じるとも考えられないと反論した。そしてまた、課税の査定人は、公正かつ平等に査定することを宣誓した誠実で思慮ある人びとばかりであることや、領主側の税金をふやして自分たちの税金を軽くするといっても、それによって査定人ひとりひとりが期待できる利益はごくわずかであるから、それにつられて偽証の罪をおかす者はまずいないだろうともいってやった。

これが両者の主張の要点であったと記憶しているが、さらに私たちはこの法案が撤回されたならば、そのときこそ有害な結果が生じるにちがいないと強く主張した。というのは、すでに一〇万ポンドの紙幣が国王のご用金として発行され、植民地防衛の費用として使われており、それが現在では一般住民のあいだにも広く流通していたので、もしこの法案が撤回されるようなことになると、彼らの手元にある紙幣はまったく価値のないものになり、その結果、多数の者が破産し、今後、植民地への移住希望者の意欲をそぐことになるからであった。そのうえ私たちは、自分たちの財産が不当に高く課税されるかもしれないという根拠のない単なる不安からこうした一般住民の破滅をひき起こそうとする領主の利己的な態度を、はげしい言葉で非難したのであった。

課税確認書を交す

これを聞いていた枢密顧問官の一人だったマンスフィールド卿[35]は、席をたって私に合図を送り、弁護士たちはまだ論戦を交していたが、私を書記室に呼びよせ、この法案を実施した場合も損害が領主の財産におよばないと私が本当に信じているのかと質問するのだった。私は、もちろんそう信じていると答えた。「それでは」と彼はいった、「その点を保証する確認書を交すことに異議はないわけですね」。私は「まったくありません」と答えた。すると彼はパリスを部屋に呼んで、しばらく相談していたが、結局最後は、双方がマンスフィールド卿の提案を受けいれることになった。そして枢密院書記がこの趣旨にそった書類を作成し、私はチャールズ氏とともにこれに署名した。チャールズ氏もまた通常の事務を担当する植民地の代表だったのである。こうして、マンスフィールド卿が枢密院の議場にもどり、そこで法案はついに認められた。

しかし、そのさい二、三の点で修正するよう勧告を受けたので、私たちは、次の法律で修正することを約束しておいたが、植民地議会は修正の必要を認めなかった。それというのも、植民地議会は枢密院の命令がとどかないうちに、この法律によって一年分の課税をすませており、そのさい査定人の課税を監査する委員会を設けて、その委員に領主たちの親しい友人を数名任命していたからだった。この委員会は詳細に調査を行なったあと、課税はまったく公正に行なわれているむねの報告書に全員そろって署名していた。

植民地議会は、私がとり交した確認書の最初の部分によって、当時、全国的に流通していた紙幣の信用を維持することができたため、私がそのとりきめを行なったのは植民地にたいする大きな功績と考え、私が帰国するのを待って、正式に私に謝意を表明した。その一方、領主たちは、デニー総督がこの法案を通過させたことを憤慨して彼を解任するとともに、訓令を守るといったん約束しておきながら、これを破ったのは約束の不履行であり、彼を告訴すると脅迫していた。

ところが、総督のほうは、植民地議会の要求にもとづいて国王に忠勤をつくすために行なったことであったし、また宮廷に顔のきく知人をもっていたので、領主のおどしなど頭からばかにしていた。そしてまた、領主たちの脅迫は、結局のところ、ロさきだけのものに終った。

（1）三四一ページ注（13）参照。なお、彼がサー・ゴッドフリー・コプリー記念金メダルをあずかってきたというのは、フランクリンの記憶の誤りで、彼は一七五四年五月、デニーの着任前にすでにメダルを受けとっていた。

（2）くわしくは、『ペンシルヴェニアの憲法と政府の歴史的概観』といって、一七五七年、フランクリンが領主と交渉するために渡英したさい、植民地の立場を明らかにして世論に訴えようと、息子のウィリアムが材料を提供し、筆の達者な、弁護士のリチャード・ジャクソンが執筆したもの。一七五九年に出版。

（3）イギリスの皇太子フレデリック（一七〇七―五一）は結婚問題や政治問題で父のジョージ二世と対立したが、そうした事情から、国王および国王を支持するサー・ロバート・ウォルポールに反対する者たちが皇太子のまわりに集まった。ラルフは皇太子派に属して、機関誌の編集に関係したが、のちには政府から年金を受けるようになった。これは彼に反政府の文筆活動をさせないための代償であったといわれている。

（4）九二ページ注（19）参照。

（5）さきに領主は植民地の防衛費の一部に五〇〇〇ポンドの金を贈与のかたちで出すと約束しておきな

がら、その金を本国からは送らず、植民地から取りたてるよう総督に訓令をあたえたため、総督と植民地議会は対立していたのである。

(6) ラウドン伯ジョン・キャンベル（一七〇五—八二）。イギリスの将軍。一七五六年、アメリカ派遣軍の総司令官に任命されたが、ルイスバーグの遠征に失敗し、ピット首相に更迭された。

(7) ジェイムズ・イニス（一七〇九？—七四）。ペンシルヴェニア政府の公文書配送担当官。

(8) イギリスの守護聖人。伝説によると竜を退治したといわれ、通常、馬に乗って戦っているその姿が描かれる。

(9) チャタム伯ウィリアム・ピット（一七〇八—七八）。七年戦争中、事実上の首相として戦争を指導したイギリスの有能な政治家。アメリカの独立戦争にさいしては、植民地に同情をよせながらも独立を好まず、病をおして登院して、当時のノース内閣の植民地政策を攻撃し、議場でたおれた。フランクリンは、本国と植民地との決定的な決裂を回避しようとして、ピットに協力する態度をとっていた。

(10) ジェフリ・アマースト（一七一七—九七）。イギリスの将軍。ルイスバーグ要塞の占領など、カナダ征服に活躍。ジェイムズ・ウルフ（一七二七—五九）も同じイギリスの将軍。ケベック攻略のさい、勝利を目前にしながら戦死した。

(11) ニューヨーク市の南、ニュージャージー州にある岬。

(12) ノーヴァ・スコーシアの首都。カナダ東南部にある。

(13) ニューヨーク州の東部、ジョージ湖の南側にあった要塞。

(14) ウィリアム・シャーリー（一六九四—一七七一）。ロンドンの弁護士であったが、アメリカに移住し、一七四一年、マサチューセッツ総督となった。ルイスバーグ要塞の攻防戦（一七四五）で勇名をはせた。三一五ページ注（5）参照。
(15) チャールストンのことで、サウスカロライナ州にある港町。
(16) アーチボールド・ケネディ（?—一七九四）。海軍軍人。三一五ページ注（4）に現れるケネディの息子。一七九二年、従兄弟の死により、スコットランドのカシリス伯爵家を継いだが、二年後に死亡。
(17) ウォルター・ラトウィッジ（?—一七六一）。郵便船ゼネラル・ウォール号の船長。一七五七年の航海の途中、フランクリンに、船の料理人が捨てる廃油で、海の水面が滑らかになることを話し、これをヒントにフランクリンは水面に油を撒いて波を穏やかにする実験を重ねた。一七六一年、フランスの私掠船との戦闘で戦死。
(18) イングランドのコーンウォールにある港町。
(19) イングランドの西南端、ランズエンドの沖合の大西洋にある一四〇あまりの小島からなる群島。
(20) アイルランドとウェールズとのあいだにある海峡。
(21) 一六五〇—一七〇七。イギリス海軍の提督。一七〇七年十月、艦隊をひきいて地中海から帰国の途中、このシリー群島の沖合で、乗っていた旗艦以下艦隊の二隻が遭難し、八〇〇の将兵が溺死した。彼自身は虫の息で海岸に打ちあげられたが、指につけていたエメラルドの指輪に目のくらんだ一人の女性のために殺された。
(22) イングランドの南部、ウィルトシャーの高原にある前史時代の有名な遺跡。
(23) ペンブルック伯ヘンリー・ハーバート（一七三四—九四）。イギリスの将軍。この一家の屋敷はウィルトン・ハウスと呼ばれ、ギリシア、ローマの彫刻などの蒐集で有名だった。
(24) ここまでは一七八八年に書かれた。これからあとのわずかな部分は、死の数ヵ月前（一七八九—九〇の冬）に執筆されたもので、原稿の筆跡には衰えが目だち、最後は未完のままに終っている。

(25) ロバート・チャールズ（?—一七七〇）。ペンシルヴェニア総督ゴードンの秘書。一七五七—六一年、フランクリンとペンシルヴェニアの代表として、課税問題の交渉にあたった。

(26) 二八五ページ注(15)参照。

(27) 一七〇〇—五八。植民地の煙草貿易で巨大な財をなしたイギリスのクエーカー教徒の商人。

(28) グランヴィル伯ジョン・カートレット（一六九〇—一七六三）。イギリス政界の実力者で、一七五一年から六三年まで枢密院の議長を務めた。なお彼はトマス・ペンの親戚の女性と結婚しており、ペン一族と関係が深かった。

(29) 一七六五年二月、植民地派遣軍の費用にあてる目的で、下院が印紙税法を可決したことを指す。

(30) ロンドン東部にある通り。

(31) 一七〇二—七五。ペンシルヴェニア植民地の創設者ウィリアム・ペンの次男で、兄と弟の二人とともに同植民地の領主になった。兄の死後、植民地の四分の三を所有し、しかも弟が植民地経営に熱意を示さなかったので、彼はペン一族を代表して、植民地議会派遣のフランクリンと課税問題で対決した。

(32) ?—一七五九。植民地問題を専門にしていた弁護士で、ペン一族の法律顧問。交渉のかけひきはとくにきわだっていたといわれる。

(33) ペン一家は、ペンシルヴェニアとメリーランドの境界線のことで、メリーランド領主ボルティモア家と、一七三四年以来ずっと争っていた。この事件が最終的に解決されたのは、メイスンとディクソンの測量の結果が明らかになった、一七六七年のことである。

(34) この法案が成立したのは一七五九年四月である。
(35) マンスフィールド伯ウィリアム・マレー(一七〇五―九三)。十八世紀イギリス最大の法律家の一人。植民地にたいしては威圧的な政策を支持した。

年譜

一七〇六年（宝永三年）
一月十七日（新暦）ボストンに蠟燭・石鹼づくりの息子として生まれる。

一七一四年（正徳四年）　八歳
ボストン・ラテン語文法学校に入学、二年後退学。

一七一八年（享保三年）　十二歳
兄ジェイムズの印刷所で徒弟奉公をはじめる。

一七二二年（享保七年）　十六歳
兄の新聞に偽名でエッセイを投稿。

一七二三年（享保八年）　十七歳
兄と喧嘩してフィラデルフィアへ出奔。

一七二四年（享保九年）　十八歳
植民地総督に騙されてイギリスに渡り、そのまま約一年半滞在し、印刷所で働く。

一七二六年（享保十一年）　二十歳
商人デナムとともに帰国。

一七二七年（享保十二年）　二十一歳

ジャントー・クラブを結成。

一七二八年（享保十三年）　二十二歳

独立して印刷所を開く。

一七二九年（享保十四年）　二十三歳

『ペンシルヴェニア・ガゼット』紙を買い取る。

一七三〇年（享保十五年）　二十四歳

デボラ・リードと結婚。

一七三一年（享保十六年）　二十五歳

会員制図書館（後のフィラデルフィア図書館）をつくる。十三の徳目を樹立。

一七三二年（享保十七年）　二十六歳

『貧しいリチャードの暦』を発行。以後、一七五七年まで発行を続ける。

一七三六年（元文元年）　三十歳

ユニオン消防組合を組織。ペンシルヴェニア植民地議会書記となる。

一七三七年（元文二）　三十一歳

高等学院創設を提案。フィラデルフィア郵便局長となる。

一七四二年（寛保二年）　三十六歳

フランクリン・ストーブを発明。

一七四七年（延享四年）　四十一歳

植民地自衛軍を組織。電気の実験をはじめる。

一七四九年（寛延二年）　四十三歳
インディアンとの交渉にあたる。
一七五一年（宝暦元年）　四十五歳
後のペンシルヴェニア大学を設立。ペンシルヴェニア植民地議会議員に選ばれる。電気に関する論文をロンドンで発表。
一七五二年（宝暦二年）　四十六歳
稲妻と電気の同一性を凧をあげる実験で証明。避雷針を発明する。
一七五三年（宝暦三年）　四十七歳
郵政長官代理に任命される。イギリス王立協会から金メダルを受賞。ハーヴァード、イェール両大学から名誉学位を授与される。
一七五四年（宝暦四年）　四十八歳
オールバニー会議にペンシルヴェニア代表として出席。オールバニー連合案の起草にあたる。
一七五五年（宝暦五年）　四十九歳
イギリス軍ブラドッグ将軍に協力する。
一七五六年（宝暦六年）　五十歳
イギリス王立協会会員に推薦される。
一七五七年（宝暦七年）　五十一歳
領主に対する課税権をめぐって領主と植民地が対立、植民地側の代表として渡英し、領主およびイギリス政府と交渉する。『富にいたる道』を出版。

一七六二年（宝暦十二年）　五十六歳
帰国。オックスフォード大学から名誉学位を贈られる。息子のウィリアムが、ニュージャージー植民地総督に国王によって任命される。
一七六四年（明和元年）　五十八歳
対領主問題にかんして、再度、イギリス側と交渉するため、植民地代表として渡英。一七七五年まで一一年間イギリスに留まる。
一七六六年（明和三年）　六十歳
前年成立した「印紙税法」の存続をめぐって、イギリス下院で尋問を受け、植民地の立場を雄弁に弁護し、同税法を撤廃に追い込む。
一七七一年（明和八年）　六十五歳
トワイフォードのシップリー主教の屋敷で『自伝』の執筆をはじめる。
一七七四年（安永三年）　六十八歳
ハッチンソン書簡事件に関しイギリス枢密院で追及され、郵政長官代理を罷免される。妻デボラ死亡。
一七七五年（安永四年）　六十九歳
帰国。第二回大陸会議にペンシルヴェニア代表として参加。
一七七六年（安永五年）　七十歳
大陸会議でジェファソンなどとともに「独立宣言」起草委員に選ばれる。フランスの経済援助を得るためフランスに赴く。
一七七八年（安永七年）　七十二歳

米仏同盟条約にアメリカ代表として調印。

一七七九年（安永八年）　七十三歳
駐仏全権公使となる。

一七八一年（天明元年）　七十五歳
対英講和会議代表となる。

一七八三年（天明三年）　七十七歳
対英講和条約にジョン・アダムズ、ジョン・ジェイとともに調印。アメリカ、正式に独立達成。

一七八四年（天明四年）　七十八歳
パリ郊外パッシーで『自伝』の第二部を執筆。

一七八五年（天明五年）　七十九歳
帰国。ペンシルヴェニア州知事に選ばれる。

一七八七年（天明七年）　八十一歳
連邦憲法制定会議にペンシルヴェニア州代表として出席。

一七八八年（天明八年）　八十二歳
フィラデルフィアで『自伝』の第三部を執筆。

一七八九年（寛政元年）　八十三歳
黒人奴隷制度廃止協会を設立、会長に選ばれる。『自伝』の第四部、最後の数ページを執筆。

一七九〇年（寛政二年）　八十四歳
四月七日、フィラデルフィアの自宅で胆石症に肋膜炎を併発して死去。連邦議会の決議により国葬。フランス国会も三日の喪に服した。

中公
クラシックス
W40

フランクリン自伝《じでん》

フランクリン

2004年12月10日初版
2012年12月10日 7 版

訳　者　渡邊利雄

発行者　小林敬和

印刷　凸版印刷
製本　凸版印刷

発行所　中央公論新社
〒104-8320
東京都中央区京橋 2-8-7
電話　販売 03-3563-1431
編集 03-3563-3664
URL http://www.chuko.co.jp/

訳者紹介

渡邊利雄（わたなべ・としお）
1935年（昭和10年）台湾新竹市生まれ。1958年、東京大学文学部英文科卒。東京大学文学部教授、日本女子大学文学部教授・文学部長などを歴任。東京大学名誉教授。専門はアメリカ文学。著書に『フランクリンとアメリカ文学』『英語を学ぶ大学生と教える教師に』、翻訳に「ハックルベリー・フィンの冒険」「マーク・トウェイン自伝」「マクリーンの川」などがある。

Published by CHUOKORON-SHINSHA, INC.
Printed in Japan　ISBN978-4-12-160073-8　C1223

■「終焉」からの始まり

——『中公クラシックス』刊行にあたって

二十一世紀は、いくつかのめざましい「終焉」とともに始まった。工業化が国家の最大の標語であった時代が終わり、イデオロギーの対立が人びとの考えかたを枠づけていた世紀が去った。歴史の「進歩」を謳歌し、「近代」を人類史のなかで特権的な地位に置いてきた思想風潮が、過去のものとなった。

人びとの思考は百年の呪縛から解放されたが、そのあとに得たものは必ずしも自由ではなかった。固定観念の崩壊のあとには価値観の動揺が広がり、ものごとの意味を考えようとする気力に衰えがめだつ。おりから社会は爆発的な情報の氾濫に洗われ、人びとは視野を拡散させ、その日暮らしの狂騒に追われている。株価から醜聞の報道まで、刺戟的だが移ろいやすい「情報」に埋没している。応接に疲れた現代人はそれらを脈絡づけ、体系化をめざす「知識」の作業を怠りがちになろうとしている。

だが皮肉なことに、ものごとの意味づけと新しい価値観の構築が、今ほど強く人類に迫られている時代も稀だといえる。自由と平等の関係、愛と家族の姿、教育や職業の理想、科学技術のひき起こす倫理の問題など、文明の森羅万象が歴史的な考えなおしを要求している。今をどう生きるかを知るために、あらためて問題を脈絡づけ、思考の透視図を手づくりにすることが焦眉の急なのである。

ふり返ればすべての古典は混迷の時代に、それぞれの時代の価値観の考えなおしとして創造された。それは現代人に思索の模範を授けるだけでなく、かつて同様の混迷に苦しみ、それに耐えた強靭な心の先例として勇気を与えるだろう。そして幸い進歩思想の傲慢さを捨てた現代人は、すべての古典に寛く開かれた感受性を用意しているはずなのである。

（二〇〇一年四月）